后浪出版

中西风马牛

（修订版）

启之（吴迪）著

世界图书出版公司
北京 · 广州 · 上海 · 西安

推荐语

中国电影犹如一幅迷宫般的八阵图，吴迪的研究，就像迷宫的导游，不至于使我们误入歧途。他的研究，不仅洋溢着理想主义的激情，而且充满了学者式的智慧。

——解玺璋（影视评论家，《北京日报·文艺周刊》主编）

如果书中描写的情景对话，都是吴迪本人亲身经历的话，那么他乃是天大的幸运之人，因为它们是如此的令人捧腹、妙趣横生。在这些精心绘制的故事背后，揭示出中国当代电影文化的深刻危机——对于现代政治文化、法治文明和人际关系的愚蠢无知。

——崔卫平（思想批评家，北京电影学院教授）

北京人用语的活色生香，令我佩服的五体投地。王朔趣味低俗，但我不能不承认他的语言是当代小说家里最好的。王小波的语言若不好，即使趣味高雅也不可能让我违背艺术良心。吴迪的语言，则堪称中国学者里最好。至于趣味，不妨这么说，倘若吴迪的趣味不高、不佳、不妙，像我这么挑剔的人，早就把吴迪从我的朋友名单里挑出来——剔出去了。

——张远山（学者，职业作家）

这是一本竭尽狡狯之能事的异书，叙述之洗练老到，台词之精彩尖新，均属骇人听闻。在国语的嗫嚅和洋言的无忌之间，是一片机锋洋溢的智性空间，读者能听到刀剑相交的声音。一卷读罢，我们见到大量战死的观点，它们化为尸骸，横陈于读者的眉峰之间，而在眉峰之上，新的观点又开始凝结。

——周泽雄（文学评论家，作家）

看了这本书，除了生气和嫉妒，还有点奇怪。生气的是，他通篇比较着、显摆着、凸现着电影里的中国特色和中国特色的电影，讲的东西又多又让我动脑子，就凭这些，他写出了这么漂亮的书；我呢，刚被一权威大报把我论述中国特色电影的一段文字删了。嫉妒的是，他居然能以这样笑嘻嘻的态度、幽默的语调、让人琢磨不透的倾向把事情说得那么有声有色。有些故事很像是他自己杜撰的，许多地方我读着读着总忍不住笑。除了生气和嫉妒，我还好生奇怪，他从哪儿趸来的这些奇谈怪论？我也到国外去跟人侃过中国的主旋律，怎么就剩下了学术脸孔？让我不明白的还有一点，他在书里把那些老外写的好生可爱，自己也跟他们处得万分友好，怎么序言的结尾说是“仅供批判”。难不成，吴迪写的不是自己的得意心声，而只是抄录点大批判材料给我们。

——郝建（艺术评论家，北京电影学院教授）

机智俏皮，风趣幽默，同时又让人在忍俊不禁的阅读中感受中西方文化的鲜明落差、领略中西方文化的不同韵味与内蕴，这是吴迪《中西风马牛》高于常见的“域外随笔”之处。这部作品的部分章节2004年在《北京文学》（精彩阅读）杂志发表之后，备受读者，尤其是众多全国政协委员的好评，并被《新华文摘》转载，就是最好的明证。

——杨晓升（报告文学作家，《北京文学》杂志执行主编）

目　录

再版前言

这本书2004年由文化艺术出版社出版，当时把它打扮成电影类的书，2010年该社改了主意，又要把它作为文化类的书再版。而选载它的刊物们对它的认识更加五花八门，《新华文摘》把它看作随笔，《东方》把它视为思想评论，《名作欣赏》把它纳入人文，《视野》把它归为影评，社科院外文所的一位翻译家竟然把它说成是“新小说”。而最先连载它的《北京文学》则把它当做散文，还把其中的几篇评为年度最佳。

我对这本书的定位很明确：这是一本以散文为形式，以中外电影为容器，以思想文化为内容，具有多解性的书。

书中的四个主角——经常听我课的两男两女：索菲娅、托马斯、费米和魏安妮——需要略作介绍。

索菲娅上高中时就开始学中文，大学二年就被送到北大，一年半后回到隆德大学，拿下了中国学学士。在北京上学的时候，她是中戏小礼堂、电影学院的常客，什么实验话剧呀、独立电影呀，她不分良莠装了满脑袋。一到暑假，她就背起行囊走南闯北，几乎走遍了大半个中国。欧洲女人事事不让须眉，索菲娅更甚，非但不让，还常常以女性主义自居，找机会向男权叫板。

至少从身高上讲，索菲娅有跟亚洲男人叫板的资格。北欧女人个子都很高，我身高一米七五，索菲娅比我矮一公分，可她一站起来，我就比她矮一大截——她穿着高跟鞋。在我的印象里，高个女人没几个长得漂亮的，北欧女人证明这一观念是个严重错误。索菲娅就是一个美女，金发碧眼，弯眉高鼻，白颈红唇，唯一的缺点是嘴大。她是个好玩主义者，念博士是为了好玩，学中文是为了好玩，选修这门课也是为了好玩，上课捣蛋也是出于好玩。

说到捣蛋不能不提到托马斯，他的捣蛋主要是为了显摆。他的显摆颇具韬略，上课伊始，沉默不语，冷静得像条黄瓜。等别人吵累了，他才慢吞吞地站起来，走到讲台前面，在黑板上写上几个字，一边用碳素笔敲打着黑板，一边口沫四溅地发表惊世骇俗的演说。这家伙博闻强记，思维敏捷，辩才无碍，且中文极好，最后一点要归功于他的妻子——一位台湾籍的女博士。

托马斯比我矮一头，而我又比高大的瑞典男人矮一头。可想而知，在瑞典人面前他只是个“小不点”。这位“小不点”出生在慕尼黑，青年时代受“文革”影响，向往社会主义，想到中国学汉语。办签证的时候正赶上多事的 1975 年，他等不及，就跑到台湾学了两年，后来又转到大陆学了三年。学成回国，一边教汉语，一边攻学位。他的博士论文讲的是中苏关系，他又跑到了苏联、东欧和美国待了一阵子。回来拿了博士学位后，就满世界转悠。这一回，算是跟我有缘，转到了瑞典。

费米上课时喜欢往嘴里扔口香糖，经常跑出去喝免费咖啡，还时不时地把椅子拉到离桌子老远的地方，把大腿跷到二腿上。他之所以不断地吃口香糖、喝咖啡，是为了缓解烟瘾——瑞典不允许在建筑物里吸烟，下课的时候，学生们常跑到楼门口吸烟，费米是其中的常客。把椅子拉远，是因为他身高两米，一双长腿放在桌子底下不舒服。中国人喜欢高个，可费米不喜欢。他解释说，高个在体育上才有用处，在学术界不但没用反而有害。为什么呢？因为搞学术比的不是体力和技巧，而是活的长短。同一个专业，你活得长，把同辈同行全熬死了，你就是这个行当里的权威。上帝是公平的，并不因为你长得高而给你一个格外坚强的心脏。在心脏相同的情况下，高个的心脏负担重，容易早死，矮个就占了便宜。他还把这个歪论推而广之，认为，如果毛泽东的个子与邓小平换一下，那么中国历史就会改变，我和他的命运也会随之改变——我不会到瑞典，他也不会对中国传媒，尤其是中国电影情有独钟。

魏安妮出身书香门第，从她的父母到祖父母，到祖父母之祖父母都是大学教授。她从小就在书堆里长大，读书是她的最大乐趣。她的家给我的最深的印象就是书——整整一层楼，所有的房间里全是高至天花板的书架，有两间屋子的书架不是靠墙而立，而是一个紧挨一个，书架是钢铁之躯，下面装着轨道和轮子，要想移开必须摇动书架侧面的摇把。

在她看来，人生除了读书做学问，念博士当教授，授道解惑，著书立说之外，没有别的可为。跟这个书呆子在一块，你也休想谈别的。这个书呆子不但是个素食主义者，而且是个环境保护主义者。她不抽烟、不喝酒、不用塑料袋、不穿化纤制品，在城里不乘汽车，五公里之内步行，五公里之外滑旱冰。她滑旱冰的技术相当高超，可以在熙熙攘攘的人群中穿行自如。滑旱冰上学在我看来是个奇观，而在瑞典则是大众文化。

这“四大金刚”，使我的课堂变成了奇谈怪论的集装箱，刀光剑影的辩论场，他们破坏了课堂秩序，打乱了教学计划，让我穷于应付。我能坚持下来，全凭出国前自订的“三个坚持”——坚持挣到最后一个克朗，以增加国家的外汇储备。坚持爱国统一战线，团结一切可以团结的人。坚持宽容宽松的心态，表面上接受一切对中国的正确批评。

除了这“四大金刚”之外，我还得介绍一下两位师长辈的人物——我的四舅，巴黎大学的退休教授。他原来是中法大学的高材生，抗战爆发前夕去了法国，一去就是半个世纪，十多年前退休。他娶了一个法国太太，叫维昂，维昂退休前是个德语教师，因为在俄国待过几年，俄语也不错，因为嫁给了四舅，中文也会说。自七十年代末，这对老伉俪就不断地来中国，几乎隔一年一次。我住在北京，自然就成了主要的接待者。四舅的爱好是电影，维昂的爱好是国画。我给他们买过不少录像带、光盘、笔墨纸砚一类的东西。

另一个人物是塔吕，他是法国驻外的前外交官，后转到大学教书，退休后与四舅当了邻居。此公灰目弯鼻，小耳阔嘴，一撮山羊胡挂在下巴上，说起话来，胡子一抖一抖的，走起路来，昂首挺胸，腰板僵直，与四舅站在一起，让人想起唐吉诃德与桑丘。他对中国电影并不在行，但是对中国的事极关心，既爱发议论，又爱揭短——哪壶不开提哪壶是他的强项。比如，他问我，为什么电影学院的院长出身于清华水电系？为什么党委书记可以当教授？为什么中国的影评家见风使舵大搞两面派？为什么毛泽东要批《武训传》？为什么……你还没回答出一个，他有十万个为什么等着你。这些为什么古怪刁钻，就是国内一流的理论家也难以回答。没办法的办法就是跟他胡搅蛮缠。

这次出国使我有生以来第一次生活在洋人中间，少见必然多怪，怪而没处说，只好跟日记说话。孟德斯鸠在《波斯人信札》里说："勇于求知的人决不至于空闲无事，虽然我并不担负任何重要职务，却总是忙着不停，我以观察为生，白天所见、所闻、所注意的一切，到了晚上一一记录下来。什么都引起我的兴趣，什么都使我惊讶。"我跟孟先生当然没法比，但在"忙着不停"方面一样。我也是"到了晚上——记录下来"，也是见什么都感兴趣，都惊讶。但这与"勇于求知"无关，而完全是空闲无事的缘故。

2003 年 12 月写于北京

2013 年 9 月修改

第一辑

瑞典：接触

1　我是你儿子

开课的头一天，教室里只有四个人：索菲娅、魏安妮、费米和托马斯。我扫视了一下教室，心里不大舒服——怎么才这么几个人？心情破坏了记忆，精心准备的英文开场白马上忘掉了一半。其实没忘也白搭——我刚说了两句，所有的人就都起来抗议。

索菲娅朝我嚷嚷："我知道你会说英文，可我是来听中文的。"

魏安妮也怪腔怪调地跟着凑热闹："系秘书说，这门课用中文讲。"

费米搂着托马斯的肩膀："我们相信你的中文比英文好。"

他奶奶的，本想好好练练英文，没想到碰到这帮捣蛋鬼。方寸一乱，剩下的那一半英文也逃之夭夭，只好改说中文："我很高兴，你们选修这门课——中国文化与中国电影。在开课以前，请各位做一下自我介绍，讲一讲选这门课的想法和要求。"

索菲娅从本子上撕下一张纸，飞快地写下了她的名字，魏安妮、费米也如法炮制。三张纸迅速地集中到我的面前，在我低头研究他们的中、外国名字的时候，托马斯大摇大摆地走到前面，在黑板上写了一行中文：托马斯——司徒苏华。

他敲敲黑板："托马斯，是我的德国名字；司徒苏华，是我的中国名字。托马斯在德国满大街都是——很多人都叫托马斯。但是，我相信，司徒苏华在世界上只有一个。"

尽管系秘书给我介绍过这位德国汉学家的厉害，我还是有些吃惊——

他居然知道“满大街”！

“你为什么选择司徒这个姓？”

“它表明了我的职业和爱好。司徒的意思是管理学生的人，也就是教师。这种职业很适合我。”

“那你为什么叫‘苏华’呢？”

“苏代表苏联，华代表贵国。在这个世界上，我最关心苏联和中国，我用了将近十年的时间学习这两个国家的语言，又用了五年的时间翻译这两个国家的书，又用了五年讲这两个国家的课。我想，苏联和贵国都不会反对我用这两个字作名字。”

“中国人叫‘华’的比德国人叫‘托马斯’的还多，所以，中国大概不会反对。至于苏联，似乎没法反对——你能让一个不存在的东西反对你吗？”我想难为一下这个不守课堂规矩，随便溜达的家伙。

不料托马斯突然激昂起来：“不，苏联仍旧存在！它存在于历史之中，存在于现实之上，存在于青年人的梦想之国。”说这话的时候，他身体前倾，右手叉腰，左臂平伸，乱糟糟的红胡子像团火一样在胸前跳动。那样子让我想起了某位去世的伟人。大概是表演欲还没满足，伟人先生迈开大步，溜达回自己的座位，在入座之前，神情肃穆地扫视了一眼我们这些芸芸众生，以手指心：“作为人类的伟大实验，它在这里永存！”

像看到外星人一样，我盯着托马斯，暗自惊疑：这位仁兄八成是个原教旨！

不管他信奉什么主义，我也不能让他如此张狂：“你是不是认为你是中国和苏联的老师？”

托马斯郑重地摇摇头：“正相反，苏联和中国是我的老师。”他用右手食指敲敲前额，“这里面的大部分东西都是中国和苏联给我的。”

“能说说你为什么选这门课吗？”

“我刚才说了，因为我关心中国。这个理由还不够吗？”

“你对讲这门课有什么要求？”

“我的要求只有一个——不要占上课的时间放电影，请把录像带事先交给我们，让我们在下面多看几遍，以便上课讨论。当然，这一次可以例外。”

事儿明摆着，这个红胡子不是等闲之辈，也不是省油的灯。对付他的最好办法，就是少理他。我把目光转向索菲娅。

不用我请，她早就按捺不住了：“我选这门课有三个原因。”

她竖起三个手指，我发现，她的手指甲上好像写着字。

“第一，我正在写博士论文，想受点启发。第二，我希望有人跟我说中文，听我说中文，并且纠正我的错误。第三，我爱中国，我喜欢中国人。我在中国有很多朋友，我们经常通电子信。”

她举起手，伸开五指，八个指甲上写了八个汉字——难得糊涂？恭喜发财！两个小手指上面分别画着问号和惊叹号。字是黑的，写在白色的指甲油上，格外清晰。

费米等人围过来，费米惊叹道：“真漂亮！这字是谁写的？”

索菲娅得意地说：“当然是我！”

托马斯虎着脸：“你相信‘难得糊涂’吗？”

“我的中国朋友相信，他说，这是一位中国古代哲学家的话。这位哲学家认为，人类的最大问题就是想把事情弄明白，这是根本办不到的。因为，‘明白’是上帝设计的陷阱。所以，人类应该学会糊涂，但是糊涂是最困难的事。因此，战胜这个困难的人，将是世界上最明白的人。”

我暗自惊讶：真是人不可貌相，这个洋妞居然还懂得郑板桥。

托马斯不依不饶：“那么，它和发财有什么关系？”

索菲娅说道：“我的中国朋友相信，只有‘难得糊涂’的明白人，才能发财。我无法理解这种东方的神秘哲学。可是，它很好玩。不是吗？”

“是的，它很好玩，但是并不神秘。它不过是无可奈何的牢骚，是……”托马斯想不起来对应的汉语，说了一句洋话。

我一头雾水。

托马斯抓起魏安妮的电子辞典，查出来了中文，他指着屏幕念道：“犬一儒—学—派。对，它不过是犬儒学派的表述，这个学派产生于古希腊，它算得上神秘吗？”

托马斯的说法让我讨厌，我倒宁愿他们把郑板桥看成是神秘主义哲学家。我明里打圆场，暗里替国粹说话：“索菲娅，你能不能把你的作品保留到明天？我想给它们照张相。中国人一定会为此而骄傲——你看，东方神秘主义已经传播到了北欧！”

索菲娅高兴了：“我已经照了，我会送给你的！”

托马斯不屑地回到了座位上。

下面轮到费米了。

“我选这门课，因为我研究的就是中国传媒——电影、电视、报刊。我有一些问题，希望在这里找到答案。”

“你有什么要求吗？”

“没有。不过你要是允许我转录你带来的录像带和光盘，我将十分感谢。”

“我们可以做个交易——我用我带来的录像带，跟你换瑞典电影的录像带。怎么样？”

“没问题！”费米高兴了。

我转向魏安妮。

魏安妮说：“我的中文说得不好，希望你纠正我的发音。”

阿弥陀佛，这个沉重的开场白总算结束了。承蒙托马斯开恩，允许我在上课时放电影，我的计划是，先给他们讲讲中国的主旋律——英雄模范题材。让他们了解中国，受受教育。事先准备好的中文故事梗概和英文语言点发下去了，录像带塞进了录放机，教室里突然安静了，八只洋眼睛都盯住了屏幕。

《焦裕禄》放完了，我宣布休息。可这四个人没有一个动弹。费米接上手提电脑，忙着查什么文件。托马斯在翻一个黑皮本本，魏安妮在本子上记着什么，索菲娅在旁边看着，两人还不时地嘀咕着什么。

我刚刚宣布上课，托马斯就站了起来发难，他扶了扶眼镜，扬起一脸毛茸茸的红胡子："焦裕禄是不是想继承那家老贫农的遗产？"

我有点发蒙："你……说什么？你……是不是没看懂？"

托马斯的脸腾地变得通红，一直红到脖根，红脸、红脖加红胡子，更像孙悟空。他一言不发，径直走到录像机旁边，倒出"继承遗产"的一段，按了一下 PLAY。

这是影片中最感人的一幕——

大雪纷飞，黄沙路上，李雪健扮演的焦书记拉车，几人推车，车上装着救济粮。寒风挟着雪片打在人们的脸上。河南民歌《共产党是咱好领头》响起，歌手（据说就是李雪健）为这一行人的爱民行为拼命地吼唱着。

雪花飘飘，洒遍一身还满。焦裕禄推开一农家院的破栅栏门，通讯员小赵扛着粮袋跟在后面，两人踏着厚厚的雪来到一间破土房前。

破土房的门被推开，焦裕禄和小赵出现在门口。屋里的一对老夫妇，老头躺在炕上，老太婆站在地上，惊异地看着这两位不速之客。

焦来到炕前，坐在老头身边："大爷，您的病咋样呀？快过年了，我们给您送点粮食和钱来，您们先用着。"

说着，掏出钱放到老太婆手里："大娘，这是二十块钱。"老太婆感动得喃喃自语："这可怎么好呀！"躺在破棉絮中的老头双手抱拳不胜感激。

小赵扶起老头，老头睁开昏花的老眼，看着焦裕禄："你，你是谁呀？"

焦裕禄拉着他的手："我是您的儿子！是毛主席派我来看望您老人家的。"

老人的胡子颤动着，泪水涔涔。

老太婆伸出手，顺着焦裕禄的头从上往下摸索，帽子、围脖、棉衣：“感谢毛主席……给我们派来了这样的好儿子！”

那粗犷的民歌配合着画面将电影推上高潮。

托马斯关上录像机，像个角斗士，盯着我：“这个电影我在中山大学时就看过。请问，焦裕禄是不是那两个老人的儿子？”

“当然不是。”

“既然不是，他为什么要说是？”

“因为……因为他想向他们表示亲近，这是中国的习惯。”我随口答道。

“如果我想向你表示亲近，就应该说，我是你的儿子吗？”托马斯右腿向前一步，左膝弯曲，假模假式地给我鞠了一躬：“Father 大人。”

他的滑稽动作引起一阵哄笑，教室里开了锅，穿着肚脐装的索菲娅居然坐到了桌子上，那肚脐就像只没长睫毛的独眼，偷偷地朝我眨眼睛。

我有点走神：“不不，只有晚辈在长辈面前才能用这种方式表示亲近。你我年纪差不多，我当不了你爸爸。”

托马斯似乎一定要当我儿子：“周恩来到邢台慰问，他对一个老人也是这么说的，‘我是您的儿子’。周恩来出生于 1898 年 3 月 5 日，邢台地震那年是 1966 年，周恩来六十八岁，那老人顶多七十岁。他们是同辈，周恩来为什么要做一个同辈的儿子？”

本想大鸣大放，这家伙却给鼻子上脸。我赶紧收回心思，转守为攻：“照你的逻辑，只要说是人家的儿子，就是要继承人家的遗产。那么周恩来想继承那个老人的遗产吗？不用说，那个受灾的老人根本没有财产，就算是有，一个国家总理能为了那几间破房去当人家的儿子吗？不管是邢台的难民，还是兰考的灾民，都是一种符号，它代表的是中国人民。周总理和焦书记的意思是——我是中国人民的儿子。邓小平不是也说他是中国人民的儿子吗？他继承了什么遗产？”

托马斯有点窘，脸由红而白。

索菲娅说话了："中国的传媒把当官的说成了父母官，官僚们也这样认为。请问，父母官是什么意思？"

"父母官的意思是，当官的要像父母对儿女一样，负责他们的吃穿过日子。这是封建时代的说法。"

索菲娅指了指她周围的几个人："我们认为焦裕禄是父母官，至少老百姓是这样认为的。"

"你的根据？"

索菲娅示意魏安妮。

魏安妮翻开笔记本，上面是她写的一堆密密麻麻的蟹行文。在下面看片子时，她显然对这一点十分留意，积累了不少证据。

她格外注意发音，像小学生念书一样："第一，焦带着通讯员下乡，路上碰见了一群干部正在打一个青年农民，那青年农民被绑着。焦裕禄问为什么，干部说，他偷了队里的红薯。焦裕禄问农民为什么偷，他说，家里的娃娃没吃的，快饿死了。焦命令干部给农民松绑，干部问焦是什么人。小赵告诉他们：这是新来的县委书记。干部们害怕了，给那农民松了绑。那农民跪下，给焦磕头，说他是'青天大老爷'。这句话他喊了三遍。"

索菲娅嫌魏安妮念得太慢，一把拿过她的笔记本："第二，所有的兰考人，除了那个吴县长，都把焦看成是父母官，他们总是排着队，或者聚成一大群，为焦送行，替焦说话。像对待一个伟大的传教士。"

费米接过了索菲娅的话头："1991 年，我在北京，采访过李雪健的朋友，他们给了我李雪健的创作谈。"

他把面前的手提电脑转了一个一百八十度，让屏幕对着讲台。

"这是李雪健的原话，发表在贵国 1991 年第三期《电影艺术》第五十五至五十六页上，题目是《用心去拼戏》。请中国教授给大家念一念。"

我暗暗吃惊——没想到这个小小的东亚系藏龙卧虎，居然还有李雪健的追星族。我做了一个"请"的手势："还是你自己来吧，你的四川普通话大家都能听得懂。"

形式逻辑

费米转过电脑，板起面孔，拿出一副宣读论文的架势：“李雪健是这样说的：‘焦裕禄是个县委书记，我没有当过书记，但我当过爹，有妻儿老小……我把焦裕禄作为一县之长的感觉是缩小至家，找到一家之长的感觉再扩展，根据片子的需要去贴近作为书记的焦裕禄……面对那么多人没有吃的，逃荒、生病，他是非常紧迫、忧苦、着急的……他那份着急跟任何一个一家之长看到自己的妻儿老小整天吃不饱时是一样的。’”

念完了，费米往嘴里扔了一块口香糖，边嚼边评论：“我认为，中国就像个大家庭，中央第一把手是最高的家长，下面的省长、市长、县长都是本地区的大大小小的家长。这就是贵国所说的‘中国特色’。李雪健认为他能把焦裕禄演活了，就是因为他找到了当家长的感觉。”

这在中国不过是老生常谈，但一个北欧人能认识到这一点，也算得上道行不浅。

同伴的发言给托马斯提供了弹药给养，他又跳出来：“家长就是父母，焦既然是老百姓的父母，那么老百姓就是他的儿女，为什么他又要做自己儿女的儿子？”

问题提得尖锐凶狠而且阴险恶毒，考虑到引蛇出洞，我让他继续大鸣大放。

“雷锋是中国人民吗？”

“是。”

“焦裕禄呢？”

“也是。”

“雷锋说，党是他的母亲。毛主席号召人民向雷锋同志学习。焦裕禄是听毛主席的话的，因此，他也肯定会把党当做母亲。而他们都属于中国人民，也就是说，大多数中国人都把党看作母亲的。可是焦裕禄却要做人民的儿子，也就是说，焦裕禄有两个母亲，一个是党，一个是中国人民。邓小平是中共第二代领导人，他却说，他是中国人民的儿子。也就是说，这个母亲变成了那位母亲的儿子。这是怎么回事？”

托马斯扬起红胡子，得意洋洋地看着我。

这个问题我以前似乎没想过，就算想过，也还是“难得糊涂”为好。可是，你能劝这位自以为是的家伙“难得糊涂”吗？你能在他面前把自己也变成犬儒学派吗？你能让他就这么得意洋洋地下课吗？不，不行！

爱国主义使我突然来了灵感：“托马斯先生，你用的是形式逻辑，中国人用的是辩证逻辑。如果你想知道这是怎么回事，请先补上这一课。顺便说一句，司徒是个官名，这种官不但要管学生，还要管理土地和百姓。”

我一边说，一边像外交家一样拍了拍他的肩膀。

2 魏安妮的“人道”

遵照托马斯的意见，我事先把《蒋筑英》的录像带交给了系秘书，同时还有这个电影的故事梗概、获奖情况及英文语言点的复印件。

上课之前，我接到了两个电话，一个是魏安妮打来的，一个是费米打来的，他们都想得到一些关于蒋筑英的文字资料，以便分析这部电影。这可难不倒我，来之前，我在教学上做了充分的准备，《光明日报》介绍蒋筑英和罗健夫的文章、王兴东的剧本和他的编剧札记都在箱子里放着。上课那天早晨，我到复印机房，把这些材料复印了四份，一边复印一边想：这叫自作自受。我要让你们看得头昏脑涨，省的跟我捣蛋！

这一招还真灵，上课后，托马斯鼓着两只眼睛看《光明日报》；索菲娅和魏安妮费力地读着王兴东的编剧札记，还时不时地翻字典；费米先是在报上勾勾画画，后来打开了手提电脑，足足半个小时没有动静。

我正自得其乐，魏安妮说话了：“我们想问这样一个问题——蒋筑英死了之后，他的领导和同事为什么要骗他的妻子和儿女，把他们骗到三千公里之外的成都？”

“我建议你用瞒，不要用骗。他们瞒着蒋太太，是怕她受不了丈夫死了这个突如其来的打击。这是善意的，是出于人道的考虑。”

费米停下来，托马斯放下报纸——他们似乎对人道特别敏感。

费米往嘴里塞了一块口香糖：“我支持魏安妮，对蒋的妻子来说，隐瞒真实情况才是不人道的。”

有了支持者，魏安妮的气更壮了："难道蒋太太到了几千里之外的医院，突然在太平间里见到死了的丈夫就受得了吗？如果是我，我会更受不了。我会恨那些骗我来的人（她坚持用骗）。我会认为他们很残忍，他们是在拿我的感情开玩笑！"

你瞧瞧，中国人的好心，到了这里就成了驴肝肺。

我给她解释："假如我突然出车祸死在了贵国，贵大学派你去中国通知我父母，而你知道，我父母只有我这么一个宝贝儿子，他们又年迈体衰，心脏不好，你会怎么办呢？你是不是一见到他们就说：嘿，告诉你们一个不幸的消息，请你们不要伤心——你们的独生子死了，是被汽车撞死的，尸体运不回来，欢迎你们到瑞典去看看他的遗容，机票等费用由保险公司出，不花你们一个大子儿。"

魏安妮不说话了，眨巴着大眼睛看着我。

索菲娅一甩她那黄缎子般的头发："我们还要说，亲爱的，请—节—爱—随—便。"

我在黑板上写了四个大字——节哀顺变。又在"哀"和"顺"下面狠狠地打了一个惊叹号。然后转向魏安妮，留下索菲娅一个人红着脸，看着黑板。

"魏安妮，你当然不会像我说的这样生硬，这样公事公办，但是，我老妈听了你的话马上昏了过去，我老爸抓住你的手，说你造谣惑众。等你解释清楚了，我老妈已经撒手尘寰。你这不是害死了一条人命吗？"

"如果不告诉他们，而是把他们骗到了瑞典，他们突然见到你的遗体，两人全伤心死了，那不是害死了两条人命吗？"费米又来帮腔。

嘿，口香糖先生倒会安排——让我们两代人都在这儿安息了。

魏安妮缓过劲来："即使知道你父母的身体情况，我也要把真相告诉他们，但是我会准备好急救药品，叫上救护车。我会先跟他们说，你是一个很敬业的教师，我们很爱你。我会把你和我们在一起合影的照片给他们看，我会告诉他们，你在这里过得很愉快，然后，我会把报纸上的关于瑞典交通事故的记录拿给他们，告诉他们每年在瑞典有多少人死于交通事故。但是，我还是要把你死亡的消息告诉他们。如果他们心脏出了毛病，我就给他们服药，然后把他们送上救护车。等他们平静下来，我会征求他们的意见，愿意不愿意来瑞典——要知道，他们是有自己的想法的，我不能假定他们一定要来瑞典。”

她顿了顿：“我不明白，为什么中国人总是喜欢把自己的想法加给别人？为什么不事先征求蒋太太的意见就把她带到几千里之外去，为什么不问问蒋先生的儿女，是否愿意去成都，就把他们骗上飞机？这种事我在中国遇到的太多了，他们都是好心，为你好，可是，我觉得，他们用一个很高尚的目的，把我放到了一边。”

我明白了，他们之所以抓住这个问题不放，是因为个人主义、自由意志、人权理念已经深入到了他们血液里，落实到了我车祸身亡的假设中。

一直沉默不语的托马斯站了起来，走到黑板前，拿起碳素笔，写了一串英文：report the good news but not the bad（报喜不报忧）。

他抖动着红胡子：“你们说的全是鸡毛蒜皮，全是表面现象。这（他敲着黑板）才是要害，才是关键。中国人习惯报喜不报忧，如果蒋先生中了彩票，入了党，或者当上了院士，总之，他碰到了好事，那么，他的领导、他的同事们肯定不会瞒着蒋太太。有人以为，报喜不报忧的关键在消息本身。不对！关键在接受消息的人，好消息让他高兴，报告者因此会获得物质的或精神的好处；坏消息让他生气，让他难过，报告者只能得到质问、斥责和惩罚。所以，人们才瞒才骗，把大事化小，小事化了。”

托马斯盯着魏安妮：“难道你愿意看到蒋太太的眼泪吗？你愿意看到吴先生的父母大人痛不欲生吗？”没等魏安妮反应过来，他把话锋一转：“这本来是可以理解的常情，可是，中国把它变成了一个牢不可破的传统！所以中国人总是喜欢说好话，听好事，制造好人好事，把相反的瞒起来。一直到瞒不住了，才承认二分之一。剩下的二分之一藏起来，让后代去猜。所以中国人总是在猜测和等待中过日子。事情已经发生了，结果在哪儿摆着，蒋太太从长春到成都猜了一路——蒋先生怎么啦？直到她在太平间看到了死人，领导和同事实在瞒不住了，才不得不承认蒋先生死了。死于肿瘤造成的大出血，生理原因只是蒋先生早逝的二分之一，剩下的二分之一，谁也不说。到现在，蒋先生死了十六年了，这二分之一仍旧藏着掖着！”

我不能不说话了：“托马斯，你也承认，喜欢说好话，听好事，是人性，中国人在这一点上不想搞特殊。第二次世界大战期间，瑞典为了自己的安全，借道给德国，这件事不也是藏到五十年后才公开吗？藏着掖着自有其道理，藏着是为了安定团结，掖着是为了社会稳定。这是大道理，小道理要服从大道理。这在你们瑞典不也是一样吗？”

“对不起，我是德国人。”托马斯嘲弄地看着我。

“德国藏着掖着的事比瑞典只多不少。”

“你一定说的是第三帝国，很遗憾，那时候我还没有出生。我不能为我父亲或我爷爷的所作所为负责。我认为，天下只有一个道理，那就是事实！”

“托马斯，你为什么不告诉我们蒋早死的原因？”索菲娅嚷嚷道。

托马斯终于找到了炫耀“真知灼见”的机会：“这部电影的编导告诉我们，蒋从小就面临着来自经济方面的巨大压力，工作以后，压力更大更多，经济的、政治的，这使他的精神长期处在紧张、压抑和忧郁之中，他多次申请入党，希望得到信任，可是这个愿望在他活着的时候并没有实现。他不被信任是因为他父亲的问题——他的父亲是个历史反革命，而他的父亲否认这一点，不断地上诉，而每次上诉都被认为是坚持反动立场而被加刑。他去劳改农场看望父亲，希望他相信政府，努力改造。他的父亲用学鸡叫来启发儿子——你不要因为我而负罪，不要因为我而赎罪。我是冤枉的，总有一天，我人生中的黑夜将会结束，太阳会在公鸡的叫声中升起，一切都会真相大白。然而，蒋并没有理解父亲的苦心，直到闭上眼睛，他仍旧认为父亲是个反革命。所以，他始终被负罪感所压迫，他拼命工作就是为了赎罪——赎‘臭老九’的罪，赎反革命儿子的罪，赎家庭出身的罪。

像中世纪的奴隶一样，他用各种苦难折磨自己，以便获得上帝的眷顾，获得进入天堂的门票。事情很清楚，正是负罪的心理和赎罪的行为夺去了他的生命。这不正是编导告诉我们的吗？他的父亲在他的灵前再一次学起了鸡叫，这个白发苍苍的老人是在告诉儿子：他的预言变成了现实，人生的太阳冲破了黑暗，在雄鸡的高唱声中重新升起。只有在这时候，蒋的负罪感才彻底消失，他的灵魂才真正得到安息，他此前的赎罪才有了价值，于是，上帝接受了他，为他敞开了天堂的大门——他被追认为中共党员。”

托马斯讲完了，向索菲娅弯腰欠身：“以上是我对蒋先生早逝的肤浅看法。请索菲娅博士指正。”

索菲娅咧开大嘴，哈哈大笑：“托马斯，告诉我，你是怎么把德国思维和中国特色结合起来的？”

托马斯双手抱拳，向包括我在内的大伙一拱手：“对不起，在下有点事，先走一步。”说罢，扬长而去。

费米来劲了：“中国特色，我喜欢这个词。它可以解释很多问题。以前我不懂中国电影，看了王的剧本和编剧札记之后，我懂了。王就是一个中国特色。我要去采访他，你知道怎么找到他吗？”

“他是长春电影制片厂的编剧，你可以到那里去找他。”

费米接着问道：“王是否会允许我把他的编剧札记译成英文？”

“这个我不敢肯定。据说，他是一个非常谦逊、不爱出头露面的人。”

费米兴奋起来：“我喜欢这种人，我会想办法让他授权给我。我还要告诉他，他是我最佩服的编剧，一个世界一流的幻想家，他有超人的想象力……”

费米说了几句瑞典语，我如坠五里云中，索菲娅和魏安妮大笑不止。

费米用鼠标点击着电脑：“Now, let's listen to what he wrote”（让我们听听王先生是怎么写的）。他用中文念起来：

“他活着，活在千千万万个知识分子的心中，他与另一位科技工作者罗健夫的名字，在十年前的秋季产生了一次组合性的共振！他俩用生命之

光向全社会划下了一个巨大的惊叹号，保护和关心一下中年知识分子吧！他的死，引起了党和国家领导人的高度重视，国家出台了一系列解决中年知识分子住房、工资、入党、职称的问题，并对全国的中年知识分子进行一次身体检查。他的死，使无数个蒋筑英活下来了，整个一代人都感受到他那永恒不息的心跳。他的死，使全社会把‘尊重知识尊重人才’八个字像碑一样卓立于心头；他的死，使我们的党看到知识分子中产生这样高尚的灵魂，没有理由不爱护他们，理解他们，帮助他们，把追赶世界的重任交给他们。”

费米念到这儿停住，问索菲娅：“这是不是一个新的特色——report the dead but not the living（报死不报活）？”

索菲娅冷冷地说：“我看不出什么特色，只是觉得王要建立……建立……她一着急想不起合适的中文，只好用英文代替——a protectorate of wildlife（野生动物保护区）。”

我还没明白她的意思，魏安妮已经表示反对：“NO！ not a protectorate but a big pasture”（不是保护区，而是大牧场）。

费米喊起来：“我建议，授予王先生最佳编剧奖。”

“用不着你们费心，王兴东已经是最佳编剧了。”我提醒他。

费米说：“任何人都不会反对多得几回最佳的。”

索菲娅接着说：“对，让我们来给中国电影评奖吧。”

魏安妮拿出手机，拨了号：“我们最好征求一下托马斯的意见，不要让他说我们排外。”

我不知道托马斯对此有何反应，我也不想知道。有一点我是看清了——要让这帮家伙正确理解中国的英雄模范，难！

3　你们累不累呀？

系秘书安娜邀请我周末到她家做客，我毫不犹豫地答应了——与其关在公寓里看电视了解瑞典，不如深入基层。我对这个国家知之甚少，只知道这条丝瓜状的国土上出了一个作家——一生都在贫困中挣扎的斯特林堡，一个导演——有一大堆私生子的伯格曼，两个世界级的电影明星——孤僻的嘉宝和“堕落”的褒曼，还有一个不断地刺激着国人神经的诺贝尔奖。如今到了人家的地盘上，整天跟人家打交道，即使是出于实用的目的，也得改变这种状况。

到人家做客总要带点礼物，对于安娜来说，最好的礼物莫过于香烟。瑞典人很少抽烟，在我打交道的几十个瑞典人中间，只有费米和安娜是瘾君子。瑞典的烟极贵，不管是进口的还是本土的，每盒都三十多克朗，相当于人民币三十多元，所以安娜总是想方设法托人从机场买免税烟。她常常在百忙之中乘没人的时候，打开窗子匆匆抽上两口，然后赶紧挥舞书报往外面赶烟。我也是老枪，到了这儿，慑于昂贵的烟价和随处可见的禁烟令，出于省钱和爱国心，暂时放弃了这一人生享受。但是作为同好，我对安娜在艰苦的环境中不屈不挠地坚持个人嗜好的精神深表同情和敬佩。有两次，我发现她站在窗前吞云吐雾，就悄悄地站在办公室外面给她放哨，挡住可能撞进去的师生。此类义举我从来没有告诉过她，我担心一旦让她知道，她“偷食禁果”的乐趣就会大打折扣，而我也有拍洋女人马屁之嫌。

除了对窗抽烟和往外赶烟之外，安娜把所有的时间全用在了工作上，对我这个外国人更是精心关照——给我找房子，给我上社会保障，带我参观市区，领我逛超市。她的表现让我想起了雷锋语录——对同事春天般的温暖，对工作夏天般的热情。

我把压箱底的“大中华”翻了出来——把它送给安娜，她一定心花怒放。

安娜从来不拒绝别人送她烟，她把这看成友好的表示，而不是看成贿赂。她告诉过我，她抽烟是为了减肥。如果她停止抽烟，体重马上就会上去。可能她是对的，至少在没停止抽烟的时候，她的体态轻盈，身材苗条。五十岁的人能保持这样的体形真不容易。这可能也要归于她年轻时留下的底子，她年轻时是个中长跑运动员，那时候她一定是个美人，这一点后来在她家里得到证实——我看见了她那时的照片，不是中国那种把丑八怪都能照成超级艳星的艺术照，而是几张极普通的黑白照片。照片上的她让我想起了布努艾尔导演的《白日美人》，想起了凯瑟琳·德诺芙饰演的那个美女——塞维莉娜。但是我没敢把这个感觉说出来，因为那位白日美人长着天使的面孔，却有着魔鬼的欲望，每天下午都要瞒着她的丈夫去妓院，寻找性伴侣。

安娜请我们去她家，一大半是为了她的先生——布。布是一位退休的物理学家兼科幻小说家，业余爱好是收藏。他多次来中国讲学，对中国问题有浓厚的兴趣，还特别喜欢结交中国朋友，与我同去的张先生就是他在中国认识的朋友之一。张先生是个年逾古稀的胖老头，原来是外语学院的学生，还没毕业就被打成右派，在东北林场受过不少苦，但一直没放弃专业，改正以后，专事翻译，翻译过布写的科幻小说。这次到挪威看女儿，顺便来瑞典看望当年的老朋友。有了张先生，我心里踏实了——万一听不懂说不清，他可以做翻译。

周五下午五时，安娜把汽车准时开到我住的公寓楼下，接上我之后又转到宾馆，接上张先生。安娜的家在另外一个小城，开车得走四十分钟。这个小城里到处都是中国媒体大吹特吹的“汤耗子”——两层或三层小楼，楼的四周是一片很大的绿地。瑞典是欧洲第四大国家，总共才八百五十万人口，有的是地方。

布是个和蔼的老先生，中等身材，戴个大眼镜，眼镜后面眨巴着一双浅灰色的眼睛，鼻子不大不小，头发没了，胡子却极发达，把下半个脸盖得严严实实。我们进门的时候，他正在厨房忙活，两只手沾满了面粉，握手拥抱只好免了。安娜说，他是一个烹饪高手，最善于用烤箱——面包、土豆、鱼、肉都用烤箱烤。两个月后，布在吃了我的煮饺子之后，告诉我，他打算用烤箱烤饺子。

做客的重要节目是吃饭，饭桌上，布向我们夸耀他的中国文物收藏。于是，饭后的节目就是到地下室参观他的收藏。地下室有五六间大小不一的房子，里面放着各种木制的架子，架上分门别类堆着他收藏的文物：柏林墙上的砖块、斯大林铜像上锯下来的手指、“文革”期间烧制的有毛主席像的陶器、毛主席与林彪在一起接见红卫兵的邮票、红卫兵小报、样板戏的剧照、1973 年到 1975 年的《中国摄影》杂志、数百种毛主席像章、各种各样的老三篇老五篇、形形色色的袖章——百万雄师、首都三司、保定革造、贵州狂飙、内蒙师院红旗……稀奇古怪，无所不有。

我问他：“你收集这些东西干什么？”

“我是隆德收藏家协会的会员，我原来收集印度的文物，但是它们太贵了。中国的我还买得起，而且还有中国朋友替我砍价。”他指了指张先生。“我的理想是2006年与罗伯特合作，在瑞典办一个中国文物展览。届时张先生将被邀请为嘉宾，当然不会让他白当，他得帮助我们为每一件展品写说明。”

国内的好事者一直嚷嚷建立什么“文革”博物馆，嚷嚷了二十多年，连个影也没见。要是布的这番话让他们知道了，肯定又得痛心疾首。其实他们大可以想开点，这年头提倡资源共享，提倡文化交流，提倡与国际接轨。中国好不容易有了一种可以与各国人民共享的东西，这东西让大家有了交流的机会，有了共同的语言，中国以此为桥梁走向了世界。这是好事，干吗要捶胸顿足，非要争国内国外，谁先谁后呢？再说，这些文物在国内二道贩子手里肯定不如在布的地下室里保存的好。余秋雨说的对，幸亏王道士把敦煌文物卖给了法国佬，要不然，它们早就灰飞烟灭了。王道士是保护中华文物的功臣，应该给他平反昭雪，树碑立传。

从地下室往上走的时候，我对布说：“预祝你的展览成功，如果你也邀请我的话，我会让你的像章再增加几枚。”

布挺认真：“我现在要求的是种类而不是数量，如果你能找到我没有的种类，我就一定邀请你参加。如果你能找到大型舞蹈史诗《东方红》的剧照，我愿意支付往返机票。”

“你要它干吗？它是‘文革’前的东西。”我问。

布瞪大眼睛，惊讶地看着我：“你不知道吗？它是样板戏的妈妈，没有它，就不会有那十八个样板戏。”

我拍拍他的肩膀：“样板戏只有八个。”

“NO，NO，江青说过，样板戏有十八个。这是罗伯特告诉我的，他是这方面的专家。”

一提起罗伯特，我没脾气了。那家伙自称是乾嘉学派的海外传人，写起文章来，无一字无出处，无一句无来历。他这么说，肯定有充分的证据。

我们回到客厅，安娜已经准备好了咖啡，正在那里喷云吐雾。我们啜着咖啡，侃起了大山。

布还惦记着他的样板戏："我看过芭蕾舞《红色娘子军》，很让我吃惊，中国人能跳这么好的芭蕾舞。可是，我不明白，为什么那些美丽的姑娘要舞枪弄刀，满台都是刀光剑影。把漂亮大腿和野蛮的刀枪混在一起，是要展示人性的原始冲动——性与暴力吗？"

这个问题实在无法回答，可是那大眼镜后面的灰眼睛死死盯着我，似乎非要我回答不可。

我尽可能委婉地告诉他："恐怕你的理解有点偏差，它不是想展示性与暴力，它想展示阶级斗争——受压迫的人民拿起武器反抗压迫。"

"反抗压迫有各种方式，一定要用刀枪，一定要流血，一定要死人吗？"

"我们也不想流血，不想死人，可是革命不能不流血，不能不死人。革命先烈流血牺牲是为了建立一个新中国，使后代能够过上好日子。"

老先生耸了耸肩膀："革命？为什么一定要革命？你看，我们不革命，不是也从北欧海盗变成了文明人？"

安娜在旁边纠正布教授："我们也革过命，只不过时间太短，还没等流血死人就结束了。"

"怎么回事？"我和张先生不约而同。

老先生打开了话匣子："那是本世纪初，列宁组织了布尔什维克党，这个党领导俄国工人进行组织武装，推翻了沙皇。瑞典的激进派决心向俄国人学习——推翻瑞典的国王，建立他们布尔什维克的人民政权。他们把总部设在离这里不远的马尔摩，那是瑞典的第三大城市，是工人阶级的大本营。激进派夺了工会的权，领导工人们进行武装斗争——修街垒，筑工事，准备迎接警察和军队。工人们当然愿意斗争，因为他们一罢工，资本家就得涨工资。要是修街垒，堵交通，拿起枪杆子，再打死几个警察，让整个城市瘫痪，工资该涨多少呢？所以，他们修街垒时都很卖力。可是修到中午，大家都饿了，领导人放他们回家吃饭。吃完了再接着干。没想到，工人们吃了饭都不来了——他们怕累，怕死，不干了。结果革命只革了半天，

就流产了，所以我们现在还在国王陛下的领导下。”

“流产是因为他们回家还有饭吃，中国人之所以革命，就是因为回家没饭吃。”我觉得这个回答一针见血，非常精辟。

可是老先生不以为然：“没饭吃也不见得一定要革命，印度很多人也没饭吃，为什么不革命呢？是因为他们有个甘地，中国有个毛泽东吗？不是，是中国人天生就喜欢革命。这是中国官员们告诉我的。他们说，不喜欢革命的是少数人，绝大多数中国人都是要革命的。我们革了半天就累了，你们革了半个世纪还不累，难道你们回家还没有饭吃吗？”

“东西方对时间的感觉可能不太一样，对于中国人来讲，半个世纪并不是很长的时间，它大概只相当于你们的半天。你知道，中国的历史太长了。”

我对张先生的幽默并不欣赏，布需要一个正面的回答：“中国人也感到累了。所以从八十年代起就不再搞阶级斗争，不搞运动了。”

布不同意：“可是，我去年在中国的时候，电视里还在播放《红色娘子军》。芭蕾舞是为美，为爱创造的，你们为什么非要让它革命呢？”

“这叫‘洋为中用’。”张先生还挺会插科打诨。

布耸耸肩：“我宁愿西方没有发明芭蕾舞。它让我想起了日瓦戈医生，不是白求恩医生。你看过《日瓦戈医生》的电影吗？英国导演大卫·里恩导的。”

我看过，但是我告诉他没看过——为的是扫他的兴。

没想到，他老人家一点也不气馁，兴致勃勃地讲起来：“你要看，一定要看。不但要关心诗人日瓦戈医生，还要关心他的情人的丈夫，就是那个叫斯尼克的年轻人，他仇恨沙皇政府，同情贫困的下层人。他散发传单，参加游行，为穷人向政府要面包。沙皇的骑兵冲散了游行队伍，他受了伤。从此，他相信，只有革命才能把穷人救出苦难。他参加了红军，英勇作战，有一次差点被白军的炸弹炸死，炸弹给他的脸上留了一道长长的月牙形伤疤。他成了红军的指挥官，他的妻子听说他在亚库坦，带着孩子去找他，可他拒绝见他美丽的妻子。他烧毁村子，抢走了农民的粮食，只因为当地人接待了白军。那可是冬天呀，俄罗斯的冬天！大雪、寒风，村民们冻死了，饿死了。可他并不认为这有什么错。他认为，这是革命必须付出的代价——他在创造历史，在创造一个人间天堂。在审讯日瓦戈的时候，他说，他原来喜欢日瓦戈的诗，但现在讨厌他的诗——情感、心灵、洞察力是天底下最没用的东西，在俄国，个人生活被抹杀了，历史不存在了。为什么？因为革命，因为他把自己献给了革命。可是，这样的革命者却死在革命者手里——更革命的革命者怀疑他对革命的忠诚，宣布了他犯了背叛革命的罪行。在被押往刑场的路上，他夺过了卫兵的枪，自杀了。”

要不是张先生的翻译，以我的英语听力肯定是听不懂他的这套长篇大论的。问题是，尽管我弄明白了这个曲折的故事，仍旧弄不懂布先生的意思——这跟芭蕾舞，跟《红色娘子军》有什么联系？我懒得问，正好安娜的女儿问我中国少数民族的事，我乘机溜到另一个房间，留下张老先生独自对付布。

回来的路上，张老告诉我，布之所以对《日瓦戈医生》中的斯尼克感兴趣，是因为他是被自己的理想杀死的。布认为，理想是可以杀人的，要么杀别人，要么杀自己。而中国的芭蕾舞正是大卫·里恩摄影机下的斯尼克。

4 “你嫂子”：“我老婆”

晚上，我到周宇家坐客，周宇是我到隆德之后认识的第一个中国人，原来是天津工业大学的讲师，十三年前来瑞典进修，不久在大学的化学实验室找到了一份很不错的工作，于是留下来，入了瑞典籍。他的太太姓邓，娇小玲珑，已经是两个孩子的母亲，按照瑞典的规定，每生一个孩子国家补助一笔钱。有了这两个孩子的收入，邓女士本来用不着工作，可她还是办起了一个中文学校，自任校长。

饭桌上，谈起我的教学安排，周宇和邓女士都不以为然。

“你给他们讲这种片子干吗？想给他们洗脑吗？他们肯定不感兴趣。”周宇说。

我有点不服气：“他们都是研究中国问题的，我给他们选的都是中国的主流电影，研究中国不了解主流，算什么研究？我是为他们好。他们对《焦裕禄》挺感兴趣，讨论得挺热烈。”

“《孔繁森》和《焦裕禄》、《蒋筑英》不一样，它涉及西藏问题，西方人对西藏有一套自己的看法。”

“我倒想听听他们的奇谈怪论，知己知彼嘛，要不然，怎么纠正他们的偏见呢？”

“你想通过一部电影就纠正他们几辈子的偏见，谈何容易。他们还会说你有偏见呢。”

“你们这一说，倒提醒我了，等讲完《孔繁森》，我得给他们讲讲《红河谷》——英国人侵略西藏的片子。让他们也学学历史，看看他们前辈干的‘好事’。”

话虽这么说，我对下次的课还是担心起来。

上课那天，托马斯不在。我大大地松了一口气，只要没有他添乱，别人都好对付。要是这堂课上，谁敢再提“焦裕禄是否要继承老贫农的遗产”一类的问题，我就请他看三遍《红河谷》。

正想着，门开了，罗伯特端着一杯咖啡进来了：“我来参加博士论文答辩，在没开始之前，当一回中国教授的小学生，可以吗？”

“欢迎系领导光临指导。”

罗伯特朝我点点头，坐在托马斯的位置上。

这位罗伯特教授以研究中共文件版本闻名，我在一次国际会议上见过他。此公在“文革”研究领域造诣精深，声望日隆，其最大的特点就是记忆力超群，长脑瓜就像计算机，两只灰眼睛就像扫描仪，他对1966—1978年间的中共中央文件烂熟于心，随便你提出哪一篇，他都能马上告诉你文件的编号、主要内容、有几个版本以及毛主席在上面的批示。他还有一大爱好——专门研究人家不研究的问题。在那次会上，他的论文是《“文革”与江青更年期的变态心理》。他来听课，我大大欢迎——他的特长在我这里成了特短——他从来不看新时期电影。

我们围桌而坐，索菲娅换了衣服，肚脐装改成了T恤衫。魏安妮还是一身休闲，费米穿着一件圆领衫，两只胳膊抱在胸前，盯着他的电脑。

“你们都看了吗？有什么感想？”我问。

索菲娅说：“我和魏安妮一起看的，我们不明白，孔繁森总是对他的司机和秘书说‘你嫂子’——你嫂子在电话里哭了没有？你嫂子在拉萨不会有事吧？……这里的‘你嫂子’指的是谁？是什么意思？”

T恤盖住了她的肚脐，我的思路敏捷多了。“‘你嫂子’的意思就是‘我老婆’。这是孔繁森跟别人称呼自己的妻子。同样的道理，孔繁森的妻子如果对别人说‘你大哥’，她的意思就是‘我丈夫’。这类称呼在中国北

方农村很普遍，它表明了谈话者之间的亲近关系。”

索菲娅困惑地扬起黄眉毛：“亲近关系？什么样的关系？能举个例子吗？”

“手足关系，也就是兄弟姐妹的关系。孔繁森这样说的前提是，他的司机和秘书是他的弟弟，当然这种兄弟之间并没有血缘关系。”

费米来了兴致，放下二郎腿，身体前倾：“没有血缘关系，不是就成了梁山好汉吗？我去过山东，看过断金台，《水浒传》里有一百零八个好汉，他们都是兄弟。就像《三国演义》里面的刘、关、张一样，不愿同年同月同日生，但愿同年同月同日死。”

罗伯特说话了：“请注意，我们一定不要忘记用阶级方法分析问题。1975年8月14日，毛泽东同北大中文系教师芦荻谈话，其中有这样一段话：‘这支农民起义军的领袖不好，投降。李逵、吴用、阮小二、阮小五、阮小七是好的，不愿意投降。’毛主席他老人家说得很清楚，梁山泊存在着激烈的阶级斗争和路线斗争，宋江搞的是修正主义，李逵是继续革命派。这与他们的出身有关，宋江是科级干部，是政府官员，他的屁股最后还是要坐在统治阶级一边，李逵是贫下中农，家里只有一个瞎眼的老妈，他属于被统治阶级，所以他的屁股就要坐到革命派一边。”不失时机地炫耀了一下幽默感和记忆力，这是罗伯特的特长。

可费米对这种引经据典毫无兴趣：“我的问题是，为什么中国的领导愿意与被领导——司机、秘书结成兄弟？他们不是同志吗？同志变成了兄弟，这是进步还是退步？”

你看看，刚走一个不省油的灯，就又出来一个。不用托马斯费心培养，费米就成了接班人。

我想了想：“这跟进步退步没有关系，它只能说明，经过改革开放，人性、人情、人道主义回来了，人们之间的关系变得更亲近了。”

费米不依不饶：“在旧中国，人们常常称兄道弟，尤其是国民党队伍里，《南征北战》里面有一句著名的台词：‘看在党国的份上，拉兄弟一把！’那时候并没有改革开放，为什么人与人的关系也很亲近？难道同志不更亲近吗？不止一位中国诗人，在诗里歌颂‘同志’。”

“这可能是孔繁森先生的个人习惯。”这句苍白无力的话刚出口，我就后悔了——这根本不是个人习惯问题，而是一个社会性的群体认同。我从首都机场上飞机的时候，箱子超重了三公斤，当时我说了一句：“小兄弟，帮帮忙。我第一次出国，下次保证不超。”那位工作人员挥了挥手，让我过去了。要是我管他叫“同志”，他非罚我不可。

幸亏罗伯特救了我。“我看，称呼的改变，说明中国已经变成了一个文化多元的社会。”

费米耸了耸肩，往嘴里扔了一块口香糖。

索菲娅却来劲了：“我不明白，为什么孔说‘你嫂子’就意味着他老婆？假如听话的人也有嫂子，不是会发生误会吗？”

我不得不硬着头皮解释：“不管听话的人有没有嫂子，他们都不会产生误会。因为他们之间有一个语言环境。”

魏安妮站起来：“汉语里有谦称，有敬称，还有爱称，请问，‘你嫂子’、‘你大哥’这种称呼属于哪一种？”

我被问住了。“这种称呼既不是谦称，也不是敬称，更不是爱称，它们只能算是……”茫然之中，突然来了灵感，“它们只能算是昵称——表示亲密的称呼。”

魏安妮问：“我可以用它们跟中国人聊天吗？”

“可以。”话虽这么说，可是一想到这些老外一口一个“你大哥”、“你嫂子”地跟国人聊天，我的后脊梁就一阵阵发冷。

费米停止了嚼口香糖：“孔对司机、对秘书长说你嫂子，也就是说，他是他们的大哥。作为地委书记，他是不是违反了党的纪律？”

我疑惑地看着他：“你是不是认为他只能叫他们小张老李或者是同志？”

费米说：“我认为这里面有一种不平等——他可以随便叫别人，可是人家都得叫他孔市长、孔书记。魏安妮，你的统计数字呢？”

魏安妮早有准备，翻开笔记本：“根据我的统计，在这部影片中，人们叫孔市长 19 次，叫孔书记 82 次。这个统计数字的误差不超过正负 2。”

她举起笔记本转身朝着同学们，笔记本上画着四个表格，每个表格最上面的一行都填写着官衔——市长、书记、秘书长、主任、乡长、局长，下面是统计数字，最下面一行是总数。

没见过这么看电影的。

她似乎看出了我的心思：“我学过社会语言学，我的目的是要通过统计数字，从电影里面看出中国社会干部与群众之间的关系。”

我指着她的本子：“通过你的统计，你得出了什么结论？”

魏安妮扶扶眼镜：“我的结论是，在中国，上级可以随便叫下级，叫他们的名字，叫他们的姓，甚至跟他们称兄道弟，但是下级不能随便叫上级，他们必须在上级的姓后面加上市长、书记、局长、主任等官衔。我认为，这种语言学现象表明，中国是一个等级十分严格的国家。”

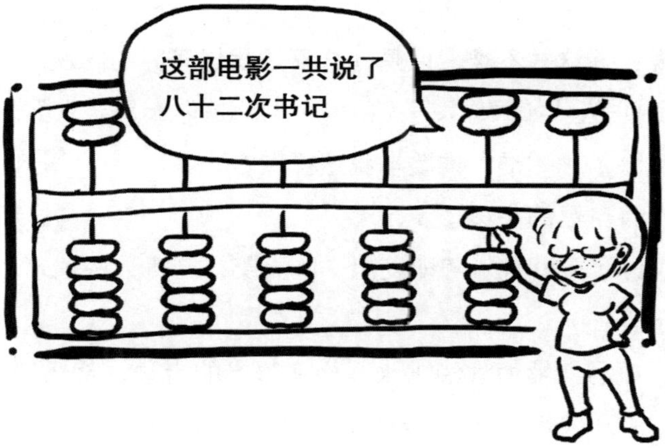

嘿，这个小丫头还真有一套。我好奇地问："《孔繁森》你看了几遍？"

她张开两手，伸开五指："十遍。"

突然，罗伯特发话了："我建议你再看十遍。"

所有的人，包括我在内都吓了一跳。

罗伯特说："再看十遍的意义是，弄清楚叫孔书记的人属于党内还是党外，也就是说，是藏族老太太这样叫他，还是地委领导班子这样叫他。"

魏安妮问："这有什么区别吗？"

罗伯特答道："1978 年 12 月 18 日中共中央第十一届三中全会在北京举行，出席会议的中央委员一百六十九人，候补中央委员一百一十二人。华国锋、叶剑英、邓小平出席了会议。会议重申了毛泽东同志的一贯主张，党内一律互称同志，不要叫官衔；任何负责党员包括中央领导同志的个人意见，不要叫'指示'。"

罗伯特又得到了一次卖弄党史知识的机会。

魏安妮说："你是说……"

罗伯特接过话头："我是说，按照中共中央文件，阿里地委领导班子应该管孔叫同志，而不能叫他的官衔。而老百姓只能叫他书记。除此之外，他们不知道该叫什么好。因此，你还需要再做一番统计，看看有多少人违反了党纪。”

魏安妮说：“这并不难，但是，这不是我想研究的问题。”

罗伯特反问道：“如果你嫂子她丈夫，也就是你大哥要求你这样做呢？”

魏安妮糊涂了：“谁？谁要求我这样做？”

罗伯特指着自己的高鼻子。

教室里沉静了几秒钟，随即发出一阵大笑，笑得天昏地暗，日月无光。只有我无动于衷。

笑声中，托马斯悄悄地溜进来，坐在费米的旁边，奇怪地看着他的同学们。

费米收住笑，拍拍托马斯的肩膀：“你有嫂子吗？”

托马斯诧异地摇摇头。

费米说：“现在你有了一个——我老婆。”

托马斯对这样的玩笑没有丝毫兴趣，他不紧不慢地打开他的黑本本，一字一顿地说：“我有一个问题——为什么孔繁森不说藏语，而只说他的家乡话。”

大家都被问呆了。

托马斯接着说：“贵国的顺治皇帝为了迎接五世达赖喇嘛进京，提前一年学习藏语。我不知道皇帝先生的藏语学的怎么样，但他的态度是诚恳的。孔繁森受藏民欢迎，不仅仅因为他为那里的人民做了好事，而且说明他的藏语水平一定很高，足以跟当地人交流。可是导演一方面让他高唱藏歌，另一方面，又让他大讲山东话。这难道不是态度问题吗？”

托马斯扶扶眼镜，合上本子，拿出录像带，来到录像机前——他肯定又发现了什么。我看着他倒带子，心想，这家伙不如改行当编剧，专编“继承遗产”一类的荒诞故事。

托马斯终于找到了他想说事的那一段。

电视屏幕上出现了这样的画面——

大雪铺地，一顶黑色的帐篷在风中颤抖。

孔繁森进门，一缕阳光射进屋里。

孔："老人家，老人家，大妈。"

一只水壶冒着微弱的热气。

藏族老太太认出来是孔书记，扔掉怀中的小羊，从床上滚下，爬过去，倒在孔繁森的怀里，大声呜咽起来。

孔抱着老太太，慢慢地蹲下。

铜制的酥油灯，微微跳动的火苗。

孔站起，一张空荡荡的床。老太太的哭诉声。

孔坐在空床上，抽泣起来，地上，那双又脏又破的解放鞋再一次提醒人们：那个生病的藏族老太太曲珍已经去世。

老太太伏在孔膝上哭泣。

那只小羊羔站在地上，抖动身体，叫了一声："咩"。

孔背起老太太，走出帐篷。

厚厚的积雪，趟雪的脚，背上的老太太。

孔将老太太扶坐到马上，脱下皮大衣，给她披上。

老太太抽泣着，从脖子上摘下一串佛珠，挂在孔的脖子上。

托马斯抓起碳素笔，在黑板上写了一串大写英文——MONTAGE OF METOPHOR。

我认大写的英文特别慢，总得在心里把它们变成小写，才知道是什么。我刚认出"蒙太奇"，托马斯就翘着红胡子，演讲开来："这是电影学的专用名词。翻译成中文就是……隐，隐，隐……"

他找不到对应的词，有点尴尬，幸亏魏安妮把"快译通"递过去，他获救似地叫起来："对对，隐喻！隐喻！这是一组蒙太奇，用隐喻方法表现的蒙太奇！孔繁森与藏族老太太的关系，就是人与小羊羔的关系。它告诉人们———方是拯救者，另一方是被拯救者。一方是上帝，另一方是羊羔！"

托马斯气势汹汹地看着我，好像我是三 K 党。

教室里一片沉寂，人们兴致勃勃地看着我。

事情明摆着，托马斯要报上节课的一箭之仇。

要命的是，这个挑衅者在这一点上还真不外行。看来，他根本没去学辩证法，而是琢磨蒙太奇去了。

我有点后悔——怎么给他们看这部片子！这不是给我添堵，给国产片抹黑吗？不行，不能长他人志气，灭自己威风。

罗伯特给我解围："托马斯，这是个敏感的问题……"

托马斯轻蔑地看了罗伯特一眼："这是教室，不是外交部。我们谈的是艺术，不是宣传。我请中国教授回答问题，没请你来替他说话。"

罗伯特耸了耸肩。

我看着这位"后红卫兵"。"我不谈它，是因为我的看法跟你不一样。不错，这个段落是隐喻蒙太奇。但它并不是表现民族关系，而是表现了政府与人民的关系，孔繁森代表政府，藏族老太太代表人民，那个羊羔隐喻的是人民。这并非中国人的首创，《圣经》里早就这样说了。任何政府都是人民的选择，美利坚是美国人民的选择，斯大林主义是苏联人民的选择，希特勒的第三帝国不也是贵国同胞的选择吗？"

托马斯眨巴着眼睛，半天说不出话来。

5 中国大片美国编导

讲《孔繁森》的时候，我就暗下决心，下堂课一定要讲《红河谷》。一是让他们欣赏欣赏中国的大片，更重要的是让他们了解了解西藏的历史——西方人对西藏的侵略史，以改变西方传媒给他们的误导。我写了一个详细的故事梗概，为了生动感人，还尽可能地加上了一些文学描写——

奔腾咆哮的黄河，浊浪滔天，惊涛拍岸。干涸龟裂的黄土地上，成百上千破衣烂衫、光头赤臂的男人匍匐长跪，他们虔诚地磕头、无声地祈祷。

河边，三块巨大的木板由高而低，组成一个阶梯，木板上，依次摆放着献给河神的祭品：黄牛、白羊、红衣少女。这是九十年前一场祭河求雨的大典，主持大典的是一位白发苍额、慈眉善目的老人。老人一声令下：祭河！一壮汉抡起铁锤，狠狠地砸向木板一端的机关，木板陡然倾斜，捆绑的黄牛跌入滔滔资水之中。铁锤再次举起，山羊哀叫着滑下木板，淹没在滚滚波涛之中。

老者问少女："娃呀，你还有什么话要说？"

少女回答："下辈子做牛做马，不做女人！"

壮汉将磨盘套在少女的脖颈上，缓缓举锤……喜马拉雅山脚下，雅鲁藏布江畔，藏族青年格桑救起了死里逃生的少女。从此，她成了格桑家中的一员，老阿妈为她起了一个汉藏合璧的名字——雪儿达娃。

在雪山澄江的护卫下，在放牧与汲水的劳作中，这个汉族女儿与救她养她的藏胞融为一体，勇敢剽悍的格桑与她默默相爱……

白雪皑皑的雪山脚下，两个日不落帝国的臣民——罗克曼与琼斯悠然自得地并辔而行。一队运货的藏人缓缓走来，骄横的罗克曼举起枪喝令来者让路，藏人慌忙上前劝阻：“千万不要开枪，圣山会发怒的。”罗克曼冷笑着扣动了扳机。枪声响处，圣山怒吼、积雪崩塌，藏人在雪崩中失去了性命，善良的格桑从积雪中救出了那两个英国人。

悬崖之上，雪崩的肇事者被捆在巨大的火药桶上，在他们的悲号声中，点燃的导火索跳动着，急速地缩短，杀人者即将受到正义的惩罚。突然，清朝皇帝的圣旨传来，强令放人——懦弱无能的清朝政府不敢得罪“友邦”。导火索只剩一尺多长，火药桶就要引爆，头人与藏胞的目光凝注在勇士格桑身上，只见他挥动“抛子”，甩出石子，然而导火索闪着火星，仍在吱吱作响，雪儿将一团湿泥递给格桑，湿泥飞出，英国人保住了性命。琼斯因病留下休养，罗克曼返回印度，临行前，他将一个打火机送给了救命恩人格桑。

藏人不计前嫌，不念旧恶，精心护理着琼斯，在酥油茶和糍粑的滋养下，琼斯康复了。藏人那善良淳厚的民风、自由豪迈的性格、博大友爱的胸怀吸引感化了他，他深深地爱上了这块土地和人民。而藏人则从他那里触摸到另一个世界，感知了另一种文明。格桑摆弄着罗克曼的打火机，头人的女儿丹珠惊喜地举起琼斯的望远镜，雪儿达娃好奇地注视着洋人留下的图片。

骄傲任性的丹珠看上了格桑，警告雪儿达娃不要想入非非，雪儿顽强地捍卫着自己的爱情。碰巧，雪儿的哥哥为革命党运送枪支从此经过，他认出了失散多年的妹妹，并告诉格桑要将她带回内地，格桑痛苦不堪。狂风大雨忽降，放牧的雪儿达娃不慎陷入沼泽，一马飞驰而至，格桑滚入沼泽，抛出了救命的绳索，第二次救出了雪儿。

雪儿答应了哥哥，告别了阿妈，告别了她深爱的格桑。正当汉人踏上归路的时候，一大队的英军携重炮、持洋枪蜂拥而至。当年的肇事者罗克曼上校走在队伍的前面，与其并辔而行的仍旧是琼斯，他现在是英国侵略军的少尉。为了保家卫国，一队队藏兵挥舞着大刀，呐喊着冲向敌阵。炮弹狂炸，子弹纷飞，藏兵如割倒的芦苇，一堆一堆地扑倒在血泊之中。罗克曼上校悠闲地呷着威士忌，观赏着这场杀人游戏。琼斯向他抗议："这不是战争，这是屠杀！"更猛烈的炮火淹没了琼斯无力的呐喊。

运送武器的汉人遭到侵略军的抢劫，雪儿的哥哥率领同伴们与藏民并肩战斗，雪儿受伤，格桑第三次将她救起。侵略军抓住了丹珠，罗克曼亲自将丹珠的衣衫扒去，逼迫头人投降。愤怒的头人率领藏民冲过去，等待他们的是一轮新的杀戮。尸体纵横，鲜血染红了河谷。面对着侵略者的枪口，丹珠轻蔑地引吭高歌。那沙哑的歌声粗犷高亢，在河谷、土堡，在雪山、蓝天之间久久回荡。

土堡之上，漏出的汽油遍地流淌，负伤的格桑奋力扔出最后一块石头，抱起昏迷的雪儿。面对着蜂拥而上的侵略者，格桑点燃打火机。罗克曼突然发现，面前的藏人正是两次救他的恩主，他装出一副惊诧的神情，拿出了侵略者最后的"文明"与伪善："为什么我们没有成为朋友？"回答他的是抛出的打火机，冲天大火轰然而起，天地易色，土堡崩塌，玉石俱焚，一切归于沉寂。一个孤独的身影四处踉跄。仰望雪山蓝天，俯视澄江河谷，琼斯发出了一声声撕心裂肺的哭喊："为什么？为什么？！"

因为去图书馆借书，我来晚了半个小时，还没进教室，就听到里面乱哄哄的，推门进去，吓了我一跳——费米跪在桌子上，伸开双臂，仰面朝天，哭丧着脸高喊着："为什么？为什么？"索菲娅、魏安妮和几个新来的学生围着他起哄。托马斯端着一杯咖啡，坐在椅子背上，冷眼旁观。

一见我进门，费米把手伸向了我，表情从悲悯变成了愤怒："为什么，

为什么，那个白痴琼斯还活着！”

我吓了一跳。我知道，他在模仿《红河谷》里面的那个英国记者琼斯，可是，琼斯怎么成了白痴？

五分钟后，大家各就各位，几个新来的学生也都安静下来。

我解释了一下晚来的原因，然后问他们：“看来，你们对这个电影挺感兴趣？”

费米揉着膝盖：“我感兴趣的是那个头人的女儿，我知道，那个演员叫宁静，啊，她是个大美人！”

“那你为什么认为琼斯是个白痴？”

费米说：“他很可笑，不是吗？他是一个和平主义者，可是他却要入伍当兵？他反对暴力却不阻止暴力。你说，这个英国人不是白痴是什么？”

我反驳费米：“不，他只不过是个军人，你不能要求他单枪匹马地阻止国家机器发动的不义战争。我不觉得他可笑，倒觉得他值得同情。”

不知道碰了哪根筋，费米霍地站起，两只手在空中挥舞着：“同情？他值得同情吗？不，没有人会同情他！我讨厌他，我恨他，他是个伪君子，是个懦夫，是个白痴，是个胆小鬼！他爱西藏人，他知道感恩，可是，他却什么也不做，眼看着他的军队杀人放火，杀掉他们的救命恩人，污辱他所爱的女人，这算是什么军人？！作为男人，一个英国绅士，他当然知道这是为什么，可是，他却要假模假样地跪在那里问天问地！”

我吃了一惊，不知所措。

费米又恶狠狠地加上一句：“他不是一个活人，是个符号，是个传声筒！”

托马斯冷冷地插了一句：“一个好莱坞的变种，but made in China（但产自中国）。”

费米发泄完了，一屁股坐到椅子上，从衣袋里掏出一盒万宝路，又“腾”地站起来，开门出去，门在他身后“砰”的一声关上。

教室里突然安静了，那几个新来的学生窃窃私语。

索菲娅打破了沉默：“这个电影是不是外国出了钱，我的意思是好莱坞投了资？”

“没有。”我摇头：“这是中国国产大片。”

索菲娅有些疑惑：“那……它的编导一定有美国背景。”

“你为什么会这么想？”

索菲娅一时找不到合适的词：“因为……因为它像汉堡包，有一股美国味。”

“美国味？在这个电影里，你看出了美国味？你指的是什么？”

索菲娅皱皱鼻子，好像要从空气里找出《红河谷》的美国味似的。

托马斯插话了：“各国都有自己的味，就像走路一样，美国人走路朝上看，英国人走路朝前看，中国人走路朝后看。”

我最讨厌托马斯的阴阳怪气，但还得压着火，假装客气：“对不起，我不明白你的意思。能解释解释吗？”

托马斯扶扶眼镜：“美国人是个年轻人，狂妄自大，以为自己什么都知道。英国人是个中年人，很自信，很自尊，什么时候也不忘记自己是绅士。中国人是个老头，抱着五千年的历史和数不清的规矩，干什么都要问问老祖宗。”

“这跟这部电影有什么关系？”我还是没明白。

索菲娅冲着托马斯嚷嚷：“托马斯，你扯得太远了。我说的美国味是指，它照着美国人的想法编故事。你看，美国的东边是高原，中部是平原。东边的河水会向中部流，所以，一个人如果从东边的河里掉下去，会从西边的河里漂上来。我到过拉萨，还沿着黄河走过整整一天，我的帽子在内蒙古的一个地方掉到了黄河里，中国朋友告诉我，它可能会出现在陕西、河南或者山东，但是绝不会出现在西藏。”

托马斯说：“美国人能把越南炸平，为什么不能让黄河的水倒着流呢？”

我明白了，他们是说，这个电影犯了一个常识性错误，中国的地形西北高，东南低，而美国的地形是东部高，中部低。所以，他们认为这个电影的编导一定是美国人——他按照美国的地形改变了黄河的流向。让雪儿从黄河掉下去，从雅鲁藏布江里漂上来。其实这个问题，我早就注意到，在国内，这个片子刚公映的时候，我还写文章批评过它。我以为老外们不会注意到这种细枝末节，没想到这些家伙对中国地形还挺熟。青影厂的导演白羽在编导方面颇有独特的见解，他认为好莱坞编剧的精粹可以用胡适的八字真言——“大胆假设，小心求证”来概括。但是，大胆假设并不是漫无边际的胡思乱想，它必须有个合理的基础，若非如此，就是再小心也求证不出来。

我一向敬佩“拼命三郎”冯小宁的干劲，佩服他的全能全才，全力以赴。作为一个导演，他拍片子的时候，除了演员之外，编剧、摄影、录音、美工、化妆……几乎剧组的所有专业他都精通。问题是，至少在编剧上，他常常把劲使错了地方，结果是越使劲，越乖情背理。这不是，本来想像好莱坞那样："大胆假设"一把，可是他的大胆再小心也无法求证——要想论证雪儿从黄河里掉下去从雅鲁藏布江里漂出来，就必须像托马斯说的那样，首先证明黄河在某种情况下可以倒流，然后，还得证明黄河与雅鲁藏布江这两条有着不同的发源地与流经地的河流之间，有一条地下水道相通。这能求证出来吗？如果不能，为什么不换个思路，非弄那个农民祭河，雪儿落水的噱头干吗？

一直闷头不语的魏安妮说话了："我怀疑，这个电影拿了中国旅游局的赞助。"

这个小女生也学会了出语惊人。

"你为什么这么想呢？"我问。

魏安妮说："它让我们看黄河，看雪山，看圣湖，这些风景与电影的内容没什么关系？"

托马斯摇头："不不，问题不在这儿。问题在于，这种文艺不是来自于历史，也不是来自于现实，而是来自于头脑。这种可爱的头脑根据需要制造观念，导演们就用这些观念来拍电影。这个电影有两个观念，一是爱国主义，二是民族团结。我在中国看过一个电影《沙漠里的春天》，七十年代拍摄的。它讲了这样一个好笑的故事：一群青年人为了祖国的需要，离开大城市到了中国的西北，那里有大片大片的沙漠，他们决心改造沙漠，费了千辛万苦种了树。小树长起来了，突然，刮起了大风，为了保护小树，他们手挽着手，组成了人墙与大风作战。后来大风停了，小树长高了，电影也就结束了。这两个电影一个是七十年代拍的，一个是九十年代拍的，时间相差二十年，但是都出于同样的头脑。不同的是，今天与过去不一样，过去的中国是个文化的沙漠，能看电影就是心灵的春天。而今天的中国，是文化的春天，可是导演却偏偏走不出观念的沙漠。春天的花很多，为了吸引人们去买这种花，导演就制造了昂贵的包装盒——西藏的风景和民族的三角恋。"

"还有黄河的……瀑布。"魏安妮想起了电影开始的宏大场面。

"用报刊上的话讲，这就叫'主旋律也要加强娱乐性'。"费米突然插话。他抽烟回来以后，一直没有插嘴的机会。

我心里暗暗称奇：这小子不愧是研究中国传媒政策的，怎么说起话来就像电影局的领导似的。有一次，他在电话里跟我说，他最爱读的就是《当代电影》和《电视研究》。看来，他之所以能取得这样的进步，中国刊物的功劳不小。

费米的解释惹恼了托马斯："娱乐？谁娱乐？是侵略者娱乐，还是被侵略者娱乐？一伙强盗冲进你的家，烧了你的屋子，杀了你的父母兄弟，强奸了你的妻子女儿。你无法报仇，就编出一个故事来安慰家里人：坏蛋后悔了，他们的良心受到了谴责。他们跪在地上请求上帝的原谅，他们还掉了眼泪，哭得很伤心，他们非常痛苦，因为他们想知道为什么。"

我不得不对托马斯刮目相看，看来西方人也不是铁板一块，这个德国佬还挺有正义感。但是，我还是得纠正他表述上的错误："不，托马斯，你理解错了。良心受到谴责的不是坏蛋，是琼斯，他在为同胞中的坏蛋忏悔。"

托马斯一声冷笑："忏悔，那要看是谁的忏悔，是英国人的忏悔，还是中国人替英国人忏悔。"

他转向大家："你们看过《印度之行》吗？一本英国小说，福斯特写的，后来被大卫·里恩拍成了电影。那个印度医生阿齐兹……啊，非常有趣的故事……阿齐兹与英国人费尔丁是好朋友。有一天，他请殖民地法官、英国人隆尼的未婚妻阿德拉小姐游览马拉巴山洞。没想到，这位阿德拉小姐在山洞里产生了幻觉，以为阿齐兹要强奸她。殖民地的法庭要判阿齐兹有罪，原告阿德拉又否认了自己的控告。后来，费尔丁来找阿齐兹，想跟他重叙旧谊。但是，印度的天地万物否定他们之间存在什么友谊——他们骑的马不肯靠拢；他们脚下的岩石冒出地面；山下的旅馆、庙宇、水池、监狱、宫殿、鸟群，甚至那些肮脏的垃圾都一齐呐喊'不，不，不要！'跟琼斯一样，费尔丁也不是坏蛋，他也有正义感，也有良心。为什么印度的天，印度的地，印度的石头，甚至印度的垃圾都不接受费尔丁的友谊？因为他是殖民者中的一员，殖民者就是侵略者，侵略者与被侵略者之间是不存在什么友谊的。《红河谷》却认为这种友谊是存在的，它告诉我们，侵略者有两种，一种是和平的，一种是暴力的。难道有和平的侵略者吗？"

魏安妮说："我们应该给这个电影颁奖！"

费米从背包里掏出一个毛茸茸的东西，递给坐在最前面的索菲娅。

索菲娅抱着那东西，站起来，忍着笑："我代表瑞典隆德大学影评委员会宣布，中国影片《红河谷》……使西方人了解了中国人的思想方式，中国的爱国主义以及中国艺术家学习好莱坞的热情，为此，本评委会决定向导演颁发杰出贡献奖。"

索菲娅将那个东西双手捧着，郑重其事地递给我。

"哈哈哈"教室里笑开了锅——这是蓄谋已久的。

我看看手中的东西——一只玩具火鸡。

6 新人新世界

安娜告诉我，一位芬兰的汉学家给我留了一个条子。递给我这个条子的时候，她还诡秘地一笑：“一个很漂亮的女人。”

条子上写的是英文：“半个月前，我给你传过一篇文章，想听听你的意见。我在斯德哥尔摩参加一个会议，下周五结束。我希望周五晚上能见到你。能否在大同饭店与我共进晚餐？请告。桑。”

我想起来，大约两个礼拜之前，收到过一个英文伊美儿——一封短信和一篇长文。长文我只看了一个开头。短信的内容是，她是研究中国当代文学的，读到了我在《当代中国研究》上发表的关于样板戏的文章，又听罗伯特提起过我，想跟我认识一下，一来请教一些问题，二来请我帮她找些资料。

出国前，一位爱好看相的处长给我算命，端详了我的左手，看了我的眉宇，问了生辰八字，最后，郑重其事地告诉我，两年之内，我会发财并要大交“桃花运”。但是，按五行的说法，财属金，桃属木，金克木，所以两者不可兼得。处长先生说他的算命水平已达到了司局级，我认为顶多是副科——桃指的是桃花，桃花指的是女性，女人属水，跟属金的财并不相克。但是，我不想反驳他——中国的事都是处长们办的，没准我哪天用得着他。现在他的说法至少兑现了一半——我挣的是隆德大学教授级的工资，算是发了点小洋财。按他的逻辑，我要想守住这点洋财，就只能拒绝这送上门来的漂亮女人。

尽管这么想，可我还是咬牙花了二百克朗理了一个发，然后坐在电脑前拜读她的大作。她的文章又臭又长又难懂，题目也兼具这三样“美德”——《巨人创造的新人新世界：东方古国的乌托邦理想的艺术结晶——样板戏》。我费了两天的工夫，翻着字典才把它勉强读了一遍。读完了，还是不知道她想说什么，于是又用了一天的时间边读边做笔记，最后总算弄清了她的意思。

桑的主要观点如下——

第一，中国人一直怀抱着一个伟大的乌托邦理想——《礼记》上说的“天下大同”。历朝历代的农民起义都是受这个理想的启发和鼓舞，高举着“等贵贱、均贫富”的旗帜冲进皇宫，夺了政权。但是，他们摆脱不了封建等级制度，一旦坐了天下，就抛弃了大同理想。这成了一种历史规律。到了洪秀全，这种乌托邦理想被加入了新的内容——新人新世界。那些新人就是为天国而生为天国而战为天国而死的“长毛”，那个新世界就是男女分营、财产归公、下级禁欲、上级纵欲的南京政府。孙中山赞赏洪秀全是出于民族主义，毛泽东赞赏洪秀全是出于反对封建的等级制度。洪秀全的“新人新世界”的理想对毛泽东产生了巨大的影响。不同的是，洪秀全靠的是基督教，毛泽东靠的是列宁主义。毛泽东决心打破旧式农民起义的周期律，把中国建设成一个新人辈出的新世界，这一思想主要表现在他给林彪的“五·七指示”中。他要求新人爱党爱国爱革命，亦工亦农亦文亦武，新世界没有货币，没有商品，自给自足。

第二，要使人民接受这个伟大理想，首先需要文艺工作者向人民展示这个理想。在《在延安文艺座谈会上的讲话》里，毛泽东就号召文艺家写新的人物、新的世界。1958 年，毛泽东又提出革命现实主义与革命浪漫主义相结合。事实上，只有革命浪漫主义才能创造出新人新世界的作品。对于整天守在土地上的农民来说，革命浪漫主义是令人向往的，而待在城市里的文艺家们整天在政治运动中提心吊胆，浪漫不起来。更重要的是，马克思学派高度赞扬的十九世纪批判现实主义已经在中国形成了牢固的传

统，变成了中国文艺家生命的一部分。因此，文艺家就不断地抵制革命的浪漫主义。而中国的官僚是务实主义者，他们关心的是经济的恢复、社会的安定，而不是人的思想的纯正、道德的纯洁，毛泽东勾画的新人新世界的蓝图，他们毫无兴趣。毛泽东无法忍受他们的搪塞敷衍，不得不发动“文化大革命”，打破官僚和文艺家的政治联盟。

第三，样板戏是新人新世界的代表作，是毛泽东的夫人江青女士改造中国文艺的实验田。样板戏中的新人有这么几个特点。首先，新人都是斗争万能论者，他们崇尚斗争，像古希腊人一样，相信斗争是父，斗争是王，斗争是人生的最高享受。斗争离不开暴力，因此，他们又是暴力爱好者，红卫兵的施暴，造反派的互相残杀，都是样板戏培养的结果。其次，新人又都是仇恨主义者，他们热爱仇恨，培养仇恨，甚至人为地制造仇恨。仇恨成了他们的水、阳光、空气和一日三餐。因此，新人们要不断地控诉，不断地忆苦，不断地教育后代牢记阶级苦，不忘血泪仇。正是这种新人教育，使各地的武斗此伏彼起，使“文化大革命”延续了十年。再次，新人还有一个重要特征——禁欲。样板戏中的所有男女，都远离谈情说爱，不谈男婚女嫁，男人没有老婆，女人没有男人。因为样板戏把人类之爱变成了植物之爱，新人就像一种有感情的芦苇。植物当然要爱那最红最红的红太阳。另外，样板戏又把男女性爱转化成了对恩人、救星的敬爱，变成了子女对父母之爱。在中国古代，子女为了孝敬父母而牺牲爱情、放弃性生活是常有的、受到鼓励的事。

我耐着性子把“漂亮女人”的大作读完，心里好生奇怪：几个老掉牙的样板戏到了西方竟成了香饽饽，无论是收藏界还是学术界都把它当成了富矿床，挖呀挖，好像里面藏了多少宝贝。在中国，只有商家打着“红色经典”的招牌骗骗钱，学界早把它们扔到恐龙蛋里去了。

漂亮女人如约而至，让我大失所望的是，她一点也不漂亮——黑发黄眼，扁脸低鼻，颧骨高耸，活脱脱一个蒙古种。她告诉我，她是小时候随着母亲从香港过来的，继父是个芬兰人，后来在芬兰上中学大学，博士毕业后，获得了为少数民族女性研究者提供基金的什么协会的支持，专门研究中国文艺中的新人新世界。她采访过浩然，李准、孔捷生、北岛等人，顾城自杀前还接见过她。

桑极其健谈，见了同胞同行更是话多。谈话从发动“文革”的原因开始——

“‘文革’的发动不像你说的那样简单，你所说的新人新世界仅仅是原因之一，还有其他原因。比如反修防修，挖出中国的赫鲁晓夫；反对官僚主义，精简机构，改煤炭部为煤炭科。我建议你读一读王年一教授的《大动乱的年代》，这是国内最权威的‘文革’史研究著作。”

桑记下了书名，又问了我出版社和出版日期。一一记下之后，话题转向了江青。

“我曾经花了很长的时间研究样板戏，我发现，样板戏与江青的关系密切。江青的性格中具有很强的叛逆性，她首先叛逆的是男权，你看，她十六岁与裴明伦结婚，不到一年，就离开了她的丈夫，到山东大学一边当职员，一边听中文系的课。她为什么离开裴明伦呢？是因为她不想当旧式妇女，她要做个新女性。她十七岁与共产党员俞启威同居，入了党，被捕，关了一个多月。二十二岁那一年，她又与电影评论家唐纳结婚，两个月后，她又离开了唐纳，去找俞启威。十个月后，她把这两个男人全都扔到一边，与戏剧家章泯同居，那一年她刚好二十三岁，五年后，二十八岁，她又成了延安的第一夫人。中国的研究者把她的这些行为看作她生性放荡，作风不好。我不这样看，江青的这些行为恰恰表明她是一个男权的背叛者和挑战者，她的一生一直是在背叛，在挑战。在她成长的道路上，男权始终是一个决定的因素。1934 年，她被捕，是男人抓的她，是男人逼她写自首书；她想当《赛金花》的 A 角，男人们却选中了王莹；她到了延安成了毛泽东的夫人，可是男人们掌管的政治局还要管她，对她约法三章——二十年内不准她担任党内的任何职务，不准她干预党内人事安排和政治决策，她所能做的只是负责毛泽东的生活。转了一大圈，她又回到了老地方。她离开裴明伦时，就是因为拒绝做围着男人转的旧式妇女。可是到了延安，成了第一夫人，她还得围着男人转，还是一个旧式妇女。这种遭遇使她对男性主宰的世界充满了仇恨，这种心理导致了她对两性关系的憎恶和疏离。'文革'中，她总是戴个军帽，把一头美发塞到军帽里，总是穿着军装，掩盖起女性的特征。这种男性化的打扮不过是一个伪装，她不过是从外观上接受男权社会的权威，而在内心里，她是一个坚定的女权主义者……"

桑对江青历史的熟悉，让我惊讶，这大约要归功于西方出版的大量的关于江青的书籍。更让我惊讶的是，桑对江青叛逆性心理的分析，我不能不承认，她的分析不无道理。

我对桑说了我的看法，肯定她的分析让人耳目一新。

桑毫不掩饰她的兴奋，又跟我侃起了样板戏。

"在样板戏里，所有的敌人都是男性，所有的女人都是反抗者。你看，白毛女反抗黄世仁，使大春走向了革命；吴清华反抗南霸天，并且成了娘子军的领导；柯湘改造了雷刚的军队，最终成了雷刚的革命领路人；方海珍教育了韩小强，挖出了暗藏的阶级敌人钱守维；江水英教育了思想保守的队长，抓住了逃亡地主王国禄；李铁梅完成了李玉和无法完成的任务；阿庆嫂保护了伤员，一个人与胡传魁和刁德一斗智斗勇。通过这些女性，江青向全世界的妇女传达了她的心声——淡化家庭纽带，松弛家庭伦理，解除夫权的束缚。如果江青当上了武则天式的女皇，那么，取消家庭将会是第一个措施……”

我心里好笑：多可惜呀，四亿中国女性看了八年样板戏，居然没有一个领会江青的心声。

桑说：“……江青的叛逆性格与严酷的男权世界的冲突很容易导致人格解体和精神分裂，江青没有成为精神病患者，样板戏起了巨大的缓解作用，江青把自己性格中的叛逆性投射到了虚构人物身上，通过这些人物的创造，她获得了宣泄，获得了心理平衡。从这个意义上讲，样板戏是江青的精神病医生，那些女性人物是她的镇静剂……江青的女权主义的思想很可能来自古希腊，你知道，古希腊的阿里斯多芬就写过一个喜剧，叫《掌权的女人们》。那里的女人们打倒了男权，建立了一个一切由女人说了算的城邦。这个城邦宣布的第一条法律就是取消婚姻，取消家庭，取消家庭伦理。她们认为，女人一切不幸的根源就在于该死的婚姻制度和家庭伦理。这一硬一软，一有形一无形的枷锁正是男人们征服女人的武器。城邦建立的第二条法律就是把男人变成奴隶，劳动的奴隶和提供性服务的奴隶。所以，在这个城邦里永远消灭了男权社会才有的强奸。在电影《白毛女》里，喜儿被强奸，到了芭蕾舞里就没有了。为什么？因为江青要在她的艺术王国里首先消灭这个男权社会的产物。”

桑滔滔不绝，我有点心不在焉，心里盘算着是否放暑假的时候请她当向导，先到芬兰，然后到俄罗斯转一圈。可是，找不到插嘴的机会。

桑突然想起了王年一的书：“你能帮我买《大动乱的年代》吗？”

“只能试试看，能不能买到没有把握。”

“你觉得这本书与美国费正清研究所麦克法考尔写的《文化大革命的起源》哪个更有价值？”

“麦克法考尔的书我没有仔细看，再说他刚出到第二册，还没写到‘文革’，不好比较。不过，我可以有把握地告诉你，王年一的书是中国国内最权威的‘文革’史研究著作。我相信，在二十年之内，在这个领域内，不会有人超过他。”

桑不相信我的话：“二十年内没有人超过他？这可能吗？苏联解体后，历史学家们一年之内三次修改教科书。因为不断有新的材料发现，有新的秘密文件公布。如果王教授的学生们发现了新材料、新文件，那么老师的结论就会被修正，或者重写。”

这个问题有点无聊，可是又不能不回答她，我只好说：“对于‘文革’，中国的态度是‘历史问题宜粗不宜细’、‘团结一致向前看’。所以我估计不会有新材料新文件被公布。”

桑耸了耸肩：“这真让人不可理解，任何问题都应该细，而不是粗。难道你们的科学院要求搞研究的粗一点，你们的大学要求教书的粗一点，你们的工厂要求产品粗一点吗？这真是不可思议。我觉得我生在香港，能够理解中国，可是一遇到实际问题，我就变成了外国人。我发现理解中国太困难了。”

“你觉得困难，是因为你是搞学术的，不是搞政治的，政治家与学问家是两个思路。政治家考虑的是社会的稳定，而不是学术的突破。如果学术的突破影响了社会的稳定，影响了经济的发展。就会因小失大。”

桑问：“你觉得几本书会影响中国的稳定和发展吗？”

我学她的样子，耸了耸肩，表示无可奉告。

她很识相，改了话题：“你认识梁晓声吗？”

“见过。大约是1992年，一个纽约大学的副教授来北大教书，中国名字叫司徒约翰，是研究中国当代文学的。他要翻译梁晓声和贾平凹的书，我领他找到季红真，到过梁晓声的家。”

桑说：“我也想翻译他的书，但是我放弃了。我发现，他似乎很怀念“文化大革命”——他歌颂上山下乡，歌颂当年的艰苦生活，他认为广阔天地确实大有作为。他从来没有想到，上山下乡运动毁了一代人。他能够坐在金字塔尖上，是因为有无数的同辈人做了金字塔下面的石块。我一直想弄明白，为什么大部分人忘记了它，少数人用赞美的口吻谈论它。你知道，好几个可以推荐诺贝尔文学奖的候选人的西方教授认为，只有描写‘文革’的长篇小说才有可能获得这一殊荣。可是，事情过去了二十多年，连一部像样的中篇也没有。中国文化似乎是个健忘的文化。我常常奇怪，这种文化居然存在了五千年。”

“正是因为健忘，它才存在了五千年。要是什么都记着，中国人早累死了。”

桑睁大眼睛看着我，好像我是个怪物。

……

那天，我们的谈话从大同饭店转移到系办公室，从周五晚上说到周六凌晨，直到说得我哈欠连天，她才起身告辞。我有点后悔——花了二百克朗，只换来一大堆异端邪说。

7 日本人的逻辑

瑞典大学的规矩是，老师和学生都迟到，上课时间是八点半，八点四十进教室，九点来齐了就阿弥陀佛。只有从摇篮到坟墓的高福利国家才能惯出这样的毛病来。吃了几次早来的亏，我也入乡随俗，保证八点四十五进教室。奇怪的是，这一次教室里还是空空荡荡，我冲了杯咖啡，边喝边看比尔·奥古斯特的《冰雪谜案》（*Smilla's Sense of Snow*，1997）。

九点半了，居然还没有动静。我好生纳闷，说好了这堂课上讲《离开雷锋的日子》，录像带和文字材料上礼拜就发下去了。这是怎么回事？是抗议我选的片子不合口味，集体罢课？还是不约而同地生了病？我出去转了一圈，整个大楼静悄悄的，外面的绿地上散落着十几个青年人，光着身子做日光浴，白屁股与绿草地相映成趣。这情景我在挪威也见过，北欧缺少阳光，是不是有这种规定，阳光好的时候，学生就自动停课晒屁股？

回到教室，里面居然坐着一男一女。一见我进来，马上站起，一齐鞠躬，一齐捧上名片，一齐说话："Good morning，Professor，please allow me to have your lesson。（教授，早晨好，请允许我听您的课）"

不用问，肯定是日本人——日本人的英文发音是世界上最糟的，比我还差。看看他们递上的名片：男的叫高树仓一，女的叫完田美子，两位都在哥德堡大学学中文。男的长尖脸，大眼，八字眉。女的圆脸，细眼，弯眉。两人都戴眼镜，三十出头，大约是夫妻。他们解释，从网上看到隆德大学东亚研究中心的专页，知道我在这里讲电影，就从哥德堡赶来了。哥德堡大学已经放暑假了，听说我这个班一直上到七月第一个礼拜，令他们深感幸运。今天是瑞典的仲夏节，他们以为我出去郊游了，给我打过电话，没人接，就到教室来看看。他们一个劲儿地说，能碰到我，他们深感荣幸，云云。

我这才想起来，上周去哥本哈根，临行前安娜问我，仲夏节是否愿意跟他们一起出去玩两天？我当时漫不经心地谢绝了。Mid-summer（仲夏节）是瑞典特有的节日，与施洗约翰节和五朔节合为一体。据说这一天阳光最好，所以屁股也要见见天日。

经过一番交谈，知道他们在哥德堡大学研究传播学。来哥德堡之前，在北大待了四年，听过严家炎的课，在斯德哥尔摩待了三年，听过罗多弼的课，还见到过诺贝尔文学奖中文评委马悦然和他的中国妻子陈宁祖。他们读过姚雪垠的《李自成》，孔捷生的小说和北岛的诗，认为姚是中国古典文学大师，孔是中国当代文学巨匠，北岛应该获诺贝尔文学奖。他们来隆德，一是旅游，二是为博士论文做准备。我试着说了几句中文，他们都听懂了。

我请他们坐，两个人鞠躬。刚坐下，高树又起身鞠躬——问我能不能把谈话录下来，我说没问题。他第三次鞠躬，完田跟着鞠。我想起了一位美国记者在日本的观感——日本人的腰简直像弹簧一样，一天要弯成百上千次，人人乐此不疲。我跟那位美国记者同样，对这种形式主义的礼貌并不欣赏——阳光下的屁股比西装里的弹簧要真实坦荡得多。

客套之后转入正题，高树扶扶眼镜："我们正在准备关于中国电影与国民性的博士论文，听说您讲授中国文化与中国电影，特地来请教。"

五年前，一位北大同窗跟我借美元，说他要去美国研究明清小说，专攻中国古典文学博士。与这位同窗比起来，这两位到瑞典研究中国电影的日本人只能是小小巫了。

高树又要起身鞠躬，我赶紧示意免了。没想到按下葫芦起来瓢，完田冷不丁地起立鞠躬，轻启樱唇："我们想请教的问题，可能多有冒犯，请先生原谅。"

我不得不移座欠身。心想，跟日本人在一起，我的腰也得弹簧化。

高树开问了："请问，贵国的电影《地道战》、《地雷战》反映的是不是中国的真实情况？"

我不假思索："电影是虚构，但它是建立在真实的基础之上的。"

完田说："您一定看过《地雷战》，麻烦您再看一遍，只看其中的一段，我们需要您的讲解。"

说着，她把手提电脑打开，装进《地雷战》的光盘。

我懒得再看这种老掉牙的片子："你们一定得看电影才能提问题吗？"

高树说："对不起，因为我们怕讲不清楚。"

我说："那好，请把电脑关上，这里有多功能光盘机。"

几分钟之后，这部1962年拍摄的，曾经与《地道战》、《平原作战》一起被誉为"老三片"的抗日电影呈现在电视屏幕上。奇怪的是，它与我当年看过的不太一样——片名下面多了三个字"教学片"，开头还加上了一段毛主席语录，并有简要的说明。完田对这个电影非常熟悉，放过开头之后，她就将光盘快进，直到四分之一的地方才恢复正常。

高树提醒我："吴教授，请您注意一下这个情节。"

我盯着屏幕——

黄村据点的鬼子和伪军要扫荡根据地，途经赵家庄。赵家庄的三个女民兵为了把敌人引进地雷阵，在山上打冷枪吸引他们过来。中野队长和一个伪军军官躲在一块大岩石后面，寻找开枪的人。伪军军官一会儿指着前面，说："太君，土八路的这边。"一会儿又指着左边："太君，土八路的那边。"中野生气地打断他："什么这边，那边。"并指着侧面的山峦："土八路的那边！"伪军军官赶紧点头称是。

中野得意自己的发现，对伪军军官打着交叉的手势，指示他："你们的这边，我们的那边。"伪军军官向身后的伪军招手。鬼子和伪军兵分两路，向山上包抄过去。

这有什么值得注意的？我回头看着完田。完田莞尔一笑，露出两排白且尖的牙。她关掉光盘机："吴教授，在日中战争期间，确实存在着帮助日本军队作战的中国军队吗？"

这不是问题，这是挑衅，我正告她："完田女士，我得纠正你，在中日历史上不存在日中战争，只存在日本侵华。至于你的问题我看是多余的——任何时期，任何外国侵略者都会在被侵略的国家里找到背叛者。中国也不会例外。"

完田依然笑容可掬，一边鞠躬一边说："谢谢指教。"

高树说："您能否告诉我们，帮助日本军队作战的中国友军的人数。"

"对侵略者是友军，对被侵略者是叛军，是伪军。高树先生，你在提到他们的时候最好注意用词。至于你的问题，历史书上有，我不记得。"

高树起身鞠躬，嘴里发出"哈伊，哈伊，yea，yea"的声音，表示认错。

完田伸出涂了指甲油的纤纤细指，从皮包里取出另一张光盘："您一定看过《地道战》，这里面有答案。"

所谓答案就在高家庄民兵队长高传宝的一句话上。完田对这部电影的熟悉程度让我吃惊，她准确地将光盘调到关键处——

屏幕上出现了高传宝敲钟的身影，在"当当当"洪亮的钟声中，高家庄的男女民兵们从四面八方跑到大树下集合。

高传宝拿着一份情报，向民兵们传达："上次没有打死的那个老鬼子纠集了好几个据点的敌人，这回又来了。"

一民兵问："队长，来了多少？"

高传宝扬扬情报："这上面说，一百多鬼子，二百多伪军。想来破坏我们的地道。"

高树说："贵国电影提供的数字是'一百多鬼子，二百多伪军'。也就是说，中国军队是日本的两倍。贵国学者胡华先生主编的《中国革命史

讲义》对此提供了确切的数字。请您过目。”

他从背包中拿出一个三寸厚的自制的大本子，本子的封面上写的是日文，侧面贴着分类的标签，他翻到差不多一半的地方，递给我。

两张中文书的复印件展现在我的面前，左边的一页是“1938 年至 1945 年的日伪人数表”，右边一页是“八路军、新四军在华南地区抗击日伪军战绩统计表”。左边的数字太多，我看的不仔细，只留下一个基本印象——伪军人数虽然逐年增加，但总人数少于日军。右边的数字一目了然，被毙伤、俘虏和投诚的日军是五十二万四千余人，伪军则是一百一十八万六千余众。

高树指着那两页说：“这左面的是胡华先生的《中国革命史讲义》下册第八百零一页的复印件，这右面的是同一本书的第八百零二页的复印件。这本书是中国人民大学出版社 1980 年出版的……”

我打断他：“这确实是中国人写的，中国出的书，但是，它只能说明，伪军在总数上少于日本军队，你不妨把这些数字加起来看看。”

高树说：“这下面有一行注释，请先生细读。”

我才注意到复印件下面还有一行小字：上述所统计的日军包括华北、华中、华东、华南四区，伪军包括华北、华中、华东三区。

高树的脸上闪出一丝得意的微笑：“日本军队的人数是四个地区的，

伪军的人数只有三个地区的，这两个数字是不可以比较的。”

完田在一边添油加醋：“也就是说，伪军的实际人数比日军多。”

就在这一瞬间，我明白了他们的来意，明白了无数次鞠躬后面的用心。哈哈，好呀，想跟我玩以子之矛攻子之盾的把戏，行！有种！投我以木瓜，报之以琼琚。本着和平共处五项原则的精神，看在一衣带水一苇可航的面子上，我教你们几招。

我起身为他们各冲了一杯咖啡，不用说，当杯子递给他们的时候，我又领受了第 N 次的起立鞠躬。同时，我也学着他们的样子，谦逊地弯腰回礼。然后，我清了清嗓子，调动面部肌肉，酝酿出售楼小姐式的微笑，以最柔和亲切的语调说：“对于你们的苦心，我深表理解，它让人感动，更让人怜悯。如果我没有理解错的话，你们不远百里，从哥德堡跑到隆德，千方百计地找到我，给我看中国电影、中国史书，并且不断地弯下大和民族尊贵的腰，给我起立，向我鞠躬，目的只有一个，就是想印证你们的观点：在抗日战争中，很多中国人投降了日本军，人数超过了侵略者。根据这一点，你们想说明，日本侵华史不过是中国人打中国人的历史，这样，你们就可以洗刷日本的战争罪行，对不对？”

日本男女表情肃穆地盯着我，沉默了几秒钟，缓缓地站起来，又向我深深地弯下了他们的弹簧腰。当他们直起的时候，高树发话了：“很抱歉，您只说对了一部分，需要纠正的是，我们并不想掩盖罪行，只想寻找真实的历史。”

真实的历史？亏他说得出口！

“你们知道，电影是虚构的，想用虚构的艺术来证明历史，这种努力很可敬，但恐怕缺乏说服力。有一部日本电影《望乡》，你们肯定看过。”

高树和完田用疑惑的眼神互相看看。

我起身在黑板上写下了“望乡”两个字，他们还是摇头，直到我把“乡”字改成了繁体，他们才恍然大悟，一边点头，一边吐出一串日语。

“这个影片是日本著名导演熊井启拍的，两位日本最红的影星田中绢代、栗原小卷出演，讲的是南洋姐阿崎婆的故事。”我一边说，一边把人名用繁体写在黑板上。他们不断地点头，表示他们想起了这部电影。

"电影里有这样一个情节：在马来西亚的山打根有一片南洋姐的墓地，所有的墓碑都是背朝着日本。据此，我们是否可以得出这样的结论——所有的日本女人都仇恨自己的祖国？"

两个日本男女惊异地看着我，想反驳，却说不出来。

我乘胜追击："今村昌平拍过一部影片，叫《日本昆虫记》，把日本人比喻成虫子。如果我根据它得出结论，说日本人是低级生物。你们感觉如何？"

高树站起来，整整头发："我不认为……"

"对不起，请允许我说完。"我示意他坐下，接着说，"我看的日本电影不多，但全是获奖片。我发现，这些影片中的男主人公有一个共同点，他们中间有情妇的不在少数，至少有一半。那么，我是否可以认为，日本至今保留着多妻制？"

"我们认为，你不了解日本人，没看懂这些日本电影。"高树说。

"同样，我也要告诉你们，你们不了解中国人，没看懂那些电影。比如说伪军，《地雷战》里的伪军是不是真心帮助日本人，请你们再好好看看片子。为什么那个伪军军官一会儿指着前面说'太君，土八路的这边'，一会儿又指着左边说'太君，土八路的那边'。一个土生土长的中国人，难道不应该比人生地不熟的日本军官更知道土八路在什么地方吗？很显然，他是在迷惑在敷衍日本人。你们没看懂片子，就拿它当证据，就想从中寻找真实的历史，是不是有点冒失？"

高树的脸由红而白，完田直挺挺地坐在那里，不知所措。

我接着说："更重要的是，你们对人民电影一无所知。"

完田问道："什么是人民电影？"

"人民电影指的是1949年到1966年的中国电影，它的宗旨是宣传。西方人一听到这两个字就皱眉头，认为违反了文艺本性。其实这是他们的无知，任何文艺作品都在宣传，只不过有巧有拙，程度不同罢了。日本在中国东北拍的电影，哪一部不是宣传？宣传东三省是日本的新土，宣传中日亲善、团结一致搞大东亚共荣。《地道战》宣传的是什么呢？就是你们拿来说事的‘二百多伪军，一百多鬼子’上面，它宣传这样一个思想：旧中国政府腐败，社会黑暗，迫使一些中国人当了汉奸。同时，它也告诉人们，日本政府的政策不得人心，没有多少日本人愿意给军国主义卖命。也就是说，它用一句简单的对白，揭露了两国政府的罪恶。人们会由此得到结论：这个国家应该改造，这样的政府应该推翻。历史证明这种宣传是正确的，你们看，旧中国变成了新中国，军国主义被民主制度所代替。”

高树问：“可是，影片把中国人说得比日本人多起什么作用呢？”

“这正是我要告诉你们的，除了宣传之外，人民电影还有一项重要任务，就是教育。既然要教育，就要告诉人民自己民族丑陋的一面。《地雷战》里把伪军说得比日本侵略者还多，显然是有意为之。他们想通过这样的对比，促使人民反思国民性。我想，这种勇气是一面镜子，那些不辞辛苦为自己国家掩盖战争罪行的人得通过这种镜子照照自己。”

我不知道这番雄辩起了什么作用，反正他们不停地擦汗，不停地喝咖啡。

快到中午了，两个日本人请我吃饭，我谢绝了——中国人对日本的赔款都不在乎，还稀罕一顿饭吗？

8 螺丝钉精神

两个日本人搞得我心情很坏，又没处倾诉，你能跟瑞典朋友说这些事吗？人家忙着日光浴，即使不去晒屁股，也不会关心一个中国人的感情。找同胞？这个小城里的中国人比瑞典人还忙——没移民的忙着移民，移了民的忙着度假。这时候，我才体会到出国的孤独和寂寞。我炖了一锅红烧肉，大快朵颐之后，骑车到四十里之外的古教堂参观了一通。回到公寓已经天黑了，开门进去，发现地上有一封信，肯定是从门缝里塞进来的。打开一看，里面一张纸条，上面写着一行英文："我们看不懂《离开雷锋的日子》，能否提供一些辅助材料？谢谢。"署名是"瑞典中国电影爱好者评奖委员会秘书处"。从笔迹上看，这个纸条出自索菲娅之手，她用左手写字，所有的字母都大写。

我略感失职，讲《离开雷锋的日子》就得让他们知道雷锋是何许人，了解他的事迹和影响。我也带了《雷锋》的录像带和材料，可是，前几堂课让我心里不痛快，敷衍了事的心情油然而生，不想费神给他们提供资料。这不是，害得人家找上门来，赶紧亡羊补牢吧。我翻出《雷锋》的录像带和两本书——沈阳军区政治部编的《雷锋》，决定第二天一早就交给系秘书。

为了表示敬业，我连夜写了一个雷锋的生平简介——

雷锋（1940—1962），沈阳军区工程兵某部运输连班长，湖南省望城县人。父亲在抗日战争中被日军打残致死；哥哥在机械厂做工，被机器轧伤，不治而死；三岁的弟弟被饿死；母亲被地主强奸上吊自尽。七岁成了孤儿。1949 年 8 月家乡解放，新政府送他上学。学习刻苦，积极参加土改斗争。高小毕业后在乡政府当通讯员，后调望城县当公务员，被评为“工作模范”。1957 年 2 月加入共青团，1960 年 1 月入伍，同年 11 月入党。

在部队期间，他努力学习毛著，自觉改造思想，把“毫不利己，专门利人”看做是人生的最大幸福和快乐。他真正地实践了自己的诺言“活着就是为了使别人过得更美好”：“把有限的生命投入到无限的为人民服务之中去”，为集体、为人民群众做了大量好事，而从不留姓名。如 1960 年他把省吃俭用节余下的二百元钱寄给灾区；带病参加抗洪抢险，奋战七天七夜；战友的母亲病了，他也寄钱去；路上遇到别人有困难，他主动帮助。他为人又谦虚谨慎，受到了从部队到地方的多次表彰，被评为“节约标兵”、“模范共青团员”，当选为抚顺市人大代表，荣立二等功一次、三等功两次。

1962 年 8 月 15 日，在指挥战友乔安山倒车时，汽车将一电线杆刮倒，砸在他的太阳穴上，因公牺牲。他的事迹在全国产生极大的影响，《人民日报》、《解放军报》、《中国青年报》等报刊相继发表社论，评论和介绍他的事迹。总政、团中央、妇联、总工会纷纷发出号召向他学习。他所在的抚顺和望城县建立了“雷锋同志纪念馆”。1963 年，毛泽东、周恩来、刘少奇、朱德、邓小平等国家领导人先后题词表彰。

此后，中国掀起了学习雷锋的运动，各条战线涌现了大批雷锋式的英雄模范人物。“雷锋精神”成为新中国社会主义精神文明的重要内容。为了号召大家向雷锋学习，1963 年长春电影制片厂拍摄了故事片《雷锋》，三十年之后，拍摄了《离开雷锋的日子》。这两部电影在中国都获得了巨大的反响。

第二天一早，我到系里复印雷锋生平，刚打开复印机，索菲娅来了，手里拿了两本中文书。她告诉我，因为找不到我，她就去找托马斯。托马斯放假时回了一趟德国，特意从家里带来了关于雷锋的书。她想把它们复印下来，与费米和魏安妮共享。她还说，托马斯对雷锋很有研究，并且对这个中国英雄一直深怀敬意。

我看了一下她手中的书，一本是《共和国英模谱》，人事出版社 1997 年的版本；一本是《雷锋日记》，1964 年中国青年出版社出的。两本书里都画满了黄的和红的道道，有的书页上还用德文写着眉批。看来，索菲娅所言不虚，这个德国红胡子不但早就关心雷锋，而且多年来持之以恒。

回到办公室，我突然冒出一个想法——为什么不让托马斯主持这堂课？这样既可以省我的事，又可以让他去治治那些捣蛋鬼。对，来他个“以夷治夷”！拿定了主意，我拨了托马斯的电话，电话那边的托马斯好像还没睡醒，听明白了我的意思之后，他犹豫了一会儿，说了两句假装谦虚的话之后，应承下来。我不禁暗自得意——你们老说中国人窝里斗，这回，我也让你们斗一把。

学生都来了，只差托马斯。我坐在托马斯的座位上不停地看表，担心红胡子变卦。八点四十五分，门开了，托马斯进来了。哇，这小子简直变了一个人——西装革履，白衬衣黑领带，头发理过了，乱蓬蓬的红胡子也经过了精心修剪，连他的眼镜似乎也比以前明亮。

托马斯目不斜视，径直来到讲台前，扫了一眼下面，开始他的就职演说：“中国教授响应中国政府的号召，决定在瑞典的讲台上搞一个大胆的教学改革——让一个德国人，一个喜欢抬杠的学生来主持这堂课。从一个客座学生升为客座教授，我实在有点诚惶诚恐。但是，我问自己，我为什么不能像雷锋先生那样，做一件好事呢？”

教室里响起一片笑声和叫喊声。

索菲娅朝托马斯喊道：“这种好事我也能做！”

费米跷着二郎腿，双手抱着后脑勺：“在瑞典搞改革为什么不用瑞典人？我要向教师工会反映！”

魏安妮朝他们嚷嚷："听托马斯的！"

我不动声色，静观托马斯的表演。

托马斯示意安静："你们懂吗？这叫民主集中制。瑞典人负责民主，中国人负责集中。德国人不过是集中的产物。也就是说，你们可以提意见，中国人可以不听，德国人却不得不讲。好，现在，上课。"

托马斯扶了扶眼镜："请各位说说你们所知道的雷锋，不要讲从书上看来的，讲你在中国听到的或看到的。比如，你第一次是在什么情况下听到雷锋这个名字的？"

没人吭声，我暗自高兴。

托马斯只好身先士卒："我第一次听到雷锋这个名字是在台湾，那时我在台湾学中文。我有一个中国朋友，是神学院的讲师，狂热的基督教徒，我们常在一起讨论中国问题。有一次，我们说到宗教。他说，如果到大陆讲学，他相信会有广大的听众。我说，大陆是无神论的天下，他不会有什么听众。他反驳我说，大陆人比台湾人更有宗教情结，雷锋就是一个代表，比起基督教中的十二圣徒来，雷锋的献身精神和思想境界一点也不差。大陆持续不断的学雷锋运动培养了大量的信徒，宗教的基础是同样的，因此，让这些人转向基督教是很容易的。这是我第一次听到雷锋这个名字。此后不久，我到书店里买书，书店的老板悄悄问我，要不要禁书。我问他是什么禁书。他说，是大陆出的书。我很好奇，请他把书拿出来看看。他把我带到地下室，那里的存货可真不少，有鲁迅的杂文集，有中共党史，有《论共产党员的修养》，还有《雷锋日记》。我买了《雷锋日记》。这是我第一次看到关于雷锋的书。后来，我到了北京，有一次我乘出租车，司机跟我聊天，说他的公司号召大家学雷锋，他认为，这是瞎扯淡，雷锋要是活着也早就不当雷锋了。"

托马斯的以身作则勾起了大家的兴趣，魏安妮和索菲娅都跃跃欲试。托马斯请魏安妮先讲。

魏安妮说："我第一次听说雷锋这个名字，是在中国。有一次，朋友给我看中国的报纸。报纸上说，一天晚上，一个军官被汽车撞倒了，受了重伤，可是开车的逃走了。这个军官请求过路人把他送到医院，过路人跟他要钱，他把身上所有钱都给了过路人。过路人把他送到医院后，就扔在医院的长椅上。一个护士看见了，问他，他说来看病。护士跟他要挂号的钱，他说没钱。护士和医生坚持先交钱后看病，他拿出自己的工作证，说明自己是少校，医生这才把他收下。可是他还是死了——因为流了太多的血。中国朋友说，你看看，这是什么世道，连雷锋的领导被撞伤了都没人管。我问他，雷锋是什么人，他说，雷锋早就出国了。我问他到了哪个国家，他说去了美国。”

索菲娅接着说：“我也听人说过雷锋，那是我在湖南旅行的时候，我住在一个宾馆，第一天晚上就听服务员说，那天下午有个孩子掉到河里，快淹死了，岸上的人围了一大群，没有人救那个孩子。孩子的妈妈请求他们下水救孩子，那些人向她要钱。一个过路的人把孩子救到岸上。那个妈妈却叫了一辆出租车抱着孩子走了，救孩子的人躺在岸上没人管。宾馆的服务员说，这年头不能当雷锋。我问他雷锋是怎么回事。他说，雷锋是个傻瓜……”

费米打断索菲娅：“你们说的都是中国人的牢骚。其实雷锋不可能出国，也不是傻瓜……”

索菲娅和魏安妮几乎异口同声地说：“用不着你说，我们早就知道！”

托马斯问道：“费米，你说说，你是怎么知道雷锋的？”

“我是在一次争吵中知道雷锋的，那是我第一次到中国，对中国知道得很少。有一次，有两个中国同学问我，‘像秋风扫落叶一样’怎么翻译。我说，我需要知道这个短语的语境，于是他们拿来一本《雷锋日记》给我看。我十分震惊——日记是给自己写的，怎么能随便在媒体上公开呢？我问他们，雷锋的亲属是否同意这样做？他们很奇怪，跟我解释，中国的媒体有权力发表任何人的日记，不用取得写日记的本人或者他亲属的同意。其中一个同学还补充说，雷锋没有亲属。另一个同学否定这种说法，他认为雷锋有亲属。两个人吵起来，后一个同学拿出《雷锋日记》来证明——雷锋说，他有两个母亲，一个是给了他肉体的母亲，一个是给了他灵魂的母亲，前一个母亲生了他，后一个母亲救了他。生他的母亲死了，救他的母亲还活着。这个母亲同意媒体发表儿子的日记。前一个同学否认这种说法，他认为，两个母亲的说法只是雷锋的比喻，后一个母亲与雷锋没有血缘关系，不是事实上的亲属。后来，为了翻译‘秋风扫落叶’我看了《雷锋日记》。我发现，那里面有很多不可思议的观念。比如，日记里说，‘只要人听党的话，车子就会听人的话。’这句格言让我百思不得其解——车子，无论是什么车，与政党有什么关系？在瑞典，是社会民主党执政。我对社民党不感兴趣，它的高福利政策养了大批懒人，它的高税收挫伤了有才能的人的积极性。我不但不会听它，还要反对它。问题是，我的车子不管我赞成还是反对，都会听我的话。还有，日记里还说，‘对待同志要像春天般的温暖，对待工作要像夏天一样的火热，对待个人主义要像秋风扫落叶一样，对待敌人要像严冬一样残酷无情。’我不理解，他为什么这样讨厌个人主义。在我看来，一个社会没有个人主义是不可想象的，只有法西斯才害怕个人主义。敌人也是人，为什么要残酷无情呢？难道你可以把他当成野兽，当做一棵树一根草吗？我问中国同学，他说，雷锋的某些思想为‘文化大革命’

开辟了道路，比如，他对个人主义的批判‘文革’时发展成了‘狠斗私字一闪念’，他对敌人的态度就是‘革命的人道主义’的内涵。他还告诉我，中国的医院里贴着‘实行革命的人道主义’的标语，这就是说，革命的人道主义就是没有了人道的革命主义。这个同学的父亲和哥哥都死在‘文革’中，所以他变成了一个愤怒青年，一个激进主义者，他嘱咐我，不要把这些思想告诉别人。”

费米说完了，端起杯子，把所有咖啡一股脑灌进肚子里。

托马斯摸着他的红胡子：“你们的经历让我羡慕，它对理解中国很有帮助。我一直在思考着这样一个问题——为什么雷锋会产生在中国，而不是日本，不是印度，更不是欧洲？”

费米用力地嚼着口香糖，嚷嚷道：“为什么你不问问中国教授？”

托马斯看着我：“请中国教授替我们解答这个难题。”

我摆摆手：“我想听听大家的说法。”

“我们应该讨论这样一个问题——雷锋如果活到现在，将是什么样子。”魏安妮严肃地看着托马斯。

还没等托马斯表态，费米就大声反对道：“他根本活不到现在，他离不开毛主席。他不断地说，他的生命是毛主席给的，毛是他的救命恩人，他愿意为恩人做一切事，要一辈子听恩人的话，按恩人的指示办事，你们想想，这样的人突然失去了恩人，听不见恩人的指示，他怎么活下去？再说……”

索菲娅打断费米：“费米，你根本不理解雷锋——恩人没指示他自杀，他怎么能死呢？所以，他一定会活着。因为他发誓做一颗永不生锈的螺丝钉，只要有机器存在，螺丝钉就总会找到自己的位置的。”

魏安妮得到了女伴的支持，也转过脸来反驳费米：“我认为，雷锋会活到现在，但是，有两种可能。一种可能是，他会被累病——需要帮助的人很多，而占他便宜的也会很多。因此，他会成为中国最穷的人，同时也是最累的人。第二种可能，他会非常痛苦，因为他无法理解周围的变化，中国变得太快太大了。因此，他可能会得精神病。不管哪种结果，他都会住进医院。”

费米停止了嚼口香糖："你不觉得你犯了逻辑错误吗？你刚才说，没有钱医院不给看病，既然雷锋成了最穷的人，他能住进医院吗？他如果真的生了病，会像你刚才讲的那位少校军官一样，躺在医院的长椅子上死掉。"

魏安妮说："你不要忘了，雷锋是毛主席题过词的，全国人民学习的榜样，对于这种人国家会给予照顾的！"

费米说："如果总统题词可以代替医疗保险的话，那么，总统首先应该给他的老婆孩子题词。"

托马斯不想听他们打嘴仗，他敲了敲黑板："我还有一个问题，你们看了这个电影之后有什么感想？"

索菲娅说："这个电影使我知道雷锋是个很可爱的人，在很多方面与我一样——因为我也经常做好事。我从雷锋身上我看到了我自己——他所做的事，我都做过。可是，我并不觉得这有什么了不起，所以我并不把我做的好事记到日记里。"

费米摆弄着电脑，讥讽地说："因此你成不了英雄，于是就没有大人物给你题词。"

索菲娅抓起一块口香糖，毫不犹豫地扔到费米的脸上。

费米不动声色："雷锋受了委屈绝不吭声。"

索菲娅"哈哈哈"的大笑。笑完了，一本正经地说："我和魏安妮认为，论年纪，雷锋应该是我们的爷爷，可是要论水平，我们可以做雷锋的奶奶。"

费米依然不阴不阳："就凭这一条，你们就只能算是雷锋的孙子——雷锋从来不自我表扬。"

教室里又是一阵笑闹。

……

下课的时候，托马斯走到我跟前，学着日本人的样子，深鞠一躬："托马斯愿意继续为阁下效劳。"

"谢谢，谢谢，你主持的这堂课很成功。"

我嘴上这么说，心里想的却是："以夷治夷"并不好玩，下回还是"以夏治夷吧"。

9　事无两样人心别

我一直想给这些家伙们讲讲《周恩来》。出国前选片子的时候，最早定下来的就是这部上下集的电影。通过观影，学习周总理的伟大人格，从而了解培养出这种伟大人格的中国文化，是我自以为得意的创意。可是，我写了几次内容简介都没写成——这部电影的内容高度浓缩，周恩来的一生和中国近六十多年的历史全挤在这部电影里，要把其中涉及的重大事件讲清楚，我的简介非写成一本中共党史不可。更麻烦的是，导演着重表现的是周总理生命的最后十年，这十年正是“剪不断，理还乱”的“文革”时期，老外们能否体会周总理进退维谷的艰难处境，我心里没底。

隆德大学东亚研究中心图书馆给了我信心——这里不但有两本老外写的《周恩来传》，而且还有部分《当代电影》，1992 年的《当代电影》就在其中，那一年的第一期上就有一组谈《周恩来》的文章，第一篇就是导演丁荫楠的大作——《中国幸有一个周恩来：导演告白》。我翻了翻丁导的告白，不禁心花怒放——这个告白把我发愁的事全解决了。把它复印下来发给学生，我的内容简介就可以免了。而我心里没底的事，这个告白也给摆平了。毛主席说：“我们的同志在困难的时候，要看到成绩，看到光明，要提高我们的勇气。”这个告白就是成绩，就是光明，我的勇气油然而起。心里盘算着：老外们对总理并不陌生——讲《焦裕禄》的时候，托马斯提到过周恩来；讲《雷锋》的时候，我提到过周总理。有《导演告白》这碗酒垫底，还有什么过不去的鬼门关！

没想到，这碗酒非但没给我垫底，还给我添了乱——上课那天，我一进教室，就发现黑板上画了一个大大的问号，问号里写着四个大字——天高听悲。这是什么意思？我看着黑板发蒙。

费米在我身后说话了："吴教授，请你解释一下，什么叫'天高听悲'？"

我转过身问他："这四个字是从哪儿来的？"

费米跷着二郎腿，高高地举起《导演告白》："这是丁说的，我不懂。"

我心里"咯噔"一声——坏了，《导演告白》我只是草草地翻了一下，没注意这个词，更要命的是，我也不懂它的意思。

我走到费米跟前，他放下二郎腿，指着《导演告白之三》上面的一段话给我看——

> "我们常说，'天高听悲'，其意义也是俯视人间的意思。这虽然是形容廉政的帝王，同样也可以证明一国之主的领袖们，他们的眼光对祖国大地的视察与俯视，也应表现他们爱人民的平民心理。这也是周恩来所以成为人民爱戴的总理的主要因素。为此，我们的影片必须使这'天高听悲'的内涵表现得淋漓尽致，构成领袖与人民交流框架，也就把影片内涵升华到巨片的高度。"

从丁荫楠的解释上看："天高听悲"中的"天"指的是帝王："高"是个形容词修饰语，指的是帝王的地位："听"字的意思是俯视和关注："悲"字指的是人间，是百姓。可是，汉语中的"悲"字从来没有"人间"、"百姓"这类意思呀！是不是它指的是帝王对人间的悲悯？我拿不准。

我拍拍费米的肩膀："这个词……可能印错了。这样吧，我回去查查书，下次上课回答你的问题，OK？"

费米耸耸肩："OK。"

躲在一边的托马斯突然说话了："我已经查了。这四个字应该是——"

他大步走到黑板前，把"天高听悲"中的"悲"字打了一个大叉子，在旁边添上了一个“卑”字。

托马斯转过脸:“这是我从贵国的《辞源》里查到的,《辞源》中只有‘天高听卑’，没有‘天高听悲’。丁先生显然写错了，而贵国的《当代电影》也没发现这个错误。‘卑’与‘悲’是完全不同的两个字，它们不能互相换着用。在丁的语境里，只有‘天高听卑’才讲得通。贵国的《辞源》说，这个词来自于《史记》，意思是上天神明，能洞察下界最卑微之处。后来援引此语以歌颂帝王的圣明。”

托马斯的话还没完，我已经心跳加速，手脚冰凉，衬衣沾到了后背上，脑门上冒出了一层冷汗——我讲的是中国文化与中国电影，自己却看不出同胞的笔误，还得让外国人给中国人改错。这人可丢大了!

托马斯回到座位上，摆弄着小黑本，看着他在黑板上的杰作。费米、索菲娅和魏安妮都看着我，等着我表态。

我硬着头皮来到黑板前，指着“悲”字说:“托马斯是对的，‘天高听悲’的‘悲’应该改成这个‘卑’字。”

费米一边敲电脑，一边嘟囔:“我喜欢周恩来，但是不喜欢这个电影。”

费米的话引起了索菲娅的共鸣：“我也不喜欢，我看不懂！这是我第二遍看了，可还是没懂。在北京的时候，跟我一起看电影的中国朋友也说看不懂。她说，这个电影是给四十岁以上的中国人拍的。导演假定所有的观众都了解周恩来的生平，都参加过“文化大革命”，都读过中共党史。我认为，导演是在让观众猜谜——这个电影的每个情节都是一个谜语。”

费米嚷嚷起来：“而且，导演说，每个谜语都有好几种答案！”

费米拿起《导演告白》：“你们听听，导演是怎么说的——影片中所表现的一切行为，都蕴有两个或两个以上的含义，这多种含义又表现出伟人行事的高瞻远瞩，思想的深刻，眼光的远大，是以俯视人生……”

还没等费米念完，索菲娅就大发议论：“我简直不知道这个导演在说什么！一切行为都有多种含义，而这多种含义又都表现同一种意思，这是什么逻辑？！”

半天不说话的魏安妮突然唱起反调："不，不，可能导演说的是对的，让我们想想看。比如，周恩来不穿皮鞋穿布鞋。这个行为至少有两种含义。其一是，他是一个追求舒适而不讲究外表的人。其二是，他是个关心别人的人——如果他穿了皮鞋，服务员就要为他擦皮鞋，而如果他穿了布鞋，服务员就省事了。我说的对不对？"魏安妮转头看着我。

我不得不给她泼点冷水："你说的都不对，正确的答案是，周总理不穿皮鞋穿布鞋，是因为他得了癌症，脚浮肿了，皮鞋穿不进去，只能穿布鞋。导演设计这个细节是为了说明周总理身患绝症仍旧坚持工作。"

魏安妮反驳我："可是这只是一种含义。导演说，一切行为都有多种含义。"

"对不起，我只能找到这一种含义，别的含义你只能去问导演……"

费米打断我："有一个问题，我早就想问——为什么中国人喜欢带病工作？焦裕禄、孔繁森、蒋筑英……似乎中国所有的英雄模范都是生病了仍旧坚持工作，似乎不这样做就算不上英雄模范，似乎不这样做就算不上

任何历史都是当代史

好干部，似乎只有这种人才有资格被拍成电影。难道病人会比健康人工作得更好？这其实是在拿工作开玩笑，拿身体赌博！在瑞典如果哪个当官的带病坚持工作，那他就要倒霉了——记者们会说他欺骗选民，贪恋权力；会说他玩忽职守，对选民不负责任！”

事无两样人心别。你看看，在中国人人称道的敬业精神，到了西方竟成了这种样子。

我对费米说：“可能你说的有道理，可是具体到‘文革’时期的周总理来说，他带病坚持工作是不得已的，因为没有人能够代替他。如果不是他拖着病体看护国家机器，中国的经济早就崩溃了；如果不是他跟‘四人帮’斗争，邓小平就不会复出，中国的最高权力就可能落在‘四人帮’手里。”

费米又耸了耸肩，往嘴里扔了一块口香糖。

魏安妮一边看着大本子，一边发言：“导演说，这个电影包括八条主线：一、周恩来与毛泽东代表的共产党内部诸人物线；二、周恩来与蒋介石代表的国民党内的诸人物线；三、周恩来与邓颖超代表的战友爱情的家庭线；四、周恩来与美国、苏联官方代表的国际外交事务线；五、周恩来与第三世界各国及日本民间代表的国际外交事务线；六、周恩来与‘四人帮’反革命线；七、周恩来与围绕着他工作生活的医务人员、勤务人员、秘书人员、服务人员线；八、周恩来与国内普通劳动者的关系线。我发现，在这八条线里，第二条和第五条线完全看不到，第四条线只有一半——苏联官方没有，只有美国乒乓球队和尼克松总统访华。另外，第三条线和第六条线几乎看不出来——邓颖超只出现了三次，每次不超过一分钟。电影里从来没有表现过周恩来的家庭生活，他好像没有家，好像与他的夫人只是在医院里才能见面。所以导演所说的战友爱情的家庭线只存在导演自己的想象之中。而导演说的第六条线——与‘四人帮’反革命斗争的线索，也像一个谜。除了江青，那三个人连什么样子都看不清楚。总之，在导演设想的八条线中，有两条半不存在，有两条看不清楚。也就是说，八条线其实只有三条半。我的问题是，为什么导演的设想与拍出来的影片是两回事？”

“这并不奇怪，导演设想与实际拍摄常常存在着差异。”

“可是，《导演告白》却是在电影拍出之后发表的。导演为什么要这样做呢？他是不是要向人们证明，他想的跟他做的不一样？他是不是想暗示人们，他本来是想拍出一部告白式的电影，可是因为种种原因，他却拍了另一个非告白式的电影？”

“不排除这种可能。”

魏安妮似乎满意了，拿起笔，在本子上记了起来。

费米吐出嚼得乱七八糟的口香糖：“我有一个问题。丁说——”

他拿起丁荫楠的《导演告白》一字一句地念起来：“超凡的领袖人物的魅力在周恩来身上体现得淋漓尽致。人们怀念他，提起来就要掉泪。在常人无法理解的斗争中，他苦苦挣扎于矛盾，搏击于险境，忍受着屈辱，竟达到了自我牺牲的悲剧高度。”

念完了，费米把长腿一伸，仰起头来看着我：“导演说，周恩来忍受着屈辱。可是我在他的电影里只看到周恩来非常忙，非常累。至于导演所说的屈辱，我没有找到。什么是导演认为的屈辱？是不是江青半夜里把他找去，要把他的服务员小徐调过去。这就是导演所说的屈辱？”

“不，导演所说的屈辱并不是指这件事，而是‘四人帮’对他的迫害。你说的，只算是其中一个小小的典型事件——日理万机的总理还得为江青的服务员操心。这些琐事耗费了周总理很多时间和精力。”

“导演引用了邓小平的话：‘周恩来总理生前，在迫不得已的情况下，也做过违反自己心愿的事。’可是，在电影里，我看不出来哪些事情违反了周恩来的心愿。所以，我同意魏安妮的说法——导演说一套做一套。”

这些家伙口口声声说看不懂这个电影，可他们却能横挑鼻子竖挑眼。我有点不耐烦了：“你干吗不给导演写封信，问问他为什么说一套做一套。”

费米耸耸肩，收回长腿，嘀咕着：“我会写的，如果他能读英文的话。”

托马斯合上了他的小黑本，摸了摸下巴上的红胡子，向后仰了仰身子。这是他做重要讲话之前的习惯动作。

果然，他发话了："费米，我有个建议，即使他能读英文，你也别问他。"

"为什么？"费米的两条长腿"腾"地弹出老远，上身前倾，胸脯几乎撞到了桌子。

托马斯瞟了一眼费米，又看了看我："因为你什么也得不到——中国人在这类问题上都是外交家。"

他娘的，这个德国红胡子不是诚心挤兑人吗！我正琢磨着如何反击，托马斯慢吞吞地站起来，用笔敲打着黑本本："照我看，这个电影的主人公是一个谜，一个伟大天才的谜，一个人性与政治，道德与责任的谜。导演试图解开这个谜。他太自信了，他以为，他可以超越时空，可以化解事实与话语间的矛盾。于是，他在描写'大江东流的历史悲剧'的同时，又让悲剧的主角创造一个伟大的事业。啊哈，他忘记了意大利哲人的话——任何历史都是当代史。我要补充一句：任何电影都是意识形态之影。导演可以得奖，但是不可以超越。导演可以描述人物，但是不可能理解天才。天才的内心是深不可测的，那是一个复杂遥远得像银河系一样的空间。在五十年内，是否有人真正了解这位天才的思想情感，我深表怀疑。"

托马斯顿了顿，翻开黑本本："除了自信之外，还有贪心。导演以为，只要把十年间发生的故事都讲出来，就拿到了解开这个谜的钥匙。啊哈，他忘记了简洁，忘记了主要矛盾。于是，正如我们看到的，他收获的是一片混乱。"

托马斯清了清嗓子，加重了语气："但是，我们必须承认，至少，他完成了一件大事——把这个谜讲了出来。对，它仅仅是个谜，而不是谜底。而你们却要把谜语当做答案，所以——"托马斯拉长声音："你们挑导演的毛病，批评他的答案不清楚不完整。其实……"托马斯的红胡子抖动了一下，绿眼睛里闪过一丝冷笑："其实，正像我前面说过的，在五十年内根本不存在这样一个答案！"

托马斯坐了下来，自鸣得意地向四周看看。

费米斜了他一眼，一边剥口香糖，一边若有所思地点点头："哼，很有道理，但是，你好像也成了一个谜。”

在托马斯发表宏论的时候，索菲娅的眼睛始终没离开她那十个亮晶晶的指甲。听了费米的话，她轻轻地一笑，挑起眼皮：“而且好像也成了天才。”

托马斯拿起黑本本，走到费米跟前，拍着他的肩膀，说了一句极哲理的话：“在他者面前，自我就是谜，在傻瓜面前，你我都是天才。在女人面前……”

费米将口香糖以迅雷不及掩耳之势塞进托马斯的嘴里，红胡子的哲学格言戛然而止。索菲娅放声大笑。

魏安妮不为身边的热闹所动，俯过身问我：“八条线索……为什么会变成了三条半？”

第二辑

法国：苦难的历程

10　法国老太给我上课

我乘车经丹麦、德国，到了比利时的首都布鲁塞尔，维昂在车站接我。维昂是个七十六岁的法国老太，她的先生是我太太的四舅。尽管隔山，我还得管她叫舅妈。她和四舅住在法国阿腊斯市（ARRES），离布鲁塞尔不远。维昂告诉我，为了迎接我，四舅去了巴黎。我纳闷，我跟巴黎有什么关系？为什么我来了，他却要汲汲乎跑到巴黎去？

维昂笑着说："他要取资料，好跟你讨论电影。"

哇噻！我怎么这么倒霉呀，好不容易从瑞典学生中逃出来，又落到法国教授的手里。中国电影真是走向了世界，我走到哪儿，哪儿就跟我讨论中国电影！

我跟着维昂来到停车场。维昂一点也不懂得我的心思，还以为我多愿意跟她老公谈论那些劳什子。一边往身上系安全带，一边说："他说，他是庄子，你是惠子，只有你才是他的对手。"这个比喻让我不大高兴——他把自己说成超凡脱俗的哲人，把我看成钻营禄位的俗子。这算不算文化霸权？

不过，要说江湖论剑，这位退休教授可是业界大佬。他在巴黎大学教了几十年中国现代文艺史，对中国的小说、诗歌、话剧、京剧、电影十分熟悉。他在电影上下的工夫足以笑傲西欧。一些在大陆找不到的片子，他都看过。他曾到香港、台湾和加拿大、美国寻访那些流散到民间的残片断简。大陆烧毁武侠片的时候，他还大病了一场。好在他述而不作，研究了几十年，

为了老大哥，嫁给了小兄弟

除了一本论文集，连本专著也没有。想到这里，我心里踏实了，他能从巴黎取回什么？无非是他的讲义。

1979 年，我在新侨饭店第一次见到这位隔山舅舅——一个矮胖矮胖的儒雅老者。维昂也在座，那是我生平第一次与法国女性握手，她的个头比四舅高一大截，长圆脸，灰眼睛，一头卷曲的银发，满脸皱纹。这对伉俪虽然老态盎然，但身板硬朗，头脑清楚。四舅谈锋甚健，很有幽默感，家事、国事、天下事，什么都关心，评人论世，快人快语，往往一针见血。维昂开始不说话，后来熟了，成了话篓子，好多她个人的事，不等你问，她就会用变调的中文给你细细道来——她年轻时如何想往苏联，如何到苏联留学，后来又如何爱上了她的大学教师。再后来，她的恋人被送到了集中营，她只好回法国教俄文，一教就是一辈子。

据四舅说，她嫁给他是爱屋及乌——因为爱上了老大哥，所以嫁给了小兄弟。

四舅 1936 年毕业于中法大学。我对这所大学一无所知，只知道东皇城根遗址的光电机械研究所的灰楼前面挂了一块铜牌，上面写着“原中法大学”几个字。这块牌子是 1984 年挂上去的，1980 年四舅第一次回国，寻访母校，当时这座半中半西的灰楼墙上，还没有这块牌子。在原楼址的大门口——一座古色古香的门楼前，他端详了好一会儿，说了一句黑色幽默："看来红卫兵'破四旧'还不彻底。"说完了，挽着维昂进门。没走出十步，一个穿中山装的汉子把他们拦住："嘿，干吗的？这是机关，不许外国人参观。出去出去！"

四舅和维昂悻悻而退。我想给这个门楼留个影，也被那人喝止。我跟那汉子理论，四舅把我拉到一边，悄悄地劝我："别说了，这种事，我遇到的多了。"

维昂凑过来问："是不是他把我当成了克格勃？"

我说："除了西哈努克，他们认为所有的外国人都是克格勃。"

这不是我的杜撰："文革"时，西哈努克是中国银幕上露面最多的。那时："文革"刚结束三年，外国人很少见，中国人大概只有见到西哈努克才会放松革命警惕。

回家的路上，四舅跟我倾诉衷肠："唉，我这一辈子总在做不想做的事——当初想写小说，偏偏学了法语；想留在国内，偏偏被送到法国留学；想回国抗日，偏偏遇到巴黎沦陷；最讨厌当老师，偏偏教了一辈子书；想娶个中国老婆，偏偏遇到了维昂。凡是我不想做的事，事事顺利，凡是我想做的事，没有一件做成。你看，这个校门我想了四十年，现在就在眼前，可就是进不去！"

维昂开着车，带着我在布鲁塞尔市里转了两个小时，好不容易在一个地下停车场的四层找到停车位。然后，她拖着静脉曲张的腿，带着我观赏各处名胜——皇宫、博物馆、撒尿的小于连……作为导游，这位舅妈极敬业，给你讲解，帮你砍价，还时不时地问你累不累，想不想喝点什么。她的嘴一刻不停，变调的中文让我穷于应付。直到傍晚吃海鲜的时候，她的嘴才停下来。

可一上了车，她又打开了话匣子："……女人不喜欢战争片，可我喜欢。我跟你四舅看了好多战争片。"

“中国有好多战争片……”我插话。

维昂撇撇嘴：“中国的战争片……都一样。”

“八十年代以后好多了。”

维昂耸耸肩，拍了拍手中的方向盘：“跟法国的汽车一样，技术上有进步，但是，也还是标准件，看了开头就知道结尾。”

我心里大不舒服——这个老太太，连点面子都不给。

老太太似乎看出了我的心思，问：“你看过《广岛之恋》吗？”

“看过。”

“《圣女贞德》呢？”

“看过。”

“《光荣之路》呢？”

“是不是又叫《为了荣誉》？”

“不，它只有一个名字——《光荣之路》（*Paths of Glory*，1957）。”

“没看过。”

老太太激动起来：“这个电影你一定得看，它告诉人们，法国将军为了勋章怎样拿士兵的生命赌博。这是库布里克导演的最好的片子，还有道格拉斯，多帅的小伙子！对，我马上给你四舅打电话，问他《光荣之路》在哪儿。”

老太太说干就干，马上靠边停车，掏出手机给巴黎挂电话。她说的法语我一句也听不懂。但从她的表情上，我可以看出，她得到了令人满意的答复。

“今天你就可以看到《光荣之路》，光盘就在家里！”她一边报告喜讯，一边启动汽车。

这到底是一部什么片子，值得她如此热心地推荐？维昂无意之中给我设计了一个大悬念。

当天晚上，我坐在四舅的放映厅里独自看《光荣之路》。这部电影是根据汉弗莱·科布的同名小说改编的，背景是第一次世界大战中的德法之战，讲的全是法国军队中发生的故事。

1914年8月3日，德法开战，五周以后，德军攻到了距巴黎仅有十八公里的地方。法国军队节节败退之后，在马恩河畔集结起来，对德国人进行了猛烈的反击。德军退到蚁丘一带固守，法国人无法前进一步，战争处于僵持阶段。从英吉利海峡到瑞士前线，双方修筑了连绵五百公里的战壕。到了影片开始的1916年，双方已经僵持了两年。战线几乎成了一条死蛇，横躺在疲惫的法德士兵之间。有效的攻击范围只有四百多米，为了这四百多米，数千名士兵交出了自己的生命。

一个矮老头、乔治将军受法国国防部之命，来到前线司令部——一座挂满名画，铺着地毯的官殿。保罗将军在那里迎接乔治，他们两人是老朋友。保罗将军已年过六旬，但腰杆笔直，步履矫健，留着很神气的小胡子，脸上有一刀疤，刀疤从左耳根起呈月牙状弯到了左眼。这个刀疤并没有给他的表情带来半点凶恶或狰狞，相反倒给他增添了几分军人的英武。老乔治告诉保罗，国防部要求他的部队拿下蚁丘。保罗将军反对——他要对手下八千名士兵的生命负责。老乔治告诉保罗，国防部要提拔一名上将，候选人应该是从勇于作战的将军中提拔，如果保罗接受这个任务，他将荣获法国勋章，成为法国的十二名上将之一。保罗嘴上说，他不愿意用士兵的生命来换取勋章，但心里已经接受了任务。

保罗披着披风，迈着威武的步伐，带着少校副官亲临前线给士兵们打气。战壕里，他问一个士兵是否娶妻，那个士兵一脸迷惘，神经质地重复着他的话，将军不失时机地赏了他一个耳光，命令左右把这个胆小鬼弄出战壕，免得影响士气。

在战地指挥所，保罗将军向达克斯上校下达了第二天拿下蚁丘的命令，达克斯请他考虑士兵的伤亡，保罗将军给他算了一笔账：发动进攻之后，将有百分之五的士兵死于自己的炮火，这是不可避免的。进入无人地带，百分之十的士兵会被敌人的炮火击中，这是很正常的。穿过火线时还会有百分之二十的士兵死掉，这个数字并不算大。剩下的百分之六十五的士兵将完成占领蚁丘的任务，不过，在这个过程中，还会有百分之二十五的士兵伤亡。达克斯上校说，他不能让一半以上的士兵为了这场没有把握的战争去死。保罗将军告诉达克斯，不要被死亡吓倒。法国在看着你，你在为祖国而战。

在这里，上校与将军之间有一段精彩的对话。

达克斯："我不是公牛，将军，请不要用一面旗帜来招惹我。"

保罗："我不喜欢你把法国国旗和斗牛布相比。"

达克斯："我不是蔑视法国国旗。"

保罗："你是不是认为，爱国主义过时了？但是至少爱国者应该是忠实的。"

达克斯："将军，并不是每个人都这样看，比如，萨缪尔·约翰逊。"

保罗："他是什么人？他对爱国主义怎么看？"

达克斯："他说，那是无赖的借口。对不起，这不是我的观点。"

保罗："达克斯，你累了。不是你的士兵累了，是不是我犯了一个错误，交给你一个不可能完成的任务？你现在需要休息，我给你放个长假，没有期限的长假。"

达克斯："将军，你不能把我和我的士兵分开。"

保罗："我是为你好，为你们好！"

达克斯："为我们好？"

保罗："如果一支军队缺乏自信，那还有什么指望。我不想失去你的支持，我要你们拿下蚁丘！"

达克斯："我们会拿下蚁丘，如果世界上有人能拿下，我们就能拿下。"

保罗："拿下以后，你们就可以获得长时间的休息。"

当晚，达克斯派了三个人——中尉罗吉、下士巴里斯和二等兵里杰去前沿侦察，里杰深入敌军前沿，巴里斯和罗吉后面掩护，胆小的罗吉胡乱扔了一颗手榴弹之后，就独自逃回战壕，巴里斯冒险找到里杰，发现他已被手榴弹炸死。巴里斯回到战壕指责罗吉，说他杀死了战友，临阵脱逃，像个懒惰的黄毛鼠，罗吉恐吓巴里斯，说他完全可以把他送往军事法庭，因为他犯了三项大罪——第一，语无伦次；第二威胁上级；第三不服从领导。巴里斯反唇相讥："我可以控告你杀死里杰，威胁下级生命，临阵逃跑。"中尉警告巴里斯："你最好老老实实地听我的，我会给你报军功，军事法庭只会听当官的话。"正在两人争吵得不可开交的时候，达克斯来了。中尉向他报告，里杰被机枪打死，巴里斯表现英勇。

第二天清晨五时，达克斯身先士卒，率领队伍翻出战壕，向蚁丘冲锋，德军火力凶猛，法军像遇到了镰刀的芦苇，一排排地倒下。阵地上，流血漂杵，尸体狼藉。法军伏在原地，无法前进。达克斯找不到第二分队，只好冒着枪林弹雨返回战壕，他惊讶地发现，第二分队队长，那个贪生怕死的罗吉中尉和他的士兵们还躲在战壕里。达克斯命令罗吉带领士兵们冲出战壕，罗吉说，炮火太猛，他们出不去。达克斯挥舞着手枪，率先爬出战壕，刚一露头，战壕外面一个被击中的士兵摔了进来，砸在达克斯头上，达克斯只好退了回来。罗吉乘机向他解释："长官，我知道你对我们很好，可是，这是不可能的，我们不能白白送死。"

保罗将军命令七十五团的炮兵团长向不肯前进的士兵们开炮，团长以为发错了命令，拒绝执行。保罗将军抓过电话，亲口命令团长向蚁丘前沿的士兵们开火。

团长回答："长官，你无权命令我打自己人。"

将军怒火三千丈，吼叫着命令他必须马上执行命令。

团长说："将军，我可以开火，但是，在没有得到你亲手签发的命令之前，我不能这样做。否则，你要是死了，我找谁去？”

气急败坏的保罗将军对着电话怒吼：“你明天将面对火枪队，我要逮捕你！”

第一次进攻失败。恼羞成怒的保罗将军向参谋们发出了一连串的命令：“调七十团到查图（法国地名）。让达克斯上校到指挥部向我汇报。安排一个军事法庭，明天下午三点开庭。如果他们不愿意接受德国人的子弹，就让他们尝尝法国的！”

第二天上午，法军前线司令部，那座富丽堂皇的官殿里，达克斯上校向保罗将军汇报，乔治将军也在场。

保罗：“上校，我下令进攻，你的部队却没有这样做。”

达克斯：“我们进攻了，但是无法前进。”

保罗：“那是因为你的士兵畏葸不前，我看见了，一半人躲在战壕里。”

达克斯：“三分之一的人被火力挡住了。”

保罗：“别找借口，事实上，他们从来没离开战壕。达克斯上校，我要从你的每个分队中抽出十个人，以胆小罪判他们死刑。”

达克斯（惊愕地）：“死刑？！”

保罗：“对，死刑！他们血管里流的不是鲜血，而是牛奶。”

达克斯：“可是战壕内外洒满了他们的鲜血……”

保罗：“住口！”

达克斯：“不……”

保罗：“如果你这种态度，我就逮捕你！”

老乔治出来做和事佬：“我相信上校是有道理的，他没讲出来。这里不是审判，但审判必不可少。达克斯上校，你有权为你士兵们辩护，我们是公正的。”

保罗：“对，公正很重要。维护军纪就是维护公正。”

乔治："我有个建议，保罗将军，希望你能接受。"

保罗："我会接受的，乔治将军。"

达克斯："对不起，我不是有意违抗命令，我只想提醒你们，我的每个士兵们都曾经英勇作战……"

保罗："别讲过去，我说的是现在！"

达克斯："现在他们也不是胆小鬼，大部分士兵冲出了战壕！"

保罗："接受命令是他们的职责，他们没有资格、没有权力对上级的命令指手画脚。如果放纵他们，他们就不愿意去打仗、去流血、去牺牲！可耻呀，上校，我为你的士兵感到可耻，整个兵团的脸让他们丢尽了！"

达克斯："将军，您为什么不把整个团都干掉？"

乔治："上校先生，你错了。我们不想屠杀，只想杀一儆百。"

达克斯："杀一儆百，为什么不杀那些下命令的军官？军官才应该对这次进攻负责。"

乔治（严厉地）："责任不在军官，上校，我看你一定太疲倦了，你需要休息。"

在达克斯的抗争之下，保罗将军不情愿地修正了他的决定：从三个分队中各选一人，交军事法庭。法庭将于当天下午三点在查图开庭。因为达克斯要为这些士兵辩护，保罗将军非常恼怒，他把达克斯叫到一旁，正告他："事情一完，我就要找机会降你的职，我会毁了你，这是你自找的，谁让你要为你的士兵说话！"

达克斯不得不执行将军的命令——叫来三个分队的队长，命令他们从各自的分队中找出一个蚁丘之战中的胆小鬼。三个"胆小鬼"——下士巴里斯、二等兵阿诺和二等兵费罗——很快被选了出来，并关进了临时牢房。达克斯去看望他们，巴里斯一见上校，马上诉起了苦："罗吉中尉杀死了里杰，为了堵住我的嘴，就把我弄到了这里。达克斯告诉他："这与目前的控告无关，再说，你没有证人能证明罗吉杀死了里杰。”大个子费罗也很委屈——他只不过不太讨人喜欢，就成了替罪羊。瘦小的阿诺更冤，他的分队采取抽签的办法，而他偏偏抽中了。“我不是胆小鬼！这不公平！”三个人都喊冤，达克斯请他们安静下来，教他们如何应对法庭——不要偷笑、乱动，说话简短、大声，眼睛要看着法官。不要胆怯，不要哀求，要勇敢，像一个真正的士兵。“我会与你们在一起”——这是达克斯所能给予他们的最大的安慰。

开庭了，五位法官坐在一张大桌子后面，检察官由保罗将军的副官担任，这是一位身材高挑，面貌英俊，上唇留着漂亮的小黑胡的年轻军官。保罗将军坐在左侧的沙发上，作为辩护人，达克斯上校坐在将军对面。三名被告在士兵的押解下走进法庭，主审法官免去了起诉的程序，达克斯要求法庭为被告读起诉书。主审官警告他，不要跟法庭玩把戏，起诉书太长了，没时间读。再说被告的罪行简单明了——胆小怯战。达克斯无可奈何地坐回自己的座位上。

二等兵费罗第一个被带到法官面前。

检察官发问：“在进攻蚁丘的战役中，你是属于第一分队的吗？”

费罗答道：“是。”

“你拒绝前进了吗？”

“没有。”

“你前进了多远？”

“无人地带的中部。”

“你干了什么？”

“用机枪到处扫射……”

“回答我，你干了什么？”

“我看见了梅亚……”

“我没问你看到了什么，法庭不关心这个。请你回答问题！”

“你要我说什么？”

“回答问题！”

“先生，你的问题是什么？”

“你到了无人地带之后干了什么？前进了还是后退了？”

“我撤回了战壕。”

“我问完了。”检察官带着胜利的微笑，回到了座位上。

达克斯站起来：“检察官先生，我想问被告几个问题，可以吗？”

得到肯定的答复之后，达克斯把目光转向费罗。

达克斯：“你进入无人地带时，与梅亚在一起吗？”

费罗：“与梅亚在一起。”

“你的部队的其他的人呢？”

“不知道，也许死了，也许受伤了。”

“无人地带是不是只剩下了你和梅亚？”

“是的。”

“那你为什么不发起个人进攻？”

费罗摇了摇头，无奈地笑了笑。

达克斯抓住不放：“你为什么不去独自攻打德国人的蚁丘阵地？”

“就我和梅亚？你在开玩笑吧，先生？”

“是的，我是在开玩笑。”

费罗眨巴着大眼睛，没有说话。

达克斯对主审官说：“谢谢，我问完了。”

主审官：“辩护人，我不明白，你问被告这种问题有什么意义。你不觉得荒谬吗？”

达克斯：“我想，检察官问的问题更荒谬。”

下面轮到了二等兵阿诺。

检察官：“你前进了吗？”

阿诺：“前进了，在雷诺中尉命令我撤退之前。”

“前进了多少？”

“进入火力区。”

“敌人的火力区？”

“不，我军的火力区。”

“你想告诉我，你还没有离开我们的火力区，对吗？”

“是的。”

“你前进了多远？多少米？”

“我努力前进了。”

“多少米？”

“不很多。”

“你劝你的战友前进了吗？”

“他们大部分都死了。”

“回答我！”

“我没劝他们。”

检察官问完了，达克斯站起来：“二等兵阿诺，别紧张。除了你经历的失败之外，你的表现与其他的士兵有什么不同吗？”

检察官：“反对，这是猜测。”

达克斯换了一个问题：“你的部队中有人躲在火力区之外吗？”

“没有。”

“你成了胆小鬼，就是因为抽签造成的吗？”

“是的。”

主审官：“我不明白，这个问题是什么意思？既然他和别的士兵一样，都没有前进多远，那么用抽签来决定谁更胆小是很公平的。”

达克斯：“我想，这位战士过去在血战之中有过出色的表现，如果法庭同意，我想介绍一下他的两个英勇事迹。首先……”

主审官打断了他：“你这种做法没有任何意义，过去的勋章不能为他现在的怯懦辩护。”

达克斯：“我可以请证人吗？”

主审官："不行。只有到达德国火力区的人才有资格为他作证。"

达克斯："先生，在整个参加蚁丘之战的部队里，没有一个人到达德国的火力区，包括我在内。"

"传下一个被告。"主审官不再理他。

下士巴里斯被带到法官面前。

检察官："你从未离开战壕吗？"

巴里斯："是的。长官。"

检察官："我问完了。"

达克斯站起来："巴里斯下士，你为什么没有离开战壕？"

巴里斯："先是维格隆少校被击中，我去救他，给他包扎。后来，一块弹皮打中了我的前额，我昏了过去。"

达克斯："在整个战斗中，你是不是都处在昏迷之中？"

"是的。"

达克斯转向法庭："法官大人，我问完了。"

主审官："你有证人吗？"

巴里斯："没有，大家太忙了，没人看见我昏倒，许多人死了，我头上也有个大口子……"

主审官："没事，伤口迟早会好的。"

三名被告都审完了，主审请检察官做最后的陈述。

检察官来到法官们的长桌前："法官大人们，案情已经很清楚。我们见证了昨天的攻击，我不得不痛心地承认，那次攻击是光荣的法国军队的污点，它是对法国国旗的污辱，它玷污了国家的每一个人，从孩子到老人，从男人到妇女。这是一次令人扼腕的失败，先生们，我请求法庭，根据军事法的条例，判决他们有罪。"

轮到辩护人陈述了，达克斯走到五名法官面前："法官大人们，过去，我不止一次地以生而为人为耻。这一次，我再一次领受了这种耻辱。我很难为辩护做总结，因为法庭不给我机会申辩。”

保罗将军晃着腿：“你想对法庭提出抗议吗？”

达克斯将目光转向保罗将军：“是的，我要抗议，我抗议法庭不允许我提供对辩护有用的证据。我抗议检察官在没有人证，没有书面文件的情况下对被告的指控。我抗议这个法庭忽略了最起码的工作——对审理没有速记记录。”

达克斯走到检察官面前：“昨天的进攻并不是法国的耻辱，也不是战士的耻辱，而是这个法庭的耻辱。这个审判是对人类公正的嘲弄！”

保罗将军嘲讽地斜过眼睛，看着这位不自量力的上校。

达克斯指着三名被告，转向五位法官：“法官大人们，判他们有罪将是你们死前的最大罪恶，我不相信你们这些掌握着生杀予夺大权的人们，会对同胞的生死麻木不仁。所以，我求你们，可怜可怜这些人吧！”

然而，这些法官大人们仍旧判决了这三个人的死刑，第二天执行。

达克斯身心疲惫地回到指挥部，他所能做的事只有一件，把借刀杀人的罗吉中尉招来，命令他明天率领行刑队——他要让罗吉面对巴里斯的死，要让这个真正的胆小鬼亲临刑场，要让这个杀害战友的军官永远牢记巴里斯临死前的神情。

司令部里一片升平，舞曲轻奏，美女如云，军官们拥着女伴翩翩起舞。乔治与保罗亦在其中。

达克斯来找乔治将军，为了救人，他要找乔治将军，这是他最后的赌注。乔治不情愿地离开那个娇艳的女人，来到客厅。

一番寒暄客气之后，达克斯直截了当地说：“您怎么忍心明天枪决那三个人呢？”

“上校，你想得太简单了。”

“事情明摆着，进攻蚁丘是不可能的，保罗将军对此心知肚明。”

“保罗将军的压力很大，媒体和政客都盯着他。攻打蚁丘可能与否，值得研究。也许是我们的判断错了。但是，如果你的人足够勇敢的话，说不定也会成功。不管怎么说，我们为什么要过多地责备自己呢？别忘了，在你的士兵中确实有人没有离开战壕。处决会起警示作用，没有什么比死人更让人印象深刻了。”

“我没想到。”

“上校，军队就像孩子，儿子需要严厉的父亲，军纪必须靠某些东西来维持，而杀人能做到这一点。”

达克斯压着火：“你相信你刚才说过的话吗？”

乔治将军的脸沉了下来，但是他忍住了：“上校，跟你谈话真令人愉快。不过，我得去应酬客人了。”

达克斯跟着他走到门口，在乔治拉开了门往外走的时候，达克斯拿出了最后的杀手锏：“保罗将军命令炮兵向士兵们开炮的事，您知道吗？”

乔治吃了一惊，放开了手，关上了门。

达克斯从上衣兜里拿出了他搜集的证据：“这是炮兵指挥官罗素、尼科斯中尉、电话员和我的陈述。”

乔治翻看着证词：“这与判决那三个罪犯的死刑有什么关系？”

达克斯回答他：“一个将军明明知道进攻是不可能的，却命令炮兵向自己的士兵开火，而正是这位将军判决他的士兵死刑，乔治将军，政客和媒体会怎么看待这件事呢？”

乔治将军大光其火：“你在恐吓我！”

“将军，‘恐吓’这个词不太好听。我知道，您很难办——太多的事情发生了，有人死了，有人伤了，蚁丘进攻计划失败了，命令炮兵打自己人也被拒绝了，但是杀害那三个无辜的人，以保护自己名声的行动却在光天化日之下，借助法庭的手办到了。不过，将军，现在还不晚，您可以制止这件事。”

乔治将军摸着下巴，在地毯上来回走了几步，但他很快拿出了对策：“客人等得太久了，我得走了。”

第二天凌晨，在雄鸡的报晓声中，巴里斯、阿诺和费罗死在行刑队的枪下。

当天中午，司令部餐桌上摆满了丰盛的食物，保罗和乔治正在用餐，达克斯上校进门。乔治请达克斯一起用餐。达克斯谢绝了。乔治知道，时候到了，必须抛出保罗。他装作漫不经心的样子问保罗是否曾经下令向自己人开炮。保罗愤怒而惊恐地看着达克斯。达克斯告诉他，他有充分的证据。

保罗涨红了脸，向乔治大叫："这是诬蔑，我是无辜的！"

乔治喝了一口酒："听你这样说，我真高兴，我知道你是可以应付的。"

"应付什么？"保罗问。

乔治："必须有一个听证会。你要保护你的名声，向公众和媒体证明你是清白的。"

保罗恍然大悟，等待的他的将不是上将军衔和法国勋章，而是身败名裂。他猛地站起，向乔治怒吼："够了，你在玩我。我是无辜的，你中伤了一个忠诚的战士。"

看着保罗将军摔门而去，乔治收回了目光，对达克斯说："事情总算结束了，法国的军队不能让一个笨蛋来领导。不是吗？达克斯上校，感谢你提醒我，顺便问一句，你想接替保罗吗？"

"什么？"达克斯吃惊地看着这位老将军。

"我的意思是，你想接替保罗的工作吗？"

"恕我直言，你让我顶替保罗吗？"

乔治："达克斯，这没有什么值得大惊小怪的。我知道，你早就这样想了，我的孩子。"

"我不是你的孩子！"

"我指的不是血缘上的。"

"我在任何方面都不是你的孩子！"

面对着这个不识抬举的家伙，老将军无奈地说："真遗憾，上校，你会失去晋升的机会——你计划了很久的机会。"

达克斯的满腔愤怒变成一句犀利的嘲讽："将军，你想让我教你怎么提拔我吗？"

老将军勃然大怒："上校，你必须道歉，否则我逮捕你。"

达克斯："是的，将军，我应该向你道歉，为我的不诚实道歉，为我掩饰了自己的真实感情道歉——我一直没有告诉你，你是一个落伍的、变态的老家伙。你应该下地狱！"

老将军震惊了，但他很快地恢复了常态："上校，你真让我失望，你太感情用事了。你想救那些人，你不想屈服于保罗，你是个理想主义者。但是，你失去了现实感，你是个白痴！我们要打胜仗，那些人没有打胜，枪毙他们是应该的，你想整保罗，我同意了，并且办到了，请问，我做错了什么？"

"因为你不知道问题的答案，我—可—怜—你！"达克斯朝老将军怒吼。

军人俱乐部门前，达克斯站住了。那里，军官和士兵们在一边喝酒，一边观看舞台上的杂要，油腔滑调的主持人将一个被俘的德国姑娘带上台来，军人们骚动起来，口哨刺耳，粗话四起。主持逼迫那德国姑娘为法国军人献上一首歌。德国姑娘胆怯地唱了起来，唱着唱着，泪水顺着她的面颊流了下来。这是一首曲调简单、法国人都熟悉的歌。歌声带着温情和伤感传遍了俱乐部的每个角落。在那婉转优美的歌声中，男人们安静下来，渐渐地，他们的眼神变得温柔，表情变得庄重；渐渐地，他们随着她哼唱起来，歌声汇成了一片；渐渐地，他们的眼眶湿润了，泪水涌了出来。

晚餐的饭桌上，维昂问我观感，我说好。维昂高兴了，跟我回忆起往事："那年，我正和你四舅在纽约，美国的报纸上都说它的好话，《纽约时报》

说它表现了难以置信的真实，《周六评论》说它取得了杰出的成就，毫无疑问是 1957 年的最佳影片，《新闻周刊》和《时代杂志》也都是一片叫好。我和你四舅认定，美国人吹牛皮——难道美国人比法国人还了解法国吗？可是，当走出电影院的时候，我们不得不承认我们错了。战争是人类的罪恶，是那些打着爱国、正义、良心、人民的幌子的大人物争夺权力的游戏，士兵永远是牺牲品。战争片如果只宣传仇恨，只讲你死我活，就是标准件。”

法国老太给我上了一课。

11　“占领”？你干吗说“占领”？

我到达阿腊斯的第三天上午，四舅从巴黎回来了，他不但带回了一大堆电影资料，还带来了一个拄着手杖的大活人——退休教授塔吕。一位瘦高瘦高、形貌怪异的法国老头。

“你好，吴！”塔吕把手杖往臂弯上一挂，直着腰板，向我伸出手。

“你好，你好。”我握住他的手。

这老头的手，瘦骨嶙峋，握在手里就像抓住了一把柴禾棒子。老头的脸也见棱见角，窄窄的额头，额骨突起，两侧凹陷，高耸的眉弓上横着两道灰色浓眉，浓眉下面藏着一双鹰隼一般生猛的灰眼睛，一道奇高的鼻梁伫立在狭长的颧骨中间，鼻孔细长，鼻尖通红，鼻子底下冒出一堆厚厚的灰白胡子，嘴躲在胡子后面，说话的时候，声音从胡子里发出来。

“你以前来过法国吗？”

“这是第一次。”

“我去贵国至少一百次了。”

“怪不得你的中文这么好。”

“他是我的老师。”塔吕拍拍四舅的肩膀。

这两位一胖一瘦，一高一矮的老者在一起，让我想起了唐吉诃德和桑丘。后来的事情证明，我的直觉不错。这位塔吕先生不但在外形上与那位西班牙大侠相似，而且血管里也奔涌着唐吉诃德式的激情。

塔吕比四舅小六岁，年轻时在法国驻华使馆当过文化参赞一类的官，还见过毛泽东。后来到越南、朝鲜、日本当外交官。中年转到大学教书。专门讲东南亚各国的政治，对中国的文艺政策十分在行。他与四舅原来是一个教研室的，退休后，回到故乡阿腊斯，与四舅结成了一帮一、一对红的关系——塔吕跟四舅学中文，四舅跟塔吕学园艺。做完功课之后："一对红"就一起看电影。

搞园艺和看电影是四舅终于做成的两件事。他把住了四十年的巴黎公寓租给了他的学生，自己搬到阿腊斯的维昂家。维昂的家是座三层小楼，楼前有一个将近一百平米的花园，在塔吕的指导下，他把花园的篱笆去掉，换上了小叶黄杨，花园的四角和中央各种了一棵树，四角种的分别是香花槐、云杉、红栌和龙爪槐，中央的树是法国梧桐。这棵梧桐是他十年前种的，现在已经高过了他的三层小楼。梧桐树下是一片方形的绿茵，面积约有十平米，四舅管它叫"绿野茶居"，所谓的"茶居"，不过是一张白桌，四把白椅而已。不过"绿野"倒是有来历的，据四舅说："绿野"二字出自于唐代名相裴度。裴度在朝时，多次提出改革主张，但是奸佞当道，小人捣蛋，他志不得舒，只好挂冠而去，退居山林，筑"绿野别墅"与白居易等品茶唱和。

在这个茶居里，与四舅品茶的只有塔吕和维昂，他们不作诗，只赏花。这个花园以梧桐树为中心，在绿茵的外面一圈一圈地种着白、红、蓝三种花，最里面的一圈是白玫瑰，玫瑰的外围种了一圈一品红，一品红的外围种了一圈德国鸢尾。我猜想，这是法国国旗的颜色。从小楼到茶居的小径两边，种着我叫不出名的奇花异草。每天早晨，四舅都要花很长时间侍弄这些宝贝，然后才回楼吃早餐，早餐后的功课就是看电影。

四舅年轻时爱看电影，后来迫于生计看得少了。如今，他要奋其残年余力补上这一课。他把书房变成了放映厅——靠墙的小柜上放着一台平面彩电，小柜的下面放着一个录放机、一个影碟机。小桌的对面，十米开外处放着三个单人沙发，这是他、塔吕和维昂的专座。沙发前面摆着一张小桌，桌子上放着老花镜、笔记本和圆珠笔。沙发后面立着一排书架，上面摆满了从国内买的录像带和光盘，还有一大堆关于中国电影的书刊。沙发左边的墙上挂着一块小白板，上面贴着写满了各种问题的纸条。

这位老先生做了一辈子学问，看电影也摆出了做学问的架势。

四舅和塔吕睡过午觉之后，精神抖擞地来到“绿野茶居”，我也如约而至。维昂给我们三人泡上泰国茶，就去法俄友协听讲座去了——她是法中友协和法俄友协的热心会员。我们坐在梧桐树下，巨大的树冠挡住了斜阳的光辉，肥硕的树叶在微风中低吟，泰茶发出一种奇异的香气，四周的花草轻摇着腰身。四舅啜了一口茶，说：“良辰美景嘉宾，古人所谓的‘四美’，我占了三个。”事实证明，把我当成“嘉宾”显然是主人的一个错觉。至少在对中国电影的认识上，我距离他们的嘉宾标准遥遥。

四舅问我瑞典讲学的情况，我说了“四大金刚”的奇谈怪论。老先生听完了，问我：“中国不是想跟国际接轨吗？我问你，这个‘国际’是指什么？‘接轨’是什么意思？”

"'国际'当然是指的西方发达国家，而不是非洲、拉美等发展中国家。'接轨'就是……把以前与发达国家的差异消灭掉。"

四舅摸了摸光脑袋："不全对。照我的理解，'国际'指的是国际社会通行的准则，'接轨'就是按照这个准则办事。我注意到，中国的报刊上最近出了一个新词——'普世原则'。这个'普世'用得好。它不仅仅包括西方，而且包括东方，包括发展中国家，包括第三世界。也就是全人类共同认同的基本准则。如果大家都照这些准则办事，你的学生们就不会提那些稀奇古怪的问题，你也不会少见多怪。"

四舅跟我说话的时候，塔吕把一只手放到耳朵后，一声不响地听着。其间，他们用法语交谈了几句。四舅给我翻译说，塔吕说他刚从越南回来，越南人也在谈类似的话题。

我问四舅："那照您看，电影怎么跟国际接轨？"

塔吕插话了，说得很慢，但发音很准："中国电影要想与国际接轨，首先要做的是分级。吴先生，你能不能告诉我，为什么中国电影不分级？"

这可把我问住了——我从来没想过这个问题。据我所知，从 1905 年至今，中国电影诞生将近一百年了，从来没有分过级。我在国内的时候，也听到过个别人嚷嚷分级分级的，但是似乎没有多少人响应。五十万电影人都不关心的事，这个法国老头偏偏要当做头等大事来抓。

我告诉塔吕："电影一分级，黑片、黄片就会占领银幕。"

塔吕愣了一下："黑？黄？"

四舅插话："黑就是……"

塔吕朝他摆手："我明白，我明白。"

塔吕眨着鹰隼一般的灰眼睛，盯着我问："你说的'占领'是什么意思？"

"'占领'就是……把别的都赶走了。"

塔吕捋捋胡子："你这么看待中国人吗？"

"你的意思是……我的说法不对？"

"你的说法让我想起了法国的某些道德家，他们也是这样估计法国人的。在他们看来，法国人没有自尊，没有自我控制力，他们都是淫荡堕落嗜杀成性的家伙，如果不用强迫的手段管理他们，暴力和色情就会占领整个法兰西。只有这些少数的道德家才是法兰西民族的保护神，他们是纯洁的、高尚的、没有邪念的。”

塔吕喝了一口茶，掏出手绢，擦了擦沾在胡子上的水珠：“这些人就像雨果小说中的神甫，是那么高雅，那么纯正，仿佛是上帝的代表。其实呢，正是因为他们心里充满了邪念，才会把别人都看成坏蛋。”

四舅轻蔑地咧了咧嘴，补充道：“以小人之心，度君子之腹。”

塔吕说：“对对，这句话就是为这些伪道德家准备的。所以，当你说‘占领’的时候，我就想起了三十多年前的一个经历。有一次，我在一位中国朋友家坐客，碰到一个教师，一个很漂亮的中国女人。我问她，为什么你们不允许谈性呢？她说，如果让学生们过早地知道性，他们就会把心思都用在交异性朋友上面，甚至还会出现更糟糕的事。我问她，什么更糟糕的事？她说，比如强奸、同居、未婚先孕等等。我问她，你不觉得这是对你的学生的一种轻视、一种污蔑吗？她反问我，你是什么意思？”

我心说，好哇，老家伙，说来说去把我绕进去了——我跟三十年前的那位女教师一样，三十年后仍旧没长进，仍在轻视、污蔑自己的同胞！我看了四舅一眼，老先生居然无动于衷，一点也没有替我说话的意思！

我不好发作，但也不能认输，就拐着弯地往回找补：“中国电影不分级是考虑社会的文化宽容度，以前，人们把电影看成是宣传教育的工具，现在虽然把电影看成了娱乐，但是人们还难以接受分级。这就跟垃圾分类一样，老百姓一时半会儿不适应。”

我正在为这番辩解暗自得意，四舅说话了：“你的比喻倒是挺新鲜，把电影与垃圾相提并论。问题是，垃圾分类是每个人的事，得由老百姓亲自动手。电影分级可不一样，它只是几个人的事，老百姓只有接受的份儿，用不着费心思。所以，你说的‘社会的文化宽容度’很值得怀疑，‘文化宽容度’确实存在，但是跟社会无关。社会是一个国家之中老百姓的‘总体’，你听说哪个国家的‘总体’因为电影分级上街游行示威？中国的‘总体’比别国的‘总体’更听话，更有文化宽容度——选美、彩票、赛马、股市是从西方传过去的，旧中国搞了几十年，‘总体’欣然受之。突然间，你说这些都是资产阶级的，得扫进历史的垃圾堆，‘总体’还是欣然受之。后来，你说无产阶级也可以选美，‘总体’就去选美，你说社会主义也可以出售彩票，‘总体’就去买彩票。你说，这样的‘总体’，这样的社会，文化宽容度怎么样？世界第一！”

四舅一拍桌子，吓得茶杯直蹦。拍完了，余兴未尽：“分级是为了什么？一个是繁荣电影，一个是保护未成年。这对任何国家的‘总体’都只有好处，没有坏处，你说，中国的‘总体’有什么理由不宽容？”

四舅跟塔吕穿一条裤子，整个一条黄香蕉！这也难怪，他在法国待了大半辈子，想让他替中国着想，为中国说话，除非洗脑。我突然意识到我的处境——如果我坚持我的立场，就会处在夹攻之中。曾国藩说过：“观古今成大事者，非必才盖一世，大抵能下人斯能上人，能忍人斯能胜人，若径情以往，则所向动成荆棘，何能有济于事？”大丈夫能上能下！先忍忍再说。那么，怎么才能忍而胜之呢？外交界碰到有辱国格、有违政策的事就退席以示抗议。我为什么不可以仿效一把，不理他们，让他们自己琢磨去。想到这里，我一言不发，放下茶杯，扬长而去。

12 得胜还朝

我的退席抗议还真起了作用，吃晚饭的时候，四舅跟我商量，说他和塔吕想把各自的藏书捐给国内，问我怎么捐，捐给什么地方。我问他都是什么书，他说主要是艺术方面的，少部分是英文，大部分是法文，总共五万多册。

“不管您打算捐给哪个单位，我都要向您表示感谢，您的爱国精神是所有海外华人的榜样。不过，我看，塔吕先生就算了吧，他对中国不大友好，似乎有些成见。”

说完了，我为自己的外交手腕大为满意——这种回答，既有统一战线，又有区别对待。对四舅来说，既肯定了他的爱国热忱，又对他的一边倒有所警示。

没想到，四舅火了，把叉子往盘子上一扔：“你说塔吕对中国不友好，只是因为他对电影分级说了自己的看法。毛泽东说，让人讲话天塌不下来。你想让天下人都说假话吗？”

“坏了，坏了。这步棋没走好！”我心里嘀咕。大为满意的自得一瞬间变成了满腔懊悔，但是，表面上，我竭力保持镇静。

四舅余气未消，接着穷追猛打：“我问你，你是知识分子，还是政客？！你的意思是，我们捐书还得先通过政审，还得走后门。谢谢你，我不走你的后门，书，我捐给阿腊斯学院！”

维昂听到响动，从厨房跑出来。对四舅说了几句法文，四舅用法语跟她解释。

乘着这个空当，我赶紧琢磨对策——在这种情况下，不能撄其锋，只可避其势。退一步进两步。我赶紧把话往回说："可能我表述的不准确，让您有所误解。我并不是拒绝批评，再说，批评电影分级碍我什么事？我是说，中国有特殊的国情，不分青红皂白地指摘中国，至少是主观主义——主观上为中国好，客观上并非如此。"

可能是维昂的话起了作用，也可能老先生恢复了理智，四舅沉默了一会，说："对不起，我失礼了。你是我的客人……关于国情，你说的有道理——你在中国长大，我在法国待了大半辈子，不同的国情给我们不同的观念。我以为改革开放二十多年了，中国人的思想观念应该变一变了，我错了。用你的话讲，我犯了主观主义。"

老先生的态度让我深为感动，我赶紧说："不，不，您太客气了。说实话，我对塔吕先生有点情绪，所以不想管他的事。我小肚鸡肠，您别见怪。"

经过这么一番"批评与自我批评"，我和四舅之间在新的基础上达到了新的团结，虽然没有"团结一致向前看"的约法，但是"冷战"气氛至少从表面上一扫而光。当天下午，我们和塔吕又聚在"绿野茶居"神侃起来。

我们从《光荣之路》谈起，谈到中国的战争片。四舅说，他看了不少中国的战争片，觉得现在的电影比以前有了巨大的、令人吃惊的进步。三十年前，他看过一部中国战争片，名字想不起来了，开演十分钟，他就逃之夭夭。"那是折磨，是对一个感觉正常的人的视听酷刑。"退休以来，这类的电影他看了不下二十部："我没有打瞌睡，没有半路逃走，这真是奇迹，我的感觉告诉我，中国电影有了令人赞叹的飞跃！"

没打瞌睡，没逃走，就算是巨大进步？这个标准是不是太低了？我心里嘀咕，嘴上不好直说，只好试探着往深了问："您所说的飞跃表现在哪些方面？"

"太多了，首先它接近了正常人的感觉，不像样板戏那样虚假造作。

其次，它们的场面十分宏大，一定花了不少钱，看得出来，中国确实富起来了。更重要的是，它们不再回避历史的真相，像林彪这样的人居然也成为正面形象出现在银幕上，这在以前简直是不能想象的。还有，演员的表演也让人舒服，除了演毛泽东的那人之外，其他的特型演员都很好。”

我接口道：“您说的是古月，他是演毛泽东最好的演员，因为他演得像，得了无数的奖。”

四舅连连摇头：“不不，古月还不懂得毛泽东，他像的只是外形，对于角色的内心，他完全不懂。毛泽东是什么样的人物？！所有的世界级领袖——戴高乐、丘吉尔、罗斯福、斯大林都比不了他。要知道，蒋介石也不是等闲之辈，他之所以败走台湾，就是因为毛泽东比他更了解农民，更懂得启用人心。毛泽东是创造历史的人物，这种人物的思想性格常人难以探其究竟。毛泽东自己说，他身上有两种气，一是虎气，一是猴气。古月只演出了一半虎气，猴气一点没有。”

“照您看，谁能演好毛泽东？”

“照我看，谁也演不好。表演是塑造人物的艺术，如果没有对毛泽东的深入研究，再好的演员也只能做到形似。”

“您看姜文演毛泽东行不？”

四舅抿了一口茶：“这是谁出的主意？”

“美国人。”

四舅轻蔑地一笑：“只有狂妄自大的美国人才能出这样的主意，你问问他们，姜文能演布什，能演克林顿吗？”

“不用问，当然不能。”

“一样的道理。过去，上海有个袁牧之，演什么像什么，戏剧界送给他一个绰号——千面人。可是，你让他演蒋介石，他肯定演不好。为什么？不像！蒋介石长什么模样，人人皆知，多高的演技也代替不了模样。姜文可以演秦始皇，可以演李莲英，可以演所有的古人和普通人，就是不能演当代领袖。”

在一边静听的塔吕突然说话了："吴先生，什么叫革命历史题材？"

"据我理解，革命历史题材指的是三类影片：一类是传记片，比如《毛泽东和他的儿子》、《刘少奇的四十四天》、《周恩来》；一类是战争片，比如《大决战》、《大进军》、《大转折》；一类是事件片，比如《开天辟地》、《七七事变》、《西安事变》、《重庆谈判》、《开国大典》。"

塔吕用拐杖在草地上画了个圈："是不是可以这样理解，革命历史就是中共党史？"

我想了想："恐怕不完全是……这么说吧，它们的内容主要是关于党史。"

"为什么要把党史拍成电影？是为了给观众上党课吗？"塔吕说完，又补充一句，"这个问题我问过不少中国人。可没有一个能给我满意的答复。"

我心里又烦起来，这个塔吕，哪壶不开提哪壶！凡是我熟悉的，他准不问。他问的，准是我想也不曾想过的。他还想要满意的答复，真见鬼！

我硬着头皮，尽量委婉，又字酌句斟地回答他："哼……您这个说法恐怕不够准确。我的看法是，革命史就是中国人民争取解放的历史，这个历史从 1840 年算起，到现在将近一百五十年了。在这百余年中，经过了太平天国、戊戌变法、辛亥革命，中国人始终都在黑暗中摸索。直到有了中国共产党，中国人民争取解放的事业才走上正轨。所以，党史是革命史中的重点，革命史与党史密不可分。因此，要表现中国争取解放的历史就不能不涉及党史。将党史拍成电影是为了教育人们爱国，当然，也可以起到上党课的作用，它们的主旨是想让人们知道中国革命的正义性、必要性及其建立新中国的艰难历程。”

塔吕眨巴眨巴眼睛，用拐杖敲敲草皮，接着发问：“据我所知，世界上很少有哪个党用电影给人们上党课。”

四舅补充道：“法国共产党只能发发宣传小册子。”

“因为那些政党没有取得政权，它们不是执政党。”我觉得这条理由足以让他们闭嘴。

没想到，塔吕非但没闭上嘴，反而马上找出了相反的证据：“你在瑞典，可曾听过奥洛夫·帕尔梅这个人？”

“您说的，是不是那个被刺杀的瑞典首相？”

塔吕摸摸胡子，点点头，慢条斯理地说：“他不但是瑞典首相，还是社会民主党的领袖。瑞典的社会民主党是执政党。帕尔梅上台的时候，这个党已经掌权四十年。可是，它从来没有用电影给瑞典人上党课，从来没有用电影院宣传自己的思想主张。帕尔梅每天步行上下班，家里只有一辆旧车，房子还是朋友借给他的，取暖设备不好，冷得要命。他哪里有钱去拍电影？”

奥洛夫·帕尔梅的事迹我听瑞典的同事说过，据说，他在瑞典社会民主党的诸党主席之中是最精明强干的一位。社民党在瑞典执政了四十四年，传到他手里，被“非社会主义集团”夺了权。四年后，选民又把这个主张“社会主义”的社民党选上台，帕尔梅东山再起，再次出任首相。在西方国家首脑中，他以敢于以小抗大，敢于为弱者说话著称。第一个走上街头反对美国的越南战争的是他，第一个谴责南非的种族歧视的是他，第一个向超级大国说“不”，第一个倡议“欧裁会”的还是他。一个没人理会的小小瑞典成了国际事务中举足轻重的外交大国，全靠这位帕尔梅。可惜他死于非命——在看电影回家的路上，一个刺客从黑暗中跳出来，朝他连开两枪。一代人杰壮志未酬，就这么撒手而去。死了十多年了，凶手仍然逍遥法外。

我也很奇怪，社会民主党在瑞典被称为“天生的执政党”，连续执政几达半个世纪。这半个世纪里，瑞典从一个贫弱之国一跃变成了西方富国，经济繁荣，社会福利无所不至，钱多得没处花。“瑞典模式”、“瑞典道路”成了各国心仰神追的楷模。这么了不起的成就，这么长的时间里，居然就没有人想起来拍部电影。别人想不起来，社会民主党怎么也想不起来？拍部电影宣传宣传自己的政迹，不是顺理成章吗？从这点看来，这位帕尔梅是否真的像瑞典人说的那样精明强干值得怀疑。如今：“瑞典模式”成了“瑞典病”，想吹也吹不起来了。机不可失，时不再来。帕尔梅在九泉之下后悔去吧。

四舅好像猜出了我在想什么：“社民党要是经常用电影给瑞典人上上党课，帕尔梅也不至于招来杀身之祸。看来，电影是工具，是武器，这话一点不错。你不把电影当工具、当武器，去改造人、征服人，社会就无法安定，连政治家的命都保不住。我虽然没研究过瑞典电影，但是我敢打赌，瑞典电影院肯定大放黑片、黄片，那个杀手一定是中了这些电影的毒。”

很显然，四舅的话里有一股味，其中有嘲讽，有揶揄，有指桑骂槐。

我正色道：“在外国人看来，电影是娱乐，是商品，把电影变成教材，把娱乐变成党课简直不可思议。这些人忽略了两个事实。第一，电影在中国也正在成为娱乐，成为商品，这一点与全世界没什么两样。唯一的区别是，这种娱乐性商品必须有政府颁发的思想合格证。第二，在外国人看来的党课电影，对于中国人来说，是不可或缺的精神食粮。这些电影赋予了历史全新的意义，从而使现实得到了全新的解释，这些意义和解释使中国人民看到成绩，看到光明，获得了继续生活的信心和战胜困难的勇气。”

四舅不屑地眨着小而亮的眼睛：“我有点替你发愁——你怎么证明，

中国观众欢迎‘思想合格证’？”

塔吕耸耸肩膀，与四舅交换了一下眼神：“是呀，我见到过的中国学生一提起党课电影来就摇头，你让我们相信你的说法，总得拿出点证据吧？”

我急中生智：“你们是不是知识分子？”

“是。”两人不约而同。

“知识分子是不是有独立人格和独立判断力？”

两人点头。

“为电影评奖的专家是不是知识分子？”

点头。

“那好，为电影评奖的中国专家是不是知识分子？”

两人犹豫地互相看了看。

不管他们怎么想，我都要把逻辑推理进行到底：“既然知识分子具有独立的人格和判断力，既然为电影评奖的中国专家是知识分子，那么，这些专家们就具有独立的人格和判断力。既然如此，那么，他们评出的优秀影片就是货真价实的好电影。这里，我要告诉你们一个事实——在中国专家们评的金鸡奖中，我上面提到的革命历史题材的影片都高居榜首。这一事实说明什么？你们又怎么解释它呢？”

四舅和塔吕惊异地看着我，好像我是个陌生人。

在异样眼神的注视下，我以雄辩的口吻完成了演说：“很显然，这一事实说明，大多数中国观众是认同思想合格证的。至于某些留学生摇头，那是崇洋媚外的思想作怪。这一事实还说明，具有独立人格和判断力的中国电影专家，深深地热爱着革命历史题材，如果有谁认为它们是给观众上党课，那么，我可以告诉他们：中国人民欢迎上党课！”

当天晚上，我吃了四片面包，一盘鸡块，一条熏鱼，喝了两杯法国红酒。洗了一个冷水澡，带着“得胜还朝”的快乐，沉入黑甜之乡。

13 斯大林审片

第二天吃早餐的时候，没看见四舅。维昂告诉我，四舅昨天晚上在书房翻什么东西，睡得特别晚，他的心脏不太好，想多睡一会儿。

我心里暗暗高兴，老人家睡到明天才好呢，省得劳我大驾陪他们说那劳什子电影。没想到我十点来钟从市里转回来，老先生就起来了，一见我就说，塔吕午休后要来喝茶，还说，他要到塔吕家去，看看人家准备送给他的美国红栌。

下午，塔吕抱着一个花盆来了。花盆摆在梧桐树下的白桌上，半米高的“美国红栌”长的却是黄叶子。四舅怀疑这美国红栌是中国黄栌，可塔吕说种子是从美国买来的，两位老人开始研究，为什么栌生于法，其叶则黄。最后他们在寄种子的货单上找到了答案，上面写得清清楚楚“From China”——原来美国商人卖的是中国黄栌的树种。

我们从中国货的无孔不入，说到了台湾的分裂主义，又从台湾历史说到中国文化，塔吕发表议论说，中国人有两种情结：一个是大一统情结，一个历史情结。后者表现在各个领域，比如文艺，中国人对文艺史并不重视，而格外看重用文艺写历史。四舅自然而然想到电影，于是又接上了昨天的话题。

“既然用电影讲历史，就应该全面系统，我看了四九年以后的国产电影目录，不成系统，缺三大块，最大的一块就是抗日战争史。”四舅说。

我说：“抗日电影中国可没少拍……”

四舅不同意："是没少拍，可拍的只是局部。你年轻，不知道抗日是怎么抗过来的。当时中国对日作战分两个，一是正面战场，一是敌后战场。你们拍的全是敌后战场，正面战场的影片我一部没见。为什么厚此薄彼呢？因为正面战场的主角是国民党军队。不错，国民党军队干过剿共这样的坏事，可是人家也干过保家卫国的好事呀。国民党军队打共产党不行，打起日本人来可不含糊。从'一·二八'算起，不算十九路军淞沪保卫战，不算长城抗战、绥远抗战，光说大军团的会战就有十几个。"

老先生掰着指头给我数："太原会战、淞沪会战、徐州会战、武汉会战、南昌会战、随枣会战、桂南会战、枣宜会战、上高会战、中条山会战、浙赣会战、鄂西会战、常德会战、豫湘桂会战，三次长沙会战，还有缅甸远征军……"老先生一口气数了十六场大会战，伸着手指头让我看。

我对抗战史知之甚少，不敢瞎放炮，只好乖乖听着。

老先生的记忆力惊人，数完了会战，接着数战役："在这些会战中，中国军队打过几个漂亮仗，多伦大捷、平型关大捷、昆仑关大捷、台儿庄战役、衡阳保卫战……八年抗战，国民党军队伤亡上百万，光将军就死了二百多。张自忠、赵登禹、佟麟阁、吉鸿昌、郝梦麟、戴安澜、王铭章、李家钰、陈安宝、刘家麒……多了，数不胜数。这些为国捐躯的高级将领哪个都够上电影的资格。"

"您说的这些抗日英雄，新中国并没有忘记，北京的街道用他们的名字命名，我知道的就有张自忠路、赵登禹路、佟麟阁路；至于吉鸿昌，大陆二十年前就把他的事迹拍成了电影。"我终于抓住了老先生的把柄。

"蒋介石不是一成不变的，他开始是'攘外必先安内'，后来变了，变成了坚决抗日。如果没有后来变化，罗斯福也不会请他当中国战区统帅。"

"但他的改变是被迫的，没有西安事变，他能变吗？"

"没有西安事变，他也会变，因为日本人根本就不想让他的政府存在。就是出于自身利益，他也要抗日。"

"您的意思是中国应该为蒋介石拍部电影，专门表现他后期如何伟大英明正确地领导了国民抗日？如果中国不拍这样的电影，就没有实事求是的精神，就没有海纳百川的雅量，就埋没了这位‘民族英雄’？”

老先生不说话了，端起茶杯品茶。我估计他也没什么可说的了。没想到，老先生放下茶杯，开始教训我：“你的思维方式有问题。照你这么定位，电影永远摆脱不了宣传腔。蒋介石当然值得上电影，但不是表现他的什么事迹，什么精神，而是当时复杂的形势和他那丰富的人性。”

被他教训了一顿，心里窝囊。我想起了《血战台儿庄》：“中国没忘国民党爱国将领，您看过《血战台儿庄》吗？李宗仁、张自忠、王铭章可都在里头。”

四舅说：“那个片子拍得不错，我很感动。可是，半个世纪，仅此一部，是不是太少了点儿？再说，那算革命历史题材吗？跟《大决战》、《大进军》一类的大片能平起平坐吗？”

四舅把我问住了。

“都是抗日，都是中国人，都是流血牺牲，光讲自己，不讲人家恐怕不妥吧？人家对抗的可是日本主力呀！地道战、地雷战很了不起，可那能抵抗日本主力吗？《鸡毛信》、《小兵张嘎》说的是儿童团，儿童团都是抗日英雄，人家的二百多将军就连你的儿童团也不如了吗？你是强者，是胜利者，你有条件有责任有义务为中国的抗日说话。西方人有一种普遍的偏见，认为二次大战中，中国军队没起什么作用。有的人甚至在书里说，即使中国军队停止战斗，战斗的进程也不会发生改变。你看人家欧美拍了多少二战片，到今天还没完没了。只要抛开党派之见，中国的抗日题材大有可为，只要登高望远，站在中华民族的立场上，什么问题都好解决。”

“您的意思我明白，问题是，国民党反对革命，它的活动算得上革命历史吗？”

四舅激愤起来：“国民党反革命是对内，对外打日本也算反革命？抗日不算革命，什么算革命？”

我不想跟他争，万一争出个好歹来，我的法国之行就得陪他在医院里过了。我转了话题："大陆拍过昆仑关大捷的电影，花了三千万，八一厂一个姓杨的导演导的，据说拍得很不错。"

"为什么据说，难道你没看吗？"

"没有放映，因为审查的时候有一位将军说，昆仑关大捷是国民党将领杜聿铭领导的，杜是他的手下败将，不应该给这种人树碑立传，片子没通过。"

"将军审查电影？你们的军队交给谁？编剧还是导演？"塔吕冷不丁地发问。

四舅移动了一下身子，坐得更舒服一点："这种事并不奇怪，斯大林是元帅，不但审查电影，还审查小说、诗歌呢。"

塔吕突然想起什么，向前倾着身子问我："中国有一个管文艺的人，叫周……"

塔吕轻轻地拍打着前额。

"周扬。"我说。

塔吕说："对对，这个周扬在1953年有一个讲话，其中有一段话，我记得不太清楚了。"

四舅问他："说个大意。"

塔吕说："大意是，苏联的每一部电影都要由斯大林审查，所以影片的质量得到了保证，中国的影片以后也要请毛主席来审，至少要请中央领导来审，但是文化部、电影局也不能撒手不管。"

四舅用手掌拍拍桌子："所以吗，将军审电影也符合规矩，甚至可以说是权—力—下—放。"为了强调后四个字，四舅的中指有节奏地敲了四下。

四舅的话调动了塔吕的知识储备，他掏了掏鼻孔："中国审查电影的权力下放过一次，1957年，下放到了电影厂。"

四舅说："重要的不是权力下放不下放，下放到哪一级，而是审查标准。如果是样板戏的标准，无论是将军审还是专家审，结果都一样。比如说，

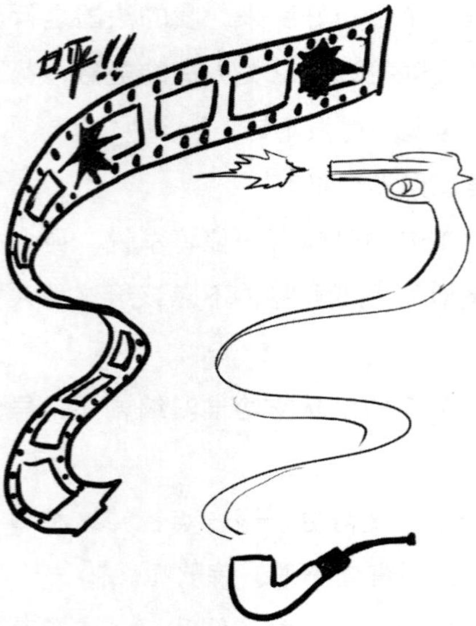

如果大家都按那位将军的标准办事，抗日电影就只能在原来的框框里转圈。你想想，凡是被中共军队打败的，不管是个人、政党，还是军队，不管这些个人、政党、军队在历史上做过多少好事都不予承认。这算是什么标准？‘爱国不分先后’，人家抗日算不算爱国？人家打了胜仗，是不是爱国？就算后来败在你手下，人家以前的爱国牺牲就不值得肯定了吗？好家伙，‘以我画线’、‘唯我独尊’——凡是败在我手下的都不值得一提。爱国只能我爱，别人都靠边站。抗日只有我抗，你们抗的都不算。照这种逻辑，我这个法国华人就连爱国的资格也没有了。”

我这时才明白，为什么四舅如此卖力地为国民党军队抗日说话，原来这后面藏着他的心结，我赶紧好言抚慰：“人家禁的是电影，可没禁止海外华人爱国。再者说，要客观公正，就得讲两面理，台湾的官方史书只讲国民党抗日，对共产党的抗日除了否定和批判外，只字不提，到现在还把共产党称为‘共匪’，何应钦写的《为邦百年集》里把中共称为内奸，说中共一直与日本军阀内外勾结，互相利用，狼狈为奸，是颠覆中国的罪魁祸首。您说，在这种情况下，大陆是不是应该为自己的抗日说说话？你那边不顾事实大肆诋毁我，我这边还要为你树碑立传，是不是有病？可以说，大陆光拍敌后战场，不拍正面战场是台湾造成的。”

四舅说：“这才看你的肚量。跟他一般见识，还有什么肚量可言？”

“我们的肚量再大，也不能大到让他分家的地步。”我反唇相讥。

四舅说：“闹分家可不是人家国民党。”

我突然冒出一个想法：他出国前是不是参加过国民党，至少是三青团？

我想问，又不好问。

塔吕用法语跟四舅嘀咕了一阵子。

“唉——”四舅长叹了一口气。

我问四舅，塔吕说什么了。

“他说我替台湾说话，人家会说我是个香蕉——黄皮白心。”说这话的时候，四舅眼圈有些泛红。

一看这情景，我只好转移话题：“您刚才说历史应该有系统性，除了抗日，还差什么？”

四舅伤感起来，过了一会儿，才缓缓地说：“庄子说‘身于江海之上，心居乎魏阙之下’。抗日八年，我是身在巴黎，心在故国。斯诺的书的法文版，我是译者之一。读了他的书，我夜里做梦都梦见延安。我把民族振兴的希望寄托在延安，寄托在毛泽东身上。我在中法大学的同学有两个人去了延安，他们给我写信……”

我疑惑起来，国民党、三青团能向往延安吗？这是真话还是假话，七老八十的人，没有任何压力，在我面前作秀有什么用？

突然，有人朝这边喊话，塔吕站起来，四处寻找，红栌的树干后面露出一只花花绿绿的风筝。

塔吕说：“对不起，我得告辞了。我的小孙女来找我了。我答应带她放风筝。”

塔吕先生匆匆告辞了。

四舅接着说：“延安时期是中共历史上最重要的时期，新中国的思想纲领和文化基础都是在延安奠定的。可以说，没有延安就没有西柏坡，就没有三大战役，就没有新中国。延安时期发生了很多影响深远的、具有历史意义的事件。整风，南泥湾，抢救运动，批判丁玲、王实味，确立文化方向和文艺方针。中国后来的'左倾'乃至'文革'都与延安有关，既然给观众上党课，这些教训比内战更应该让国人了解。当然，我不主张'扒粪运动'。延安的好东西也应该写，要知道，延安精神感动了全世界，这个精神说到底就是八个字——实干廉政，艰苦奋斗。现在大陆的贪官为什么那么多？延安精神为什么没形成制度？那年我到延安参观，看着那些窑洞，我就想，这里面一定有无数可歌可泣的故事。为什么在斯诺之后，就再也没有了震惊世界的作品？"

"其实也有，只不过没达到您的要求——震惊世界。"我说。

四舅说："延安有过震惊世界的大手笔，可惜后来的人忽略了。"

"什么大手笔？"

"宪政运动。"

"什么是宪政运动？"

"孙中山先生提出，中国要富国强民，只有走向民主政治。而民主不可一蹴而就，须经过军政、训政、宪政三个阶段。抗日时期，国民党囿于党纲和形势不得不搞宪政，共产党要打破国民党一党专政也倡导宪政。全国上下，尤其是知识分子更是由衷赞成。这就形成了一个声势浩大的宪政运动。时间在国共合作抗日的四十年代初到内战爆发之前的四十年代中期。"

"我没听说过。"

四舅站起来，对我说："来，我给你看一样东西。"

我跟着他到了二楼的书房，他从一堆电影资料里抽出一个牛皮纸包递给我："这是我用中文写的唯一一本书，可惜没有出版。"

我接过纸包，牛皮纸上面赫然写着一行毛笔字——中国宪政运动史。那字写得秀丽飘逸，颇有赵孟頫之风。我刚要问他是否喜欢赵体，话到嘴边又咽了回去——赵孟頫是宋宗室，却当了元朝的顺民。人品拐带了书品：

“媚而无骨”成了赵体的定评。

四舅似乎突然间变老了，满脸倦容，扶着桌子，有气无力地对我说：“你拿去看看。我想歇一会儿。”

我抱着纸包赶紧告辞。

14 电影学院，水电系？

回到三楼的房间，我小心翼翼地打开纸包，里面是一叠厚厚的、发黄的稿纸，稿纸页眉和页脚上印着北京大学的字样。第一页是作者自序，后面是章节目录，全书共七章二十一节。我从第一章《宪政运动缘起》看起，看惯了印刷体，看手写的稿子很不适应。看了一半就烦了，翻到第五章《重庆谈判》。这一章更让人头疼，大量的引文、注释，注释有中文、法文和英文。我看着看着就睡着了。

吃晚饭的时候，维昂把我叫起。四舅情绪不佳，只到桌边坐了坐，喝了一杯酸奶，就回他的书房去了。饭后，乘着帮维昂洗碗的机会，我悄悄问她，四舅是否参加过什么党派？维昂的回答让我暗暗吃惊——四舅出国前无党无派，到了法国曾想加入法共，要不是她拉后腿，他早就成了法共党员了。

第二天吃早餐的时候，四舅问我对他的书有什么看法。

我实话实说："我看得不细，对书里面提到的史实没有研究，不好下结论。尤其是关于重庆谈判的评价。"

四舅说："你不用下结论，只有上帝才能下结论。天下的事错综复杂，中国更是如此。但是有一点应该相信——历史，从短时段来看，确实是一个任人打扮的小姑娘，但是从长时段来看，历史就成了阿尔卑斯山，不用说打扮它，就是动它一下都不可能，而且你还得冒天下之大不韪。"

离开饭桌的时候，四舅问我："你今天有什么安排？"

“我想逛逛阿腊斯的教堂，估计一上午就够了。”

“那好，下午塔吕请我们到他家做客。”

塔吕的家也是一座三层楼的“汤耗子”，只是他的院子比四舅的大得多，种的树和花也多，院子的南侧也有一棵梧桐树，跟此树一比，四舅家的梧桐树简直成了小孙子——这棵树两人环抱还抱不过来。树下摆着白桌白椅，桌子上放着一个花瓶，插着刚剪下的花。我们坐下，塔吕的太太端来新煮的咖啡，咖啡刚放下，几颗灰白色的鸟粪就掉了下来。塔吕打趣说，树上的乌鸦大概是想让我们尝尝咖啡加鸟粪的味道。

我们只好搬回一楼的客厅，话题从法国的电影教育谈起。塔吕告诉我，巴黎大学共有八所，电影教学方面巴黎第三大学排第一，第八大学排第二。他们的学位与中国不同，在硕士到博士之间有个副博士。

说着说着，塔吕突然换了话题：“一位中国留学生告诉我，北京电影学院的院长是从清华大学调来的？”

“没错，先是党委书记，后来兼任院长。”

“不是提倡党政分家吗？”四舅插话。

“可能在某些单位某些情况下党政合一更便于领导吧？”

“那原来的院长呢？”

“调走了。”

四舅有些感慨，不知说什么好。

塔吕一边给我们续茶，一边问：“这位院长先生在清华大学学的是电影吗？”

“清华大学以理工为主，当时还没有文科，所以没有电影专业。”

“那，这位新院长……学的是什么？”塔吕有些吃惊。

“水电系。”

塔吕惊讶地瞪着我：“水——电——系？你们认为水电与电影……是一回事吗？”

我郑重其事地告诉他：“这么说吧，水电和电影都是教育的一部分，在这个意义上，它们是一回事。”

塔吕的两道浓眉竖起来，成了八字：“一——回——事？它们怎么能是一回事？”

四舅偏过身子跟塔吕解释：“他的意思是说，巩俐和赛金花都是女人，在可以生孩子的意义上，她们是一回事。鲁迅和周作人都是作家，在以笔谋生的意义上，他们是一回事。”

我知道，老先生是说给我听的。他的尖刻我在北京时就领教过，不过，不是冲我，而是冲全聚德的服务员。在我认识的老人里，没有一个像他这样，唯一和他般配的只有《金色池塘》里的那个折磨女婿的怪老头——诺曼·塞南。他们之间唯一的区别是，我眼前这个老头的脾气，不像方达演的那个洋老头那么一以贯之，持之以恒。其尖酸刻薄来无影去无踪，从和蔼可亲到冷嘲热讽常常是一瞬间的事。既然如此，我就用不着跟他叫劲，最好的办法就是以柔克刚。

我尽可能装出一副谦逊的样子：“赖我没说清楚，我说的一回事，指的是无论学什么专业，都是从大学出来的。至于大学毕业之后所干的工作则是两回事。比如我吧，我学的是中国古典文学，结果呢，被逼无奈搞起了影视。那位院长大学时学的水电，毕业后改行搞教育，先在清华当书记，后到电影学院当书记，这不是很顺理成章吗？”

塔吕耸耸他那刀削一般的肩膀，胡子一颤一颤地：“可是，水电系与电影艺术毕竟差得很远，不是吗？”

他用手指朝上指了指，又朝下指了指：“一个在天上，一个在地上。”

“在社会主义中国，任何工作都没有高低贵贱之分。”

“不不……”塔吕抽着鼻子，好像闻到了什么怪味：“我并不是说，水电在天上，电影在地下，或者相反。我的意思是，它们之间的距离很大很大。为什么不缩小这个距离，反而扩大它？中国不是有很多懂电影的人吗？他们难道不能当电影学院的领导？”

“这是国家教委的安排。”

“国——家——教——委？”

“就是国家教育委员会。”

塔吕似乎明白了，他摸着胡子：“这是‘专家治国’，对吗？”

我心里纳闷，按理说，他在中国待过，应当明白书记和专家是两回事，可他怎么还是不明白呢？我懒得跟他费口舌，敷衍道：“对对，这是专家治国。”

四舅插话了：“这位院长是什么时候到电影学院的？”

“我记不清了，不是1989年就是1990年。”

四舅一拍大腿：“哈哈，我明白了。”

塔吕诧异地看着他，老先生用法语跟他说了些什么，塔吕问，老先生答。一问一答，两个大笑不止。我在一边傻瓜似的看看这个看看那个。法国作家都德说，法语是世界上最美的语言。这种说法显然缺少一个必要前提。

我起身，问在一边赏花的维昂，维昂给我翻译了他们交谈的大意——

四舅告诉塔吕，这肯定是因为电影学院的原领导在那个时候表现得不够坚定，所以上边派一个更坚定的领导来。塔吕问，为什么不从电影界找一个坚定者。四舅说，有两种可能：第一，可能是因为电影界最容易受资产阶级自由化的影响，所以要从外面挑一个人；第二，可能是因为当时形势紧迫，慌不择人，顾不上考虑专业对口的问题。塔吕又问，是不是因为上边认为，水电与电影都与电有关，所以可以把电影学院交给水电毕业生来领导。四舅说，这是典型的自由化言论，应该受到严厉的批判。

于是两位开怀大笑。

这两位当着我的面拿堂堂电影学院开心逗闷子，让我老大不痛快。尤其让我不满的是四舅，你看他谈笑风生的样子，整个一个“黄香蕉”！不行，我得教育教育他们。

“除了小孩子和老农民，在中国决不会有人认为水电和电影是一个专业。但是，学水电的同样可以管电影——外行可以变成内行。”

塔吕捋了捋搭在前额上的头发：“外行变内行，对，对，这是毛泽东提出来的。但是，这并不是一件容易的事。不是吗？”

“当然不容易，但是，并不是做不到，事实上，新院长已经做到了，朋友们告诉我，他正在领导电影学院的教师们编一套书，他是编委会主任。”

塔吕又把眉毛弄成了八字：“编委会主任？在法国，这是专家的事！”

“新院长为什么就不能成为专家呢？他还是正经八百的教授呢！”

四舅大惑不解：“教授？教什么？水电还是电影？”

“他是德育教授。”

塔吕问：“德育是什么意思？”

“德育就是思想品德教育。”

塔吕又问：“电影学院的学生思想品德很坏吗？需要专门的教授来管他们？”

“不，中国所有的大学都有这门课，都有德育教授。难道电影学院就不需要道德教育吗？”

塔吕被我问住了，他转过脸看看四舅，四舅低着头，左手支在前额上，胸脯起伏，似乎在做深呼吸。

塔吕不说话了，看着窗外。我闭着眼睛，慢慢地体会着舌战“群儒”的滋味。

过了一会儿，四舅说话了：“这么说，在中国，一个人的职位与他的道德品质是成正比的。如果他是书记院长，他的道德品质就一定比教师们高，因此就具备做德育教授的资格。中国所有大学的领导，如果他们愿意的话，都有资格当德育教授。而且职位越高，道德品质也会相应地提高。总书记应该是最高的，具备做特级的、终身的德育教授。”

“对不起，您混淆了两个概念——道德品质与德育教授。道德品质好的，不一定有资格当德育教授，但德育教授的道德品质应该比普通人高。”

四舅不说话了。又用左手支着脑袋，做深呼吸。

塔吕缓过气来：“可是，为什么在美国拿了博士的人不能回到电影学院当教师呢？难道在西方学了电影的人，道德品质就会下降吗？”

“你听谁说的？”

塔吕用手指刮了刮那奇高的鼻梁：“那个中国留学生告诉我的，他原来是电影学院的教师。他对我说，有一位在美国拿了电影学博士的女士，想到电影学院教书，却被拒绝了。所以，他担心，如果在法国拿了学位回到中国就会失去原来的工作。”

“中国现在是市场经济，博士失业并不新鲜。这种事在法国也有，与道德品质无关。”

“可是，他告诉我，这是因为管事的人害怕外国回来的博士。原因是这些人学了很多，知道的很多，他们的课会讲得更好，会受学生的欢迎。这会使教外国电影的人感到威胁，尽管这种人并不懂得他所教的那个国家的语言，可是他仍旧在教，仍旧当上了教授，仍旧是研究生的导师。我想知道，排斥比自己好的教师是不是也是道德品质的问题？院长先生，不，德育教授是不是会给这些教师上课，纠正他们的错误思想？”

“那个中国留学生说的情况是否属实，我不清楚。你最好到电影学院详细了解一下。中国有句古话——兼听则明，偏听则暗。另外，嫉贤妒能中外都一样，你们法国肯定也有，巴黎大学里面也肯定有武大郎开店的事儿。但是我相信，无论在法国还是在中国，这只是个别现象，大多数管事的不是武大郎。”

塔吕皱起眉头——他不知道什么是兼听、偏听，更不知道“武大郎开店”是什么意思。

四舅用法语做了解释之后，他耸了耸肩：“你的多数与少数是怎么计算出来的？我在中国时，就常常听到这种论述——大多数是好的，坏的只是极少数。中国的媒体上总是这样说。过去说，知识分子大多数是跟党走的，反党反社会主义的人只是极少数。干部大多数是好的，走资本主义的是极少数。现在说，干部大多数是廉洁奉公的，腐败的只是极少数。下岗的大多数找到了工作，失业的只是极少数……这种说法好像很全面，很公正，可它又好像什么也没有说。因为，相反的情况即使存在，人们也不可能知道。你怎么能肯定大多数管事的不是‘武大让’？”

“武——大——郎。”四舅纠正他的发音。

塔吕重复了两遍，但是“武大郎”还是成了“武——大——让”。为了继续谈话，他改叫武先生——“你怎么能肯定大多数管事的不是那位武先生？”

“我刚才说，‘我相信’。也就是说，我之所以肯定大多数不是武大郎，是凭着我对情况的了解做出的一个估计。”

塔吕说：“我在法国教了二十多年书，我不敢说，我了解法国大学里的管事的，我只能说，我了解大学关于聘用教师的规定。”

我说：“我的意思就是说，中国大多数管理教学的会按规定办事的。”

塔吕说：“我前年到西安唐都医院去看一个中国朋友，医院里到处都贴着‘禁止吸烟’，可是到处都有人吸烟，连医生们也在吸，不但在办公室里吸，而且还在走廊里吸，当着病人面吸。医生们都是识字的，可是他们好像看不见那四个字的存在。”

我承认他说的现象普遍存在，但还是硬着心肠反问他：“一个唐都医院能代表中国的大多数医院吗？”

塔吕说：“我知道不能代表，可是，难道说我只有走遍全中国的医院，才能得出‘在中国禁止吸烟的规定是靠不住的’这样的结论吗？”

我退了半步：“没有那个必要，也没有人能办得到。”

塔吕说：“这就是说，没有人能够证明这种多数与少数的准确性。这个说法只是一种想当然。法国人喜欢在艺术上想当然，可从来不敢在人心上想当然。法国的任何一个党派也不会说，大多数选民是拥护我们的，只有极少数反对。拥护还是反对，多数还是少数只能看选票，它是一个具体的数字，不是一种语言游戏。”

“那你的意思是，中国大学里武先生很多很多？”

塔吕说：“我既不能说武先生多，也不能说武先生少，我只能说武先生对还是错。只要有一个武先生，就应该把他开除，至少请他不要再管事。”

四舅拍了拍塔吕的手："亲爱的，你忘了一件事。开除武先生的人，必须具备两个条件：第一，他的权力比武先生大；第二，他的个子比武先生高。这两个条件缺少一条，武先生的店就还得开下去。打个比方说吧，你是一位历史学家，法国总理派你去当牛奶公司经理，你手下有一位对牛奶生产一知半解的武先生，所有比他强的人在没有见到你之前，都被他赶走了。你开除了他，牛奶公司就要关张，你怎么办？"

塔吕情绪激动地说了一大串法语。

四舅给我翻译："他说，他根本不会让那位武先生成为他的同事——他绝不会去当什么牛奶公司的经理。他还说，法国总理如果做出这种蠢事，第一，议会会弹劾他，总统第二天就会请他回家；第二，作为历史学家，他要查一查这位总理的家史，看看他的祖先是个流氓还是个白痴。"

塔吕又转向我："那个留学生想留在法国，请我帮他想办法。虽然他的导师希望他回去，但是他不想回去。因为他的导师是个两面派——在课堂批评了某部电影，写文章的时候，却大大地称赞了这部电影，只是因为这部电影得了政府奖。”

四舅接他的话茬：“我听说这样一个故事，一位影评家写了一篇文章，认为某部电影三分好七分坏。在他的大作发表之前，领导表扬了这个电影。于是这位影评家就把三七开变成七三开。”

我决定为这一唱一和浇点冷水：“这没有什么可奇怪的，我有个朋友，在社科院工作。领导要求他写一本书，可他的观点领导不能接受，要他改，他不想改。领导就给他提了一个建议——在这个题目之下写两本书，一本让他交到上面去交差，另一本保留原来的观点，放在抽屉里等将来发表。我认为这种现象很正常，这样做很有必要，他的领导很通情达理，懂得领导艺术。中国需要稳定，稳定才能发展，知识分子应该服从大局，自觉地维护这个来之不易的稳定局面。不应该逞一时之快，为一己之私而破坏全国的稳定。”

塔吕捋了捋山羊胡子：“为什么我没能生活在中国，在那里写作是多么值得自豪呀！”

四舅说：“那你必须具备两个脑袋，用不同的脑袋来应付不同的情况。”

我忍无可忍：“我不认为两个脑袋有什么不好。第一，这是历史发展的必经阶段，人类总是先有一个脑袋，然后由一个分成两个，再由两个合成一个；第二，中国人能有两个脑袋其实是一种进步。”

“这能算是进步？”

“当然算进步。过去八亿中国人只有一个脑袋，无论在哪儿，跟谁说话都是同样的话——阶级斗争，路线斗争。现在，中国人有了两个脑袋，一个是自己的，一个是权力的，面对媒体时就用权力的脑袋，其他场合就用自己的脑袋。前者是物质，可以获名获利，后者是精神，可以保持自我，满足个体对独立人格的要求。物质第一，精神第二。有了前一个脑袋才能保持体面，有了后一个脑袋才能心灵自由。各取所需，适时而动。你们说，有了两个脑袋这不是一种历史进步？”

两个老家伙没话了。

好半天，四舅说了一句：“也许你是对的。”

15 历史成了鬼打墙

按照东道主的安排，我们得去海边一趟。维昂说那个地方叫Touquet，按照发音，我把它译成“突K”。突K是个海滨小城，维昂在那有个别墅。我看了别墅的照片——靠山而建的一座小楼，白色，三层。前面有个不大的花园，门前是一条马路。维昂说，这别墅是她父亲戒了烟之后买的——她说这话的意思是劝我戒烟。我心说，我爷爷我爸爸从来不抽烟，他们省下的钱加在一起也买不了一间北京的经济适用房。于是我回答她，中国的房价太高，所以烟民们不想戒烟。从此，她再也不跟我提她父亲的伟业。

四舅把花园托付给塔吕，维昂把餐具、床单装进车后厢，我买了一条游泳裤。维昂从街角的车库里倒出雪铁龙的时候，太阳刚刚照在教堂的尖顶上。阿腊斯在法国北边，加来海峡区的中部，要到海边去，就得一直向西。向西的公路并不宽，没什么车。维昂一边开车一边忆苦思甜——二战期间，她在布洛涅打工，两个月回家一趟。那时候还没有这条公路，更没有私家车。她乘的是运货的卡车，卡车上风大，吹得她脑门疼。现在的年轻人哪里知道老一辈受的苦。

四舅不喜欢坐车，他说，坐车是健康的第一杀手，如果不考虑时间，他就会从阿腊斯走到突K去。他在巴黎教书时，从来都是步行上下班。巴黎的地铁极发达，他却很少坐。他相信有氧代谢运动足以延年益寿……他也不喜欢听维昂唠叨，所以，他一上车就闭上眼睛装睡。我乘机欣赏窗外的风光，出了阿腊斯，公路两边是起伏的绿地，绿地的尽头是黑压压的树林，绿地与树林间，偶尔冒出几幢红顶房屋，像积木一样。房屋周围有几个白色的风车悠闲地转，风车下面有几匹马，徜徉着，一切都像画家笔下的静物写生。

突然，一个声音传来：“你说，电影是什么东西？”

我吓了一跳，回头，四舅正看着我——他大概睡不着，想找话说。

这个问题劈头盖脸，大而无当，我有点措手不及，只好拣最现成的说：“不同的流派有不同的看法，克拉考尔认为电影是物质现实的复原，巴赞认为电影就是影像本体，爱森斯坦认为电影就是蒙太奇，列宁认为，电影是一切艺术中最重要的……”

“你这是背书，不是说自己的体会。”

“……我的体会嘛，电影是夕阳产业，在中国尤其如此。圈子里的人说，拍片是自己玩，评奖是玩自己。”

“这是牢骚，不是学术。”

我反问他：“那您说电影是什么东西？”

“电影，哼”，四舅神秘兮兮地竖起一个手指头：“电影是体检仪，国家的体检仪。”

我等着下文。

四舅说：“国家就像人一样，有大有小，有老有少，有强有弱，有的身体很棒，有的病病歪歪，有的元气淋漓，有的气血皆虚。电影是个精微仪器，可以检测出一个国家潜伏的疾病。”

“您的意思是说，电影相当于B超、CT、核磁共振这类仪器？”

“差不多，不过比它们更敏锐更全面更微妙。电影这种仪器不但可以检测一个国家的生理疾病，还可以检测出它的心理缺陷。不管你怎么限制它、改造它，只要你让它生产出来，它就会把这个国家的五脏六腑和精神面貌一一呈现出来。”

“您前面说，电影是一种可以检测生理和心理的仪器。后面却改成了

电影只负责呈现。呈现可不是检测。这里面有矛盾。”

四舅狡猾地一笑：“我问你，B 超、CT 是不是呈现？”

我点头。

“我再问你，谁来判断 B 超、CT 的结果？”

“医生。”

“这就对了。电影在这一点上跟 B 超、CT 一样，它只负责呈现，并不负责分析。它让观众做出分析。可是大多数观众只把电影当消遣，当娱乐。那么谁来分析呢？只有影评家。影评家就是医生，他们像医生一样，是受过专门训练的，他们能够从电影的呈现中做出判断，发现问题。”

“您说得有点玄。我就是搞影评的，我不太相信搞影评的有这种能力。我本人就是一个例子——我没觉得我有这种责任，也不认为我有这种能力。”

“那你就是个‘庸医’，或者，你根本不想做医生。当然，就算你想做医生，也有各种选择。你可以做悬壶济世的华佗，也可以做欺世骗钱的郎中；你可以做侍候皇家的太医，也可以做给百姓看病的赤脚医生。也就是说，影评家也是形形色色。如果你的脑袋长在长官的腰带上，或者，你的心思放在老板的钱袋里，总之一句话，如果你没有自己的判断，那你就无法使用这种仪器。再说，能力也很重要，像医术一样，能力有高低深浅。专门看B超的医生也会犯错误，我的脂肪肝曾被看成实体占位，维昂的肝囊肿差点被误诊成肝癌变。这，你怎么说呢？那可是阿腊斯最好的B超大夫啊！”

“照您的标准，中国有几个够格的影评家？”

“中国的影评家大致分两类，一类是曲者，一类是媚者。前者少，后者多。不管是前是后，我都不喜欢。曲折隐晦让人费解，阿世媚俗让人讨厌。我喜欢直截了当，一针见血。一个好医生在诊断的时候，用不着遮遮掩掩，用不着讨人欢心。这样只能误事，尤其面对着中国电影。”

“中国电影怎么啦？”

四舅往车背上一靠，长叹了一声：“唉……”唉完了，闭上了眼睛。

我奇怪，这老先生怎么回事？

四舅慢慢地睁开眼睛，不看我，却盯着维昂的后脑勺，缓缓地说：“十年前，我曾经跟一个大陆来的留学生——一个漂亮的北京姑娘——说我的看法。没想到，她说我黄皮白心，说我诬蔑中国电影！更没想到的是，她在美国宣读的博士论文，把我的观点变成了她的观点。”

“您怎么知道的？”

“我的美国同事参加了她的答辩。”

“您可以揭穿她呀？”

“我不忍心，她在美国也不容易。”

“您是不是担心我像她一样，剽窃您的观点呀？”

“你现在只能剽窃她的观点了。”

“您到底是什么观点？”

老先生闭上眼睛，把头靠在椅背上，过了好一会儿才说话：“我的观点其实很简单。第一，中国电影是一种先锋文艺实验，反现代的现代性实验。第二，这种实验从1949年开始，到样板戏达到顶峰。‘文革’之后，进入‘后实验’。这一时期所做的可以归结为两件事，一是清除实验的遗产，二是继承它的遗产，继续新的实验。第三，这个实验试图在制度上和艺术上开辟出一条前所未有的新路，这条路是否存在，还要拭目以待。”

反现代的现代性实验？这是什么鬼话？想不到老先生也挺会赶时髦，弄一些新名词吓人。这套把戏我在国内见得多了，什么“后新时期”、“后新现代”、“后新人类”、“后新写实主义”……国内的后新博士、后新教授整天就琢磨这个，每个人都可以当他的导师。

老先生以为他的高论把我唬住了，接着启发我：“只要你把九十多年的中国电影好好过一遍，你就会得出跟我一样的结论。”

“什么结论？”

“转了一圈。”

“什么意思。”

“我问你，抗日以前中国电影的主要宗旨是什么？”

我有点发蒙。

“这么说吧，抗日以前中国电影提倡什么？”

“反封建，改良社会。”

“我再问你，二十世纪八九十年代的电影又是提倡什么？”

“这我还真没想过。”

“我看，不是你没想过，是所有的人都没想，或者是拒绝想。我告诉你吧，八十年代还是反封建，到了九十年代就转向了社会改良。也就是说，中国从文学到电影都转了一个圈。这个圈，你反着看也一样，五十年前反对什么禁止什么，五十年后同样，历史成了鬼打墙。我给你举几个例子……”

我不想听他的例子：“历史是螺旋性前进的，在前进的过程中，总有某些点与以前重合，这是马克思说的。”

“马克思说的是前进，可不是转圈。”四舅马上反驳我。

“文革”时，造反派用毛主席语录打仗，现在我和老先生用马克思主义打仗。我可没心思跟他讨论“转圈”与“前进”的区别，让他自己自说自话吧。

看我不吭声，老先生以为我认输了，继续开导我："中国电影有两种症状，一是妄想，二是自恋。妄想在先，自恋随后。分界在二十世纪八十年代初。八十年代以前的电影，创作方法一是社会主义现实主义，二是革命现实主义与革命浪漫主义两结合，而它的题材呢，是工农兵和革命历史，它的内容则是宣传集体主义、社会主义、阶级斗争和革命英雄主义。可是它的结果呢，除了那些被批判的电影，有几部可以算做经典？有几部具有普世价值？有几部可以出口换外汇？ 你看过……"

突然，一只棕色的野兔从公路一侧跃上来，维昂来了一个急刹车。我和四舅不约而同撞到前排椅背上。维昂看着后视镜："教授先生，你接着讲呀，你看看，法国的兔子都上课来了！"

16 你们想上断头台吗？

野兔子的光临，使四舅的谈兴顿失。他先是闭目养神，不久就打起了呼噜。这正是我求之不得的——瑞典学生已经让我不胜其烦，好不容易“逃”到法国，又遇到这么一个老年发烧友。从根上说，我就没法跟他比。电影之于他是兴趣，之于我是饭碗。“兴趣”没事干整天琢磨电影：“饭碗”除了电影还得琢磨自己的兴趣。“饭碗”遇到了“兴趣”自然没有多少话可说，可是还得敷衍应酬，笑脸相迎，那滋味真不好受。为此，我深深感谢那只使我获得了安宁的兔子。

然而好景不长，四舅突然睁眼，拍拍维昂的肩膀，小声地用法语说了句什么。维昂减速，车在路边慢慢停下来。四舅对我说，他要下车方便一下。我向车窗外面张望，远处是麦田，近处是一片一片的灌木丛。我问四舅没有厕所上哪儿方便？四舅指指最近的灌木丛。我心说，别说法国人文明，着了急也得随地大小便。我先下了车，四舅脚有些麻，刚下车时险些摔倒，我赶紧抓住他一只胳膊，他一边走一边说，他有前列腺炎，有了小便就憋不住。我们下了公路，走到灌木丛的深处。

膀胱的压力消解了，四舅又来了精神。“‘喜看稻菽千重浪，遍地英雄下夕烟。’”他眺望着远处的麦田：“毛泽东不愧是千古一人，你看他的诗词，元气淋漓，冲天霸气。可是，你看，这千重浪之中，哪有遍地英雄呀！”

“毛主席说的是中国。”

“中国法国都一样，什么叫‘人间正道是沧桑’？沧桑正道指的是现代化，现代化的农业就不会用那么多人。所以，这‘遍地英雄’指的是人民公社的集体劳动。”

我们回到公路上，维昂正在车外活动腰腿。四舅说，他不想坐车了，他要走走。维昂给他下了指示——只许走半个小时。

老先生要走路，我只好陪着，有了我这个陪伴，四舅的话匣子更关不上了——

“总路线、人民公社、大跃进，这是当年的三面红旗。不说别的，就说这人民公社吧，中国拍了不少这方面的电影。有的还蛮好看，比如《李双双》，确实不愧为优秀影片。问题是，一旦与它的背景和内涵联系起来，它就成了另一种杰作——妄想狂的杰作。一个农村女人热爱人民公社，走出小家庭，积极参加集体劳动，她嫌丈夫私心重，跟坏人一起挖生产队的墙脚。经过她的教育，她的丈夫思想觉悟提高了，揭发了坏人。夫妻二人先结婚后恋爱，都成了人民公社的好社员。这个电影很生活化，很生动有趣。可是它告诉人们的是什么呢？是把私心变成公心，把个人主义变成集体主义，爱人民公社胜过爱自己的家庭，否则就会成为社会的败类，被集体所抛弃，连老婆也保不住。”

四舅弯下腰掐了一片草叶：“我看这部电影时，苏联集体农庄的弊病早就有目共睹，地，还是原来的肥田，可就是不长庄稼，光长这玩意儿。”四舅把玩着手里的草叶。

“我当时就感到好笑——中苏都在与人性作战，而中苏两党两国又在作战。苏联讲全民党，中国讲阶级斗争。赫鲁晓夫发誓供给苏联人民足够的土豆和牛肉，而中国要用独立自主、自力更生来回答修正主义。到头来，苏联解体了，中国改革了，而人性呢？善良诚实少了，欺骗邪恶多了。想当年，毛泽东号召十五年超英赶美，四十年过去了，别的没超过，只有人性中的恶超过了。从古而今，总有一些伟人想改变自己的同类，当伟人想拔着别人的头发上天的时候，他们治下的文艺就会成为妄想狂的天地。你说，中国现在还有几个李双双？她拥护的人民公社在哪里？她的那番大道理还有谁相信？我问你，你相信吗？”

老先生用小而亮的眼睛看着我，我不知道说什么好——说相信吧，似乎违心。说不信吧，又不甘心。

老先生扔掉草叶：“一提起李双双，我就想起《金光大道》。那里面有个青年农民叫朱铁汉，是高大泉的忠实战友，村长张金发主张发家致富，对村民们说：‘谁发家谁光荣，谁受穷谁狗熊。’他还把‘发家致富’作为标语口号写到村委会的墙上去。朱铁汉说他是资本主义思想，挥舞着铁锹冲过去，把那四个大字从墙上铲掉。这是一个富有象征意义的情节，它形象地传达了电影的核心思想——用简单的劳动工具，集体合作的方式，加上有觉悟的人民，就可以在地球上创造一个大公无私、人人向善的乌托邦。这是人类最大的妄想。把妄想当成理想，强迫人们为这个妄想而奋斗，是二十世纪八十年代前中国电影的要害。幸亏有了邓小平，有了实事求是。要不然不知道会产生多少朱铁汉一样的糊里糊涂的时代英雄。”

四舅转向我：“看这个电影的时候，我就想，当‘让少数人先富起来’成为国策，当‘发家致富’写到《人民日报》上的时候，这个朱铁汉该怎么办？他还会挥舞铁锹吗？他向谁去挥舞铁锹？他所忠实的领导高大泉怎么面对他？他和高大泉又怎么面对被他们打倒的村长张金发？怎么面对那些跟他们受了几十年穷的公社社员？他又怎么面对他的儿女？他的儿女又会怎么评价他当年的英勇行为？”

我说：“您这可是替古人担忧了。朱铁汉根本不会想这么多，高大泉见了他也不会有什么难色。一旦发家致富成了国策的时候，从上到下就都忙着朝前看了，谁还有工夫翻过去的陈年老账？按资历和业绩，高大泉现在至少也到了地委一级，朱铁汉就算是混不到县委，在乡镇企业里当个总经理也绰绰有余。高大泉很可能比孔繁森还辛苦——要么忙着到省里要钱，要么就是忙着引进外资。忙里偷闲，再包上三五个情妇。朱铁汉呢，忙着为产品找销路，忙着开发高科技园区，忙着到欧美考察，顺便到拉斯维加

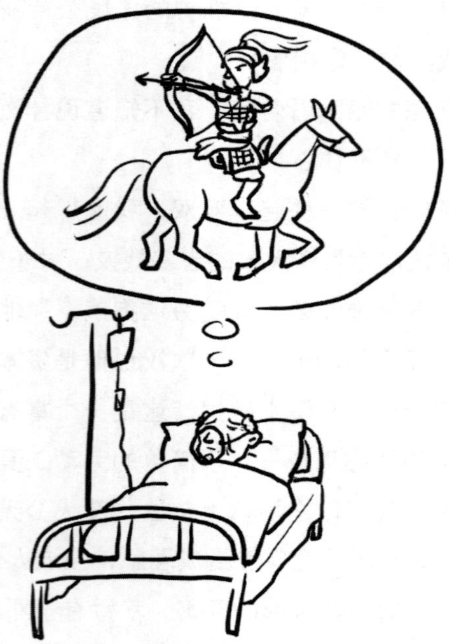

想当年，气吞万里如虎

斯赌一把，到汉堡看看脱衣舞。至于张金发，您也不用担心他找后账，这种人肯定早就死了。您想想，他早在 1956 年就被戴上了走资派的帽子，躲过了初一，也躲不过十五。”

“这不是翻陈年老账，这是反省，反省历史！”四舅突然来气了：“大陆过去常说，要防止人民吃二遍苦，受二茬罪。这是千真万确的真理！中国的原始积累从洋务运动开始，渐渐有了自己的民族工业，少数人先富了起来，朱铁汉和高大泉反其道而行之，破坏了这个原始积累，他们把张金发打下去，断了少数人富起来的路，结果是大家都受穷。却不料二十年后，他们自己却成了张金发。这不是让人民吃二遍苦、受二茬罪吗？高大泉往前看，朱铁汉没工夫，他们的儿女就不想想吗？他们今天不想，明天不想，总有一天，他们会想，总有一天，他们会责问他们的父辈：‘你们铲了发家致富，使村里受穷受苦四十年！要不是你们头脑发昏，我们村早就小康了！’”

“您这个看法真是发聋振聩，我是闻所未闻。”

老先生得意了：“《青松岭》里有个车把式，叫钱广。他的罪状之一，是怂恿社员到山上捡榛子，由他带到山下的集市上换钱。电影告诉我们，他这样做就会瓦解社员对集体的忠诚，培养他们的资本主义思想。这是一个很奇怪的逻辑，既然你有集市，为什么又指责它？如果集市是资本主义，那你为什么不取消它？再说，社员为什么宁愿上山捡榛子也不去挣生产队的工分，就是因为他们心里有本账——生产队的工分不值钱，还顶不上卖榛子。既然卖山货比干农活挣钱多，为什么要做赔本的生意？生产队弄到这地步已经违反了生产规律，违反规律必然要失去人心，失去了人心就没有存在的必要。可是，为了一种思想，一个主义，非要保护它，发展它。这不是妄想是什么？坐在紫禁城里，念着‘社会主义’的经，谁不听谁就是反革命，谁就不爱国。结果越爱国，国家越倒霉。英国首相丘吉尔说过：‘凡是有良心的年轻人都是社会主义者，凡是有头脑的老年人都是资本主义者。’我得加一句，凡是患了妄想症的中国人都是祸国殃民。”

在阿腊斯待了几天，我已经领教了这位退休教授的厉害，让我想不到的是，那些老掉牙的电影他居然看得那么仔细。

我问：“您刚才说的妄想在先，自恋在后。什么是自恋？”

“我所说的自恋，主要表现在政策电影上。”

“什么是政策电影？”

“政策电影的标准有两个：一是这些电影全部得了政府的奖，二是这些电影在大陆的电影刊物上占据了主要版面。”

“您说的政策电影与政治电影有什么不同？”

“它们完全是两种东西，政治电影是类型片，它揭露政治内幕，讲述政治秘闻，挖掘政治人物的内心世界。政策电影是宣教片。它是政府的喉舌，宣传政党的思想、政策。中国以政治立国，政治统帅一切，可是从来没有政治电影，只有政策电影。我说中国电影有自恋倾向指的就是政策电影。这种电影很有意思：第一，在思想上，它是独尊己术，罢黜百家，表面上百家争鸣，实际上一家做主；第二，在题材上，它总是往后看，不断地夸耀过去的丰功伟业，唯恐人们忘记；第三，在制作上，它越来越大，与国力成正比，经济上去了，投入也上去了，大投入、大场面、大人物、大事件，然后是大肆宣传、大力表彰。我是耄耋之年的人了，我整天念念不忘的是什么？是过去，过去有倒霉也有得意，倒霉的事儿，让人难受，不爱想，得意的事，让人高兴，我念兹在兹。这是什么，这是人性！这是'黄昏心理'！——唯恐后代忘记自己，而能让后代记住的只有历史。好汉不提当年勇，政策电影只提'当年勇'。"

四舅大概走热了，解开衬衫上面的扣子，接着说："1956 年夏天，捷克举办第九届卡罗维发利电影节，听说中国代表团送片参赛，我瞒着维昂跑去，想看看反映新中国的电影。结果乘兴而去，败兴而返。中国选送的不是革命战争就是神话故事。两部长片——《渡江侦察记》和《天仙配》。三个短片——《齐白石》、《神笔》、《桂林山水》。两部招待片，一个是《董存瑞》，一个是《南岛风云》。不是革命战争，就是革命历史。当时我就嘀咕，建国七年了，怎么没有一部反映现实生活的影片？打败了国民党，建立了新中国，这就说明你是好汉。好汉不提当年勇，老挂在嘴边上到处讲，这不是自恋是什么？那次电影节的口号是，电影应该为人类的未来负责，为促进人与人之间的尊贵关系，为增进国与国之间的持久友谊而负责。口号就是评奖标准，大多数评委认为《渡江侦察记》背离了电影节的口号。十九个评委，赞成给奖的只有一票。我怀疑，这一票也很可能是中国评委投的。一位捷克记者把我当成了中国代表团的人，跟我说：'人民今天需要艺术来表现爱情，不需要艺术来表现战争。我们有过战斗生活，你们的影片我们可以理解。'话说的委婉，意思很明白——你们怎么那么热爱战争呀？从 1956 年到现在，四十年了，中国电影还是沉浸在'渡江'的快感之中。不过它也学聪明了，再也不往国际电影节上送了，关起门来自我欣赏，想评什么奖，就评什么奖。"

"您这种说法未免太刻薄了。"

四舅笑了："我这么说是有些刻薄，你可能会认为我黄皮白心。二十年前，要是有人这么看我，我会愤怒，会伤心，会睡不着觉。现在我想通了，白心就白心，如果白心能尊重事实，能诊断疾病，有什么不好？我的一位老同学，学土木工程的，倒是黄皮黄心，不远万里回到中国，1957年因为反对用竹筋代替钢筋盖楼房，被打成右派。1966年被批斗，罪名之一就是黄皮白心。他受不了，自杀了。要不是维昂，1952年我也回去了。维昂开玩笑，说她是法国的白求恩，甚至比白求恩还有本事——不用到中国就救了中国人。我正是1957年底加入法国国籍的。你想想，我当时是什么心情！'文革'的时候，巴黎的学生也跟着闹事，罢课游行。学生们质问我，你来自中国，为什么不支持我们的革命行动。我告诉他们：你们的老祖宗已经受到了惩罚，你们想上断头台吗！"

"我看过一个法国电影，叫《中国女人》。讲的是法国学生搞'文革'的事。不过那片子实在没意思。"

四舅打断我："凡是有妄想狂的人都可能搞'文革'。越糊涂越自大的人越容易妄想。邓小平总结'文革'经验教训时说了一句大实话：'最根本的一条经验，就是要弄清什么叫社会主义，怎么样搞社会主义。'没弄清楚就宣传教化，结果只能是越化越糊涂，越化越自大。宣教了几十年，宣教的是什么主义？到现在也没有人说清楚。大主义都不清楚，大主义之下的小主义——集体主义、爱国主义、革命英雄主义更成了一锅粥。我奇怪，改革开放这么多年了，你们这些研究电影的人，非但不去清理这锅粥，还往里面填佐料，香精、味精、防腐剂、胡椒面、咖喱粉……填来填去成了怪味粥。以前的糊涂粥还有人喝，现在的怪味粥谁来喝？没人喝就只好老王卖瓜，自卖自夸。翻出陈糠烂谷子跟儿孙们吹牛，生怕历史不知道什么叫谎言，生怕外国人不笑话中国人窝里斗……"

维昂的车开到我们前面站住，老太太伸出头来，冲着四舅喊了一句法语。估计是催我们上车。

四舅装成受气包的样子："法国的河东狮吼也很厉害呀！"

17 “请关照”与掴耳光

太阳三竿子高的时候，我们到了突 K。维昂的三层小白楼坐落在突 K 的北侧，远离热闹的商业区，当然离海边也较远。小楼坐西朝东，背靠小土山，南侧倚着山坡，北边与另一家别墅相邻，东边是一条马路。马路很窄，很干净。小楼门前有一白石条砌起来的台阶，台阶两边盛开着鲜花。台阶前面是一个不大的院子，顶多四十平米。院子中间放着石桌、石礅，院子外围是一排冬青，冬青中间开了一扇门，很普通的铁栅栏门，很矮，几乎能跨过去。门锁着。

我们站在铁栅栏门前，维昂跟四舅说了句什么，就向小楼北边走去。我跟着她来到另一家别墅门前。那是一个很大的庭院，庭院四周是小叶黄杨组成的一人高的绿墙，透过铸花铁门可以看到一个长长的甬道，甬道两侧种着各种各样的花，甬道的尽头是一片略有起伏的绿茵，散落着几棵巨大的梧桐树，绿阴后面隐约可见一座淡黄色的建筑物。维昂按了铁门上的门铃，一个中年妇人从甬道尽头走来，打开铁门，跟维昂说了几句法语，维昂向她介绍我，那妇人跟我握手，然后把一串钥匙交给维昂。

维昂开锁的时候，四舅跟我解释：“那家的主人是日本商人，我不愿意跟他打交道。维昂不在乎，托他们照管院里的花草，那个女人是日本人的管家，法国人，早就跟维昂认识。”

我惊诧地看着那个庭院，问四舅：“日本人？他们怎么在法国买房子？”

“只要有钱，中国人也可以买。”四舅说。

我想起了一位丹麦神学博士的话："哥本哈根最繁华的街上，半条街是日本商品的广告，要想人家了解你，佩服你，不能光靠文化，那东西不顶吃不顶喝，还得靠商品，靠经济实力。"

午餐之后，我被安排在三层的客房里，维昂说，她和四舅要休息一下，下午四五点钟到街上转转，晚上到泰国餐馆吃饭，明天再去海边。如果我不想睡觉，可以自己到外面走走，也可以到一楼客厅看光盘。

我洗了澡，躺在客房的白床单上，想睡，睡不着。到院外的马路上站了一会儿，想到下午的规定节目就是逛大街，又折回客厅。客厅一边的墙上摆满了书，仔细一看，全是法文书。打开电视，又是法文节目，突然想起维昂的话，便四处找光盘。光盘放在一个纸盒子里，就在放电视的小桌下面。在几百个光盘中，鬼使神差，不知道为什么，我挑中了《夜总会日记》。

这是一部日本电影，1982年拍的，写的是日本某夜总会里发生的故事。曾获得戛纳电影节评委会的最佳视觉效果奖和最佳剪辑奖，柏林电影节的最佳女主角和最佳剪辑奖。这种电影在国内是肯定禁止的——里面有不少让人惊异的做爱场面，即使在日本，它也得列入儿童不宜之中。可是，真正吸引我的倒不是那些场面，而是难以理喻的日本文化。电影是这样开始的——

和田，一个年轻的日本男人，新宿魔女夜总会的雇员，一大清早，就唱着日本军歌雄赳赳气昂昂地来到夜总会。夜总会二十四小时服务，和田上的是白班，在更衣室里，他一边与下夜班的同事们问好，一边换上工作服——雪白的衬衫。

系长福井懒洋洋地走进来，和田毕恭毕敬地向他问好，福井二话不说，一巴掌打在和田的脸上，由于用力过猛，福井差点跌倒，和田的头则狠狠地撞在了衣柜上。但是，和田迅速站稳身子，双手背后，面对福井。福井一边揉着打疼的手，一边命令和田背诵夜总会的禁止条例。

和田大声背诵："禁止碰本店的女人，禁止谋不正当利益，禁止与客人同坐……"

福井又命令他背契约条例和处罚条例。和田倒背如流。福井满意而去。留下的话是："我们的任务是多赚钱，提高营业额。"和田口里喊着"哈依"，向福井的背影鞠躬。

上班仪式开始，身着棕色西服的三级领导（店长、课长、系长）来到厅前，和田等三个雇员穿着白衬衫，双手背后，两腿开立，站在厅前，三位领导同一姿势，与他们面对。店长命令：放音乐。一位雇员打开录音机，雄壮的《海军进行曲》响起，领导与雇员跟着录音机同声高唱，一边唱一边用力地挥舞右拳，感情真挚，眼睛里闪着坚毅的光。

歌毕，店长宣布由和田主持早礼，和田站到前面，高声喊叫："我们要全心全意、齐心协力地工作，动作要迅速，态度要严肃，对所有的客人都要平等相待，决不能随便拿客人的钱。"

随后，店长向女职工们躬身行礼，然后点名，女人们一一答到。接着店长讲话，一是祝她们工作顺利、心情愉快，二是多多赚钱，三是如果谁要是服务不周就请她回家。课长则向她们介绍新来的同事——放下了襁褓中的孩子的森真子。在热烈的掌声中，森真子与大家见面。

工作开始了，女职工们在红沙发上坐成两排，等待客人。客人来了，店长拿着麦克风点名，请某女陪客人。被点了名的女职工宽衣解带在沙发上招待客人。和田等雇员则在沙发间穿行，为勤劳工作着的女人们送上酒和饮料。

为了争取营业额的第一名，夜总会开始了大规模的"促销活动"——雇员们率领女职工们走上街头，高举广告牌，四处散发传单，召开誓师大会，和田高呼口号，女人们振臂响应。

随后，店长向全体职工训话："这样下去是不行的，营业额是我们的奋斗目标，本店及分店的营业额计划达到一亿元。在这次宣传战中，我比任何一次都想取胜，我从来不向别人和自己示弱，可是，这

个人资料（请务必完整填写并回传）

姓名 ________________ □先生/□女士

Email ________________ 生日______年____月____日

固定电话 ______–________________ 手机 ________________

单位 ________________ 职业 ________________

地址 ________________

____

QQ/MSN ________________ 邮编 ________________

读者调查表

您从哪本书得到这张卡片的？________________

您从哪里购得本书的？________________

您的阅读方向？________________

____

您还希望我们出版或引进哪类书？________________

____

您的意见或建议？________________

____

____

如何加入后浪读书俱乐部?

1. 拨打热线010–64072833–824，向客服人员登记您的信息。
2. 发短信至13911401220，我们将回电登记您的信息。
3. 将此信息登记表传真至：010–64018116
4. 登陆网站：www.hinabook.com，点击右上角“注册”，填写会员信息登记表。
5. 邮寄至：北京市东城区朝阳门内大街137号 世界图书出版公司北京公司 后浪出版咨询（北京）有限责任公司 邮编：100010

一次我低头了——我只求我们的营业额达到两千万元。请女士们帮帮我。尽可能地给客人‘吹喇叭’，多让他们射，请帮帮我！”

店长流着泪，跪到地下，给女职工磕头。女人们被感动得哭了。系长把店长扶起来，给女人们鞠躬，恳求她们多多帮助本店。课长福井叫过和田，和田走到福井跟前，鞠躬，一边说“失礼了”，一边狠狠地掴了福井一个大耳光，福井马上给了和田一个大耳光。随后雇员们依次上来狠掴福井耳光。因此，掴得越狠，福井越高兴。最后一个小个子雇员没有狠掴福井，这让福井受到了极大的侮辱，他用尽全身力气掴回去，小个子被打翻在地。

强大的宣传攻势使魔女夜总会的营业额有了起色，跃居全国第三名。为了赶上和超过前两名，领导决定组织鲜花队，如果想加入这个队，就必须让客人们尽快地射精。女职工们纷纷叫苦，店长鼓励她们：要克服困难，调整自己，考虑用别的方式。必要的时候，得真干，不能光吹喇叭。

尽管女职工们努力工作，但是营业额仍然不佳，魔女夜总会跌到了全国第四。偏偏这个时候福井课长又骗了店里五十万元，带了女职工纯子逃走。店长任命和田为系长，并提醒他：“形势严峻，干部必须以身作则，提高竞争意识，加强管理，对男职工四分批评，一分表扬，对女职工四分表扬，一分批评。如果竞争意识薄弱，管理不善的话，魔女夜总会不但超不过前三名，而且可能倒闭，那时候，大家都要下岗。加油吧，请多关照。”

受命于危难之际的和田，头上戴着“斗魂”的白带子，领着女职工们宣誓：“对客人要一视同仁，不准说客人的坏话，不准对他们评头论足。”在和田的带动下，夜总会的男女职工们更加敬业，男人们把店里的每个角落擦得一干二净，女人们即使遇到了讨厌的客人也竭诚服务。

可是，最漂亮的广美却好几天不来上班，和田闯进她的屋子，看了她的日记，原来她日夜思念着逃走的课长福井，而福井在悄悄跟她约会，跟她海誓山盟，答应带她远走高飞。和田训斥了广美一顿，请广美吃饭，并向她示爱——他现在升为干部了，可以与店里的女人发生关系了。然而广美拒绝了他。失恋的和田一蹶不振，不再上班。店长给他写信，他也不理。店长来找他，与他推心置腹："你有什么不顺心的事，为什么不跟我说？是不是没有勇气向女人求爱？宣传战快要结束，只剩三天了，魔女夜总会的营业额接近第一名了，请忘掉那些不愉快的事，一切重新开始。帮帮我，行吗？"

和田回到了夜总会，回来后的第一课是挨打与道歉——重重地挨了几个耳光之后，他跪在地上，吼叫着，向每个男职工道歉，请求他们原谅自己，表示以后要加油干。男职工们原谅了他，他重新上岗。晚上，几个男职工在一起聊天，一个上了年纪的职工向他哭诉自己的困境——女儿高中毕业没有工作，就知道乱花钱。和田给他出主意，让他女儿他到夜总会来当小姐，这位老爸对和田不胜感激。

和田归队后，更加努力工作。女职工们不敢怠慢，千方百计讨客人欢心。一个客人对广美小姐动作粗暴，和田为了保护自己所爱，甘愿违反店规上去干涉，他的痴心和纯情，感动了店长，仅仅挨了一通批评了事。

经过一段时间的努力，魔女夜总会的营业额达到了日本第一，但是，好景不长，很快又跌到第二。店长给全体职工训话："我要宣布一个令人遗憾的消息——在营业额上，我们被打败了，屈居日本第二。我知道，女士们已经尽了自己最大的努力，因此，失败也没有什么可后悔的。实际上，第一名的夜总会之所以在营业额上超过了我们，是因为它有三十六名女士，而我们才有十四名。所以，我们是真正的第一。通过大家的努力，我们的营业额达到了两千三百二十九万日元，能取得这样的成绩，能有这样的职工队伍，作为店长，我深感荣幸。我要说一句，大家辛苦了。"店长向女人们鞠躬。女人们欢呼、鼓掌、放炮，以示庆贺。

跟福井一起逃走的纯子回到夜总会，要求店长允许她重新工作。店长想从纯子那里得到福井的消息，纯子不告诉他。广美请纯子吃饭，得知纯子此行的目的，原来福井为了弄钱，派她来引诱店长上床，以便讹诈店长。纯子还告诉广美，她已经怀上了福井的孩子。福井的负心和歹毒使广美决心报复——她告诉了店长福井与她约会的地点。福井被店长抓住了，挨了一顿暴打。

电影的结尾：广美爱上了和田，一夜风流之后，广美离开了夜总会。和田失魂落魄，在街上乱走。

吃罢泰餐，我们慢慢地往回走。四舅突然问我："你觉得《夜总会日记》怎么样？"

我吃了一惊，脸有点发烧——他怎么知道我看了这个电影？

"你看得太专心了，我下楼你都不知道。"老先生好像看透了我的心思。

"我一向不喜欢日本电影。节奏太慢。"

"假话，不喜欢还看得那么入神？"

我只好说实话："这个电影很特殊。"

"特殊在什么地方？"

"日本人的观念。那个夜总会不像是妓院，倒像是工厂，妓女们就像是工人，她们既是生产者，又是生产工具，嫖客们既是生产工具，又是劳动对象。工厂的车间就是那个摆着红沙发的房间，工作台就是那些只够坐两个人的红沙发，在这个工作台上她们为嫖客提供性服务，而服务的目的，就是生产出世界上独一无二的产品——射精。更奇怪的是，她们还心甘情愿地为老板分忧，老板开展劳动竞赛，妓女就个个争当劳模。营业额下降了，她们还伤心掉泪。这些人好像不是在操持贱业，而是在干一种很正当很光荣的职业。所以父亲可以让高中毕业的女儿去当妓女，母亲可以放下襁褓中的孩子操办皮肉生涯。除了竞争意识和集体荣誉感，他们的敬业精神也让人匪夷所思，男职工全心全意地为女职工服务，女职工全心全意为嫖客快活。上上下下都全心全意地争当先进企业，争取营业额日本第一。为了第一，店长给职工们下跪，恳求他们多多关照，男人们互相打耳光以鼓舞

士气。这大概是具有日本特色的企业文化。日本人简直让人无法理喻，他们居然能把请多关照与掴耳光完美地结合起来，一边说请多关照，一边互相打耳光，请多关照是亲情，掴耳光是激励，这耳光中包含了很多意义——友爱心、敬业心、责任感、荣誉感，对领导的期望，对自己的责备。互掴耳光，表达了彼此的信任和期待。它成了男人之间感情交流的特殊方式。总之，这个电影告诉我，日本是个很特殊的民族。”

老先生不同意我的观点：“特殊？日本人特殊吗？我看，日本人只是极端而不特殊。你想想，既然国家允许开办这类贱业，而这类贱业又是很赚钱的生意，就一定会有人去经营它，既然经营，就一定不愿意把它搞糟，搞垮，而要想方设法把它做大做好做强。做大做好做强的指标就是营业额，要提高营业额，就要想出各种办法，从管理上讲，就要制订出各种条条框框，奖勤罚懒，不但有物质奖励，还有精神上的奖励。从宣传上讲，就要做广告，组织职工走上街头，敲锣打鼓，高喊口号，当众宣誓。而对从事这一职业的人来说也一样，既然干了，就要把它干好，干好才能多赚钱。在魔女夜总会工作的男人和女人都明白‘大河有水小河满，大河没水小河干’的道理。只有企业做大做好做强，他们的收入才能提高，所以，他们关心企业的兴衰，具有敬业精神、竞争意识和集体荣誉感，甘心情愿地为企业做宣传，为企业排名第一而欢呼，为企业排名第四而落泪。这特殊吗？并不特殊，一切都很正常，很合乎逻辑。假如中国也允许开妓院，中国的老板们也要讲经营之道，也要做宣传、登广告，也要开展劳动竞赛，也要在妓女中评选劳模，也要加强管理，也要建设具有中国特色的企业文化。这特殊吗？它不是按照市场规则做事吗？日本人的问题是把事情推向了极端——为了营业额，所有的人都拼命工作，企业管理需要情感，也需要威权，老板在讲情感的时候，能跪下磕头，泪流满面，在讲威权的时候，能大打耳光，你就觉得特殊，觉得匪夷所思。”

“极端就是特殊，使事物超过了正常尺度，难道不是特殊吗？”我反驳他。

老先生被我问住了，快到家的时候。老先生说话了：“极端是把事情做过了头，特殊是与别人不一样。比方说，我问你这么一个问题——各国电影都分级，唯独中国不分，这是搞特殊还是走极端？”

我没话了。

老先生说：“这个电影至少让世人明白什么是日本。它告诉我，为什么日本人能到法国海滨买房子，而中国人办不到。”

哇噻，太夸张了吧？这跟到外国买房子有什么关系？我大不以为然：“您的意思是不是说，日本人无论干什么都敬业，即使像卖淫、开妓院这样的贱业，他们也都以极大的敬业精神来对待，所以他们能发达，能赚钱，能到法国买房子？”

老先生晃晃他的秃脑袋：“我不是这个意思，我想说的是，日本人实事求是，他们敢于暴露自己文化中畸形的一面。你没有看懂这个电影，你以为编导是在歌颂日本人的敬业精神和竞争意识吗？你以为他们认为卖淫是值得肯定的吗？不是，他们实际上是在批判日本人走火入魔的敬业和竞争。中国提倡实事求是，可是你给我说说，大陆有几部像日本人这样富有批判精神的电影？《蓝风筝》倒是很有些勇气，可是……”

我已经听不进他的话了，中国人在法国买不起别墅的话早把我气昏了头。我转向维昂：“要在突K买一幢别墅需要多少钱？”

“那要看什么样的别墅。”

“比如你的别墅。”

老太太想了想说：“我爸爸买的时候，花了七十万法郎，现在它值一百二十万。”

“如果卖给我，能不能便宜点？”

老太太笑了：“可以，九十万，怎么样？不过我有一个条件——得等我九十岁以后。”

“好，咱们一言为定。”我向维昂伸出手。

握着维昂的手，我心里盘算，她今年是七十五岁，还有十五年到九十。要在十五年内挣到九十万，每年平均挣六万，这可是个天文数字。但是，有志者事竟成，但愿四舅能活到那个时候。

18　秦始皇与希特勒

第二天，阳光灿烂，天青海蓝，站在突K的海边往西看，可以看到英国。突K向北百余公里，就是被称为“欧洲十字路口”的敦刻尔克(Dunkerque)，向南三百公里就是诺曼底半岛（Normandie）。遥想二战之初，几十万英法大军从“十字路口”撤到英国本土，创造了“敦刻尔克奇迹”，四年后，同盟国开辟第二战场，英美军队在诺曼底登陆，德国的败局就此奠基。如果我没记错的话，美国大片《拯救大兵瑞恩》开头描写的惨烈的登陆战，就发生在诺曼底。那时候的突K，在这一南一北的夹击下恐怕也消停不了，没准儿这海滩下面还埋藏着二战的遗物。

往事如烟，世事如棋，当年的战场早已成了游览胜地。各种各样的人体躺在我的脚下，或仰或俯，让他们的白皮肤接受阳光的抚摸，几个淘气的孩子正在往一个汉子身上堆沙子，那汉子只剩下一个头在外面，嘴里仍旧喷云吐雾。缺少阳光的北欧人每年都要到西班牙、法国的海边晒太阳，我打量着那些袒胸露背的人们，想找出几个黑头发黑眼睛，霍地想起维昂的日本邻居。心里暗暗发誓，即使我买不起，也得找个肯为中国争气的同胞把维昂的别墅买下来。九十万法郎，不贵。北京的房价早超过法国了。

我正在琢磨如何发财，四舅在一边感慨起来：“唉，来一次少一次。”

我有点担心——维昂跟我说过，老先生去年在海里抽了筋。

我问他：“您……能下水吗？”

“为什么不能？”

“用不用……租个救生圈？”

“你想用就租吧。”老先生鼓着两只小眼看着我，好像受了奇耻大辱。

不等我说话，他就摇摇晃晃地往海边走，我紧走两步想跟上他。维昂在后面叫我——她让我去跟她租遮阳伞和躺椅。回头看四舅，只见老头子头也不回，径直走到海里。海水漫过他的肚子、胸脯、脖子，很快没了他的头顶——人不见了。我三步两步跑过去，站在齐腰深的海水里，四处张望。看到老先生的秃脑袋在不远的水面上露出来，才松了一口气。后来他告诉我，他在水里练憋气，看自己能憋多长时间。想当年，他可以从泳池的这边跳下去，一口气游到泳池的那边。

我从水里爬上来的时候，老先生已经戴着墨镜躺在躺椅上睡着了。维昂遇见了两个阿腊斯的朋友，坐在沙子上跟她们聊起天来。她的医生不让她下水，因为静脉曲张。

我躺在老先生旁边的椅子上，听老先生打呼噜，晒太阳。心想，上帝保佑，让老先生多睡一会儿吧，别再给我谈电影了。

不念叨还好，一念叨，呼噜停了——老先生醒了，喝了几口水，转过身问我：“你要是拍电影属于第几代？”

“第五代。”我心说，完了，怕什么偏来什么，这法国的太阳我是晒不好了。

“第五代？”

“你为什么不拍电影？”

“我不是学导演的，再说我也不喜欢电影。”

“那你为什么研究电影？”

“您想回国抗日，可是却在法国过了大半辈子。为什么？”

老先生不说话了。停了一会了，他又问：“你怎么评价第五代？”

“他们开出了一片新天地，在电影史上占有重要的一席，不过从二十世纪九十年代中期开始，第五代已经溃不成军了，只剩下几个人，而这几个人也已经是强弩之末了。”

“你认为第五代最缺的东西是什么？”

“这个问题我没想过，您有什么高见？”

“最缺的是思想。”

我吃了一惊，照我的看法，第五代最不缺的就是思想。他们是建国以来最有思想的一代。“您从什么地方得出这个结论？”

“当然是从电影里。”老先生坐了起来，“第五代最开始讲民俗，后来又去讲故事，再后来又去讲人文，讲来讲去却忽略了最核心的东西。”

“您最好举例说明。”

“今年有一部中国片子在戛纳获了奖，陈凯歌的《荆轲刺秦王》，我在戛纳电影节上看的。”

在我出国前，这部电影还没拍完，既然没有老先生先睹为快的福气，我只能一言不发。

“画面很美，摄影非常好，每个镜头都很考究，剪得也很到位。美工也好，甚至可以说太好了……”

真不容易，在这位苛刻的批评家眼里，居然有一部大陆电影还能入他的眼。我兴奋起来，乘机替国内的导演贴贴金：“陈凯歌文笔相当好，他的文章别有韵味，可以说是上等的散文。他古典文学的修养很深，还会填词。不用说电影人，就是专搞古典的，也未必比他强。”

四舅扶了扶墨镜，有点不屑地说：“他的文章我看过，的确写得很生动。他填的词嘛，我没看出来有什么好，词那种东西，可不是光押韵、讲平仄就行，更重要的是意境。他的词跟他的文章一样，缺这些东西。”

这可是太离谱了，评论界一直认为陈凯歌是最有思想的人，他出道以来一直都在努力使电影变成思想史或者是东方文化研究。据说，他的每部电影都承载着深不见底的思想文化内涵，从《黄土地》到《霸王别姬》。我把这个意思告诉老先生。

老先生反问我：“你说的评论界指的是什么人？”

“除了第六代的所有的人。”

“哈哈哈”，老先生大笑：“这就对了，大陆的评论界除了第六代，就只剩下了第四代和第五代。第四代是陈凯歌的师长一辈，这一代人的最大特点是双重人格，见人说人话，见鬼说鬼话。圆滑世故，没有骨头，完全成了墙头草。严格地讲，这些人只能算是旧式文人，算不上现代知识分子。李泽厚说他们知识少而忏悔多，这话只说对了一半，准确地说，是知识少忏悔更少。你说说，第四代电影人中有几个人忏悔？那些搞样板戏的忏悔过吗？那些为样板戏，为‘三突出’叫好的人忏悔过吗？1981年春天我回国的时候，在国家图书馆坐了一个半月，翻了1977年到1980年的大报，没发现一篇悔其当初的文章。相反，全是控诉，讲他们怎么受迫害，怎么吃苦。最可笑的是，清除了‘四人帮’之后，还有不少人用‘四人帮’的方法批判‘四人帮’，用‘两个凡是’对待那些被江青批判过的电影。”

“忏悔是一种反省，可能知识多的反省精神就强一些。”

老先生说：“这跟知识无关，郭沫若、冯友兰知识多不多？海德格尔学问怎么样？你见过他们反省吗？说到底是思想认识。就说第四代吧，他们这一代是洗脑最成功的一代。这代人为极左唱了大半辈子颂歌，当惯了传声筒，早丧失了说真话的能力。他们很想在学术界确立自己的位置，可是，除了那些拿不出去的赞歌之外，一无所有。自身没有什么可吹，只好吹弟子。通过吹弟子，确立自己的地位——你看，我是第五代的导师，是第五代的伯乐和知音——用这种心态去评论第五代，能公正吗？他们的评论有学术价值吗？”

“你这是打倒一大片。第四代不全是像你说的那样。”

老先生耸耸肩：“可惜我没发现，我的同行也没发现。我发现的倒是第五代之间的互相吹捧——搞评论的挖空心思为作品添油加醋，搞创作的连连点头表示赞成。这是中国传统中的常见现象，就像同科进士互相照应，理所当然。既能抬高自己，又能讨好同仁，何乐而不为？”

我心想，这个老家伙也就是在自由世界逞能，要是在中国，就凭这些歪论，他也得下岗。别说当教授，恐怕连文章也发不了。

老先生话锋一转："《荆轲刺秦王》花了上亿人民币，可戛纳只给了它一个最高技术奖，你说，这说明什么？"

我学他的样子，耸了耸肩。

"思想太浅，主题太露，形式大于内容。我看了四分之一就知道后面的四分之三，一个好题材让他给糟蹋了。要是法国导演拍了这种水平的电影，影评人早就站出来说话了。可是，大陆那些权威的影评人却一言不发。当然，他们会出来说话的，但那话我不用看就能猜出来——替陈凯歌遮丑。"

"我没看这个电影，很糟糕吗？讲的是什么故事？"我有了点兴趣。

老先生摘了墨镜，把腿慢慢地盘起来："故事并没什么新意，无非是让历史人物照编导的意思重新登场。值得一说的是里面的人物。首先是秦王嬴政，他有一个伟大理想——统一天下。这个理想有一套理论支持：原来中国有五百多个诸侯国，小国想变成大国，大国要并吞小国，打了五百五十年，剩下了七个。这七个国家仍要征讨杀伐，只要有七国在，天下就永不太平，百姓就永不安宁。只有灭了六国，剩下一个国家，天下才能太平，百姓才能安宁。用现在的话讲，嬴政发现了一个历史规律：战争是历史前进的动力，统一天下是历史的必然趋势。所以，他要荡平六国，混一宇内，给国家带来和平，给人民带来幸福。可是，在实践中，嬴政的伟大理想走向了反面——秦军所到之处没有和平，没有幸福，只有战争和滥杀。

"其次是嬴政的夫人，巩俐演的赵女。她全心全意地拥护'统一论'，对嬴政的理想和理论五体投地，并且愿意身体力行去帮助嬴政完成统一天下的大业。嬴政灭了韩，又想灭燕，苦于没借口。赵女想了个办法——游说燕太子丹派刺客来杀嬴政，这样秦国伐燕就师出有名了。赵女说服嬴政，由她去当这个说客。为了让燕太子丹相信自己，她像《三国》里的黄盖一样，给自己来了个苦肉记——黥刑，就是在脸上烙上了罪犯的标记。这个人物最离谱，完全是编导想象出来的符号。

"第三个人物应该是燕太子丹，与赵女相反，他是'统一论'的坚决

反对者。他也有一套理论：天下之所以不太平，百姓之所以不安宁，不是因为有七国，而是因为有暴秦。当时，他在秦国做人质，后来，秦王有意安排他与赵女一起逃回燕国。他回国的目的很明确，第一，保卫燕国；第二，反对暴秦。这两个目的都使他不能不听从赵女的话，寻找杀嬴政的刺客。

“第四个人物是荆轲，像雷诺演的那个只喝牛奶的意大利人里昂一样，他是个职业杀手，具有杀手的一切必备的品质——剑术高明，勇毅过人。死在他刀下的人无数。可是，在他杀铸剑者一家的时候，一个盲女教育了他，他决定不再杀人。这个决定没维持多久——在赵女的劝说下，他又重操旧业。不过这次是杀嬴政，是为了正义。

“第五个人物大概应该算长信侯，这个人的名字很怪，叫嫪毐。他是嬴政母亲王太后的亲信，与王太后私通，生了两个小孩。他本来不关心政治，但是，因为他的女人是嬴政之母，所以又不得不关心政治——他担心嬴政发现他与其母私通。担心变成了现实，这就把他逼上了梁山。当然，他的造反就像鸡蛋碰石头，嬴政轻而易举就把他的门客全部消灭。尽管王太后为他求情，嬴政还是杀了他，他那两个孩子也被摔死。这样一来，死了情人，又死了孩子的王太后自然也活不长了。

“第六个人物应该是吕不韦，他是秦国的相国，一位老资格的总理。为了保住相位，他反对灭韩，反对嬴政的理想，于是被嬴政罢了相。本来他可以安享晚年，没想到长信侯在临死之前把他的老底告诉了嬴政——他就是嬴政的亲爸爸。嬴政怕天下人耻笑，把他请到祖庙里，逼他上了吊。

“在这六个人物里面，其他人都是常量，嬴政和赵女是变量，嬴政是自变量，赵女是随自变量而变的它变量。首先，嬴政变了，从一个要给天下带来幸福的人，变成了一个滥杀无辜的人。不但杀大人，而且杀孩子。他对孩子下毒手，是因为怕报复。他不但杀外人，还杀家里人——生父吕不韦、母亲的情人长信侯、母亲的两个孩子都死在他的手下。嬴政为什么会变呢？因为长信侯图谋造反，夺他的王位。嬴政的变化引起了赵女的变化。赵女发现她所敬爱的嬴政是个言而无信的杀人狂，她所信仰的理想是个美丽的骗局——本来嬴政答应她，不杀赵国的孩子的，当她从土里挖出孩子们的尸体时，她的信仰崩溃了，爱情也转移了，转到了荆轲身上。于是，找刺客杀嬴政成了她真实的心愿，假戏真做——荆轲刺杀未遂，死了。赵女替他收尸，离开了嬴政。嬴政继续统一天下的大任，成了秦始皇。”

“你老说了半天，就是没说它浅在什么地方。”

“它在重复一个古老的主题——权力腐蚀人，绝对的权力可以使人异化成禽兽。这类主题在西方电影里已经表现过一万次了。外国人不熟悉这个故事，但是这个故事所表现的思想，他们早在一百年前就烂熟于心了。所以西方有三权分立，有全民公决，有竞选制度。如果没有独到的发现，中国人最好不要在西方人面前讲权力与人性，那是在鲁班门前弄大斧。嬴政身上真正有意义的东西是什么？是领土野心，是背信弃义，是残酷无情，是虚伪狡诈吗？不是，全不是。真正有意义的是他的理想，统一天下就能使百姓幸福的伟大理想。陈凯歌的失败就在于，他把嬴政的一切恶行归结于他的品质，他杀人，不是出于理想，而是出于心理——杀家人是为了掩盖真实，避免天下人耻笑；杀赵国的孩子是怕他们将来长大了报仇。这些都是个人品质，与他的理想无关。导演在这儿走入了歧途，他忘了，即使嬴政是个言而有信、宽厚仁慈的大善人，为了统一天下，他照样得杀人。他必须杀人，只有杀人他才能达到目的，才能实现他的理想。这个理想似乎很合乎逻辑——只有灭了六国，天下才能太平，百姓才能安居乐业。可是，这个逻辑在欧洲就说不通。欧洲有三十多个国家，在历史的大部分时间里，这些国家和平共处，共同发展。在欧洲行不通，在中国是否行得通？在当时，这只是一个假设。换句话说，嬴政在进行一种实验，国家、江山、社稷都是他的实验品，而人民则是关在笼子里随时等着解剖的小白鼠。为了一己的理想把一切都当做实验品，这个理想值得推崇吗？历史上的嬴政可以分成两个人，一个是为了伟大理想而杀人的嬴政，另一个是因为品质恶劣而杀人的嬴政，哪个更值得琢磨，哪个更有深度，这不是明摆着的吗？”

老先生喝了一口水，接着讲：“陈凯歌紧紧地抓住了后一个嬴政，以为抓住了一个让西方人震撼的伟大思想。他没想到，前一个嬴政才能打动西方人，因为这样的人、这样的理想，欧洲人并不陌生。至少，他们会从秦嬴政联想到希特勒。希特勒发动第二次世界大战，杀害了二千五百万犹太人。这些恶行与其归咎于他的个人品质，不如归咎于他的理想。跟嬴政一样，希特勒也想统一天下，也想振兴德国。不同的是，他的理想比嬴政更富想象力——他相信，亚利安人是神族，在远古的大洪水到来之前，亚利安的大祭司逃到了世界最高处——西藏和印度交界的地方，那个地方叫亚特兰提斯。后来，大祭司的后人迁移到北欧，又从北欧来到了德国。怎么样，很有想象力吧？希特勒认为，神族的神力之所以消失，是因为跟凡族杂交。按这种逻辑，要恢复亚利安人的神力，就得纯洁血统，只有纯洁血统，才能制造出亚利安超人。而要从根上证明亚利安人是大祭司的后代，就得到西藏找证据。所以第三帝国拿出大笔的钱派探险队到西藏调查。亚利安人的额头窄，手脚长，调查组就去测量藏人的额头和手脚，费尽心机寻找证据，证明藏人是亚利安的祖先。总之，他杀人是有理论的，而他的理论又来自他的理想。历史上，为了理想而杀人的‘伟人’并不只秦嬴政和希特勒。”

说到这儿，老先生往北一指：“离这不远就是诺曼底，当年盟军在那儿登陆，亚利安超人的神话在那里破灭。没有盟军的枪炮，人类，至少欧洲，还会在希特勒的理想中挣扎。问题是，哪里是秦嬴政的诺曼底？与始皇帝对抗的盟军何在？是赵女代表的人心吗？哼，人心，几千年来，中国文人不断地用人心向背来劝告皇帝，历史告诉我们，仅仅靠伦理支撑的人心并不能阻碍秦始皇的理想！”

老先生睁大两只小眼，瞪着我：“为什么陈凯歌与前一个嬴政擦肩而过？因为他本人没有这样的思想，所以他越使劲，走得越偏。维昂看这个电影的时候，就问我，为什么那些演员表演得都那么夸张过火？尤其是嬴政，简直像个小丑。我当时回答不出来。后来，我才明白，因为陈凯歌只看到了后一个嬴政，只知道展示这个嬴政的品质，演员们成了他的工具，没法自然地表演。结果呢，用了那么多名演员，一个表演奖也没拿到。”

说到这儿，四舅两手一摊看着我。我呢，傻瓜似的看着他。

老先生累了，往躺椅上一倒，两只手交叉在他那圆滚滚的肚皮上，没一会儿就打起了呼噜。

我看着突 K 的沙滩，为始皇帝的想象力惭愧。

19　神甫与乞丐

从突 K 回到阿腊斯，我就订了去巴黎的车票，打算在巴黎转转，便去德国科隆。去科隆是看一看汤若望的故居，体会一下这位传教士青少年时代的生活环境，以便完成汤若望协会主席泰森先生交给我的任务——为这位伟大的文化使者写一个电影剧本。

四舅和维昂想知道汤若望是何许人，在“绿野茶居”喝茶的时候，我给他们讲了汤若望的故事。

汤是德国的传教士，德文名叫“Jahann Adam Schall”，明朝天启年间来到中国，进了北京，建立教堂。崇祯上台后，东北的满族八旗不断入侵，西北的李自成到处造反，为了加强战备，崇祯命令汤若望为朝廷铸造火炮。造炮之余，他还负责编历书。李自成进攻北京的时候，他坚守教堂，保护历书刻版。清入关后，孝庄皇太后拜他为干爹，顺治就成了他的干孙子，顺治上台，汤春风得意，官居一品，可随时出入官禁，还上了三百多个奏折，劝勉顺治当个英明君主。顺治发挥其特长，让他担任皇家天文台台长。西历远比大统历和回回历精确，一批保守官员由此大大失宠。顺治是个性情中人，爱上了弟媳，逼死了弟弟。他二十四岁那年又染上了天花，一病不起，在病榻前指定了八岁的康熙为皇储。顺治驾崩，孝庄让四大臣摄政。这四个摄政大臣早就对这个权倾一朝的德国老头恨之入骨，保守派杨光先乘机告状，诬陷他“图谋造反、邪教惑众、历法荒谬”。尽管调查审理了一年多，这三大罪状仍旧是莫须有，但是摄政大臣还是要把汤若望凌迟处死。正在这时候，北京发生大地震，光紫禁城里的宫殿就塌了四十多间，当了太皇太后的孝庄差点被砸死。孝庄认为老天示警，必有冤情，召来摄政一问，才知道她的干爹蒙难。老太太怒火三千丈，将四个摄政臭骂一顿，命令他们立即释放汤若望。此时汤已中风，半身不遂，释放一年后辞世，享年七十有四。康熙上台后给汤平反昭雪，赐银赐地为其修墓立碑，其墓碑现在还立在北京市委党校的院内，与利马窦、南怀仁并排而立。这三位著名传教士的安眠之地遭过两次洗劫，义和团毁了一回，红卫兵砸了一次，保留至今的大概只是那块修补过的石碑。

维昂和四舅都认为这是个绝好的电影题材，维昂马上联想到法国的传教士，说她的朋友在四川、云南旅游的时候还见过他们留下的教堂。接着，又想起她的父亲还有这方面的藏书，马上就爬上楼去找。

四舅对杨光先格外关注，问我他的出身经历。我又把杨光先其人介绍了一通——此公本是布衣，当过地方小吏，后辞职，专事搜集天主教邪说惑众的证据。曾多次进京告状，只是在顺治时代没人理他。他从小爱好天文，全靠自学成才，同时，对程朱理学极为热衷，每每以道统的保护者自居。这样的排外主义者当然对西洋文化深恶痛绝，名声显赫的汤若望自然成了他的死对头。汤系狱后，此公当上了天文台台长。摄政大政要落实汤“历法荒谬”的罪名，命令用三种历法测日食，半身不遂的汤若望被衙役用铁锁拴着，抬到天文台上与生龙活虎的杨光先打擂台。可惜，天狗死活不买杨的账，太阳只听“邪教头子”的调遣，一统历和回回历一败再败。因此，汤若望逃脱了千刀万剐的命运。历法不灵，倒也没妨碍杨光先的官运，他的台长一直当到康熙亲政。他的下场应了中国那句老话——“善有善报，恶有恶报，不是不报，时候没到”。康熙亲政，汤若望被平反昭雪之后，时候到了——杨光先以诬陷诽谤罪夺职系狱。那时候，杨光先已经是七十三岁，一年后，康熙念其老迈，将其遣送河南原籍。路上，杨光先高烧不退，毒火攻心，没等挨到老家就一命呜呼，阳寿与汤若望同。善男信女们说，这是天主的安排；官吏们说，这是摄政无德，佞臣殒命；老百

你你你，你历法荒谬，
你你你图谋不轨。
你你你你文化侵略！
杨光先

姓说，这是老天报应，汤若望的冤魂把他勾了去。其实这都是附会——清史载，杨光先死于背疽。

四舅听了杨光先的故事，狠发了一通议论，大意是，中国的事坏就坏在杨光先这类人身上。这种人思想保守，品质恶劣，手段毒辣，正事干不了，专以拍马逢迎，争权夺利为能事。唐朝宰相李林甫就是杨光先的祖师爷，李林甫为官的关键词就是四个字——迎合上意，迎合专制主义之意。大清亡了，专制主义改头换面，越活越巧妙。专制主义是李林甫、杨光先一类人生存的土壤，这个土壤不除，李、杨的基因就会代代遗传，致使正气不彰，邪恶嚣张，舐痔结驷，正色徒行。上边有一个大流氓，下面就会有无数小流氓……

四舅议论正酣，维昂抱着一摞书，气喘吁吁地从楼上下来。我赶紧迎上去接过书。如我所料，这些书全是法文，维昂叫上四舅，一本一本地给我讲，从题目、作者、编者讲到内容大要，大有要把汤若望比下去的意思。

为了不打击她的爱国热情，我装出很感兴趣的样子，一直陪着她把那摞书讲完。

维昂本来就打算给我当巴黎的导游，这一下更觉得天将降大任于斯人，不但要带我去巴黎找资料，还要跟我一起去科隆，说是给我当翻译。四舅也要跟我们同行，先去科隆，再到汉堡——他要送给一个叫杜邦的先生几本中国宗教的书。我不想如此兴师动众，力劝四舅免了此行，如果他不愿意寄的话，我可以代他把书送到，反正汉堡是我回瑞典的必经之地，我正想去那看看。但四舅坚持跟我到科隆，理由是他要看看汤若望的故居。塔吕听说汤若望的事迹，也汲汲乎提供线索——前不久报上说，某学者发现了二百年前一个法国传教士留在中国的乐谱。老先生认定这个乐谱对这部电影的音乐有巨大帮助，决定到巴黎寻访那位学者。尽管我知道，用什么音乐是导演的事，作为编剧，我根本做不了主。但是，老先生的热忱让我无法拒绝。

无法拒绝就意味着我还得受折磨——接着听他说中国电影。果不其然，上了火车，刚刚坐定，塔吕就问我："我在一位香港朋友的家里，看了一部中国电影，叫《武训传》。香港朋友告诉我，这个电影刚一出来就被批判了，到现在电影院里还没有放映。你能不能告诉我，为什么你们要批《武训传》？"

我最讨厌外国人跟我说你们你们的。好像我不是我，不是一个人，而是一个国家一个民族，中国的历史现实政经文化人权环保三陪毒品艾滋病贪官污吏，总之中国发生和存在的一切倒霉事，都应该由我负责。我不耐烦地回敬他："这件事，只有一个人能说清楚。"

"他是谁？"塔吕马上睁大了灰色的眼睛，盯着我。我瞟了他一眼，告诉这个明知故问的老家伙："他是中国文艺的最高主管，你在中国的时候见过。"

塔吕眨巴着眼睛，摸着下巴上的胡子："周——扬？"

"NO"，我摇摇头，提醒他："你们法国有个电影，叫《中国女人》，那里面的法国学生整天围着他转。”

塔吕更糊涂了：“围着他转？”

“对，围着他的思想转，还举着他的红宝书。”

塔吕恍然大悟：“啊，你是指毛泽东吗？可是，可是他已经死了。”

我纠正他：“您最好说，他已经逝世了。这才合中国的规矩。”

塔吕点头称是：“对对，他已经逝世了。可是，我想知道，逝世的人怎么能回答我的问题？”

“他是个天才，他知道法国有个退休教授塔吕先生迟早要问这个问题，所以他在逝世前的二十五年，就把答案准备好了。这个答案登在 1951 年 5 月 20 日的《人民日报》上，是篇社论。”

塔吕摊开双手：“啊，那太早了，我是十年后才到中国的。”

大概四舅觉得我有点过分，便给塔吕解释：“当时，《人民日报》发表了一篇社论——《应当重视电影〈武训传〉的讨论》。这篇社论的主要部分是毛泽东写的，但是，直到“文化大革命”人们才知道毛泽东还管电影。在那篇社论里，毛泽东谴责这个电影，说它宣传了封建文化，否定阶级斗争，没有告诉人们去推翻封建统治者，反而向反动派投降。”

塔品耸耸肩膀：“可是，我认为武训是个值得尊敬的人，他一生都在从事平民教育，很了不起。如果他生在法国，我们会把他捧到天上。”

四舅说：“你的说法还不够全面，我得给你做些补充。照我看，武训占了三个第一：第一个搞平民教育的穷人，第一个雷锋式的爱民模范，第一个希望工程的身体力行者。”

这位老先生不愧是教中国电影的，对武训还真有研究，不过他显然有点夸大其辞。

四舅继续他的夸张：“他在 1900 年就办起了三所专为穷人的孩子念书的义学，学杂费、食宿费全免。中国搞平民教育的第一人非他莫属。为了办义学，他行乞讨饭一辈子，即使在办起了义学，有了几百亩地、几万吊钱之后，他也还是行乞讨饭，一分一厘都没用到自己身上。为了动员穷人把孩子送去念书，他给穷家长下跪；为了纠正学生们的坏习气，他给学生下跪，求他们好好念书。你说，世上有几个人能做到？邵逸夫给大陆的学校捐款，他捐钱盖的所有的建筑物上都写上他的名字，这种事武训想都没想。邵逸夫拿钱买名，这是合情合理的事，人家把赚来的钱回馈社会嘛。武训呢，也是回馈社会，可是人家不要名不要利，比邵逸夫境界高。话说回来，都是回馈社会，武训与邵逸夫挣钱的路数可是天地之别。邵逸夫的钱是通过办公司拍电影搞房地产大把大把赚来的，武训的钱呢，是靠他出卖尊严和身体——打一拳两个铜子，踢一脚三个铜子——一个铜板一个铜板地攒起来的。你说，雷锋精神也不过如此吧。毛泽东给雷锋题词，要求人们向雷锋学习，却无法容忍武训，说他宣扬封建文化。同样为人民服务，一个送上天堂，一个打下地狱，这真让人不可思议。这些年中国大搞希望工程，武训的义学不也是希望工程吗？首先，它们的目的相同。希望工程的目的是什么？不是让贫困地区的孩子们上学受教育吗？武训办义学的目的不也是让穷人的孩子念书吗？第二，它们的资源相同。希望工程靠的是社会资助。武训搞义学靠的是四处行乞，把讨来的钱存起来办义学，行乞是让人看不起，可是，在一百多年前，像武训那样的穷人要办教育，除了用行乞来寻求社会资助，还有别的办法吗？第三，它们采取的方法相同。希望工程要盖学校，请教师，招学生，说服那些穷家长把孩子送到希望小学里念书，武训不也是这样做的吗？而且他做得更彻底，更全面——盖义学的时候，他当小工，搬砖搬瓦。义学盖起来了，他去请当地最好的教师，请来了教师求家长，请学生。当然，武训的义学跟希望工程也有些不同，武训办义学是个人行为，希望工程是政府行为，个人行为的效果小——武训倾毕生之力也只能建起三所义学，希望工程可以盖三百所三千所。但是，人家武训是白干——不但从来不给自己开工资，还得供养学生，给教师开工资。这个办法用在希望工程上恐怕行不通，如果政府不给搞希望工程的开工资，恐怕希望工程很难搞起来。还有，武训不会贪污挪用义学的钱款——那些钱本来就是他的，他没必要贪污挪用。搞希望工程的人能否都像武训那样廉洁奉公，我不敢保证，你也不敢保证。我上次到北京，坐出租，我问司机给没给希望工程捐款，他说，他宁愿认个贫困户，每月给他们寄钱，也不愿意捐款，为什么，因为他怕他的钱被下面的贪官污吏拿去洗桑拿，包小姐，请吃请喝。总而言之，言而总之，武训是当之无愧的希望工程的老祖宗，他把本来应该由社会由政府来做的事，放到自己的肩膀上，一个人苦修苦行一辈子，中国搞希望工程的应该向他学习，应该为他树碑立传……”

我打断他：“您的观点倒是挺新鲜，不过当年‘武训历史调查团’到武训的家乡做过详细的调查，发表过一个《调查记》。《调查记》上说，武训的外号叫‘豆沫’。‘豆沫’的意思就是废物，他好吃懒做，游手好闲，所以靠行乞度日。但是他年轻力壮，不干活，光讨饭说不过去，他才打出了办义学的招牌骗人。他结交的要么是流氓地痞，要么是劣绅豪强，他把讨来的钱交给这些人放高利贷，剥削穷人。另外，他的作风败坏，生活下流。虽然打了一辈子光棍，但是认了不少年轻的女人做‘干娘’，这些干娘很可能就是他的情妇。调查团访问过一个八十多岁的老太太——当年武训的‘干娘’之一。她承认武训吃过她的‘奶奶’，她有一个儿子。人家都管他叫‘小豆沫’。《调查记》得出的结论是，武训属于剥削阶级，是个大地主、大财主加大流氓。”

四舅说：“你说的那个《调查记》我没见过，但是，它肯定是批判《武训传》之后出来的。如果上头表扬《武训传》，那么这个《调查记》就会是另一个结论。”

我说：“这倒可能，据说江青是这个调查团的领导之一。”

四舅说：“可见我的结论没错。”

我接着说：“您说武训是搞平民教育的第一人，这个我承认，陶行知是平民教育家，孙瑜拍《武训传》就是受了他的影响。您说他搞的是希望工程，也勉强说得过去。可是，您说武训跟雷锋一样，是爱民模范，这个我可不敢苟同。雷锋是为人民服务，忠于党忠于毛主席。武训呢，他为谁服务？忠于谁？为穷孩子服务？穷孩子上义学学的是什么？是孔孟之道，是三纲五常，是劳心者治人，劳力者治于人。而且学而优则仕，考上秀才中了举当了官，成了镇压人民的统治阶级。他忠于的是慈禧，是清政府。这是根本性的问题，毛泽东批《武训传》宣传封建文化，否定阶级斗争，向反动派投降是有道理的。”

半天没说话的塔吕插话了：“这种逻辑跟法国大革命一样，罗伯斯庇尔就认为，革命前的一切都是为贵族老爷服务的，所以一切都要打倒，所有的政府官吏、贵族老爷全部杀掉。难道贵族和官吏的全都是阶级敌人吗？中国的官员中不是既有林则徐，也有江青吗？是谁清除的‘四人帮’？工农兵吗？另外，我不明白，你们说的阶级斗争。中国的报纸说，少数人已经先富起来，没富起来的显然是多数。按照阶级斗争的理论，少数和多数就是两个对立的阶级，那么多数就应该起来革命，重新分配财产。”

“你别忘了，中国的目的并不是少数人先富起来，而是共同富裕。”

“对对，所有的国家都这么说，中国古代的皇帝也这么说。”

我知道，塔吕话里有话。但是，我没法反驳他——反驳只能用事实。如果我自己还在温饱上挣扎，我能向他证明什么？

塔吕说：“我不明白，你们为什么这样痛恨封建文化，难道你们的新文化与它没有一点关系吗？你们的四大发明都是封建文化里出来的，新文化发明了什么？原子弹？那算发明吗？中国有很多很多伟大人物——李白、杜甫、康有为、梁启超学的都是封建文化，我读过《毛泽东传》，毛泽东识字的时候，学的也是封建文化，不是《资本论》。毛泽东喜欢读古书，《三国演义》、《水浒传》是新文化吗？”

四舅对塔吕说了一通法语，塔吕不住地点头。

四舅转向我：“我对塔吕先生说，他的话很有道理。《武训传》挨批是因为它歌颂了改良派。毛泽东是反对改良的，他认为只有革命才能救中国，所以革命成功之后还要继续革命。问题是，改良派并非一无是处。武训办义学，穷孩子们通过读书，改变了个人和家庭的命运，日子好过了，国民教育水平提高了，这总不是坏事吧？立场不同，结论不同。你要是站在人性的立场上，就得承认武训办了一件好事；你要是站在党性的立场上，完了，武训肯定是天下第一大坏蛋。”

塔吕说：“改良其实就是改革，在英文里，改革和改良并没有多大区别。”

“你们两位忽略了一个基本事实——革命成功了，改良失败了。”

四舅说：“是啊，革命成功了，改良失败了。这证明什么？证明继续革命，永远革命吗？唉，成也萧何，败也萧何啊！”

塔吕不明白什么是萧何，用法语问四舅，四舅给他解释了一番。塔吕亲热地抱着四舅的肩膀，似乎很欣赏这句话。

火车慢了下来，我看看窗外，外面似乎是一个站台，站了不少人。

四舅突然拍拍我的腿：“武训让我想起了汤若望，他们是完全不同的两个人，一个是德国的神甫，一个是土生土长的乞丐，但是他们属于一派，都是改良派。所以，汤若望坐了清朝的大狱，差点被千刀万剐；武训成了新中国的反动分子，被挖了坟，扬了尸，电影被批倒批臭。这两个人放在一起很值得琢磨。”

我可没工夫琢磨——巴黎到了。

第三辑

德国—瑞典：一个人的遭遇

20 美国电影毒害了我

四舅的公寓在一座旧式的楼房里，维昂说，那楼的岁数比他们夫妻两人的加起来还大。楼的形状像个英文字母“E”：“E”中间的空白处是院子，院子连着一个甬道，甬道的尽头是个厚重的大木门，侧面立着两排铁制的信箱。四舅打开自家的信箱，取出几封信、一堆广告和一个黄皮口袋，我替他抱着，跟着他和维昂上了楼。楼里古色古香，挺干净，只是木楼梯又窄又陡，梯板被无数鞋底磨得凹凸不平，有的地方还裂了缝，往上一踩，吱吱嘎嘎乱响，每上一层，都让人心惊胆战。四舅的公寓在四层，只有两间房，门厅小得站不下两个人。

我们在这个公寓里住下，从第二天开始，就为了汤若望而分头行动。四舅跟塔吕去找那位学者，维昂拉着我东奔西走——自作主张地领着我参观大大小小的教堂，到大大小小的图书馆查资料，给我看各种各样的图片。直到我告诉她，那都是导演和美工的事，跟我无关，她才消停。而四舅他们早就消停了——那个发现传教士乐谱的学者到印度旅游去了，两位老先生败兴而返。

四舅败兴之后闲得没事，翻出了那个黄皮口袋。那是他的一位同事的儿子寄来的，里面是若干篇编了号的中文文章，他的同事附了一封信，信上说，这些资料是他的公子从中国的图书馆复印来的，有些地方看不懂。凡是看不懂的地方，他都在下面划了线，请四舅为其排疑解难，然后打电话给他的儿子，以便他当面聆教。好为人师的老先生看了信，大为振奋，

恨不得马上就把那后生小子招来，谆谆教导一番，可那复印件上的字又小又模糊，老先生戴上老花镜也看不清，我只好接过了这个活儿。

第一篇文章载于《大公报》1950年11月18日五版，题目是《美帝电影，我和我的丈夫》作者署名“薇”。原文如下——

> 美国电影——这千咒万诅的罪魁祸首，它拆散了我的家庭，掠夺了我的幸福！我的丈夫源是一位大学助教，家庭间因为经济来源还好，生活相当舒适，两个孩子，一个佣人，还有我那年纪未逾花甲的母亲，凡家中一切杂务，都用不着我去操心。一个人太空闲了，便会感觉无聊。无聊了便要寻找消遣，于是我就选择了一条消遣的道路——看电影。我是在美国长老会举办的一个教会学校里受过中学教育的，对于美国高度的物质文明从小就神而往之，羡慕得很。所以不看电影则已，看则非好莱坞出品不可。好像它们的电影再适合我的脾胃也没有了！演技好、摄影好、光线好、布景好、道具好、故事好，好好好，一百二十个好。从此我便成了一个好莱坞影迷。思想举止，渐渐地改变，

不知不觉间在我安静的生活过程中种下了不可宽恕的祸根，而当时却以影迷自豪哩！

早晨，我一起床，便要抢报纸来先看。不管国际形势，不管国内局势，唯一要看的是戏院广告——几家首轮戏院上映什么片子，谁人主演。除了冗长对白的文艺片外，无论什么类型的影片我都爱好。我自以为自己的兴趣是多方面的，购买的说明书和电影杂志可以开个展览会，桌子的玻璃板下，尽是凹眼高鼻的“明星”照片。源见我这样，大不以为然，时常在我身边唠叨：“薇，这些东西都是于你没有益处的，你为什么不多买些文艺或科学的书籍来看呢？”哼，电影难道不科学，不是艺术？它会告诉你从未听过和见过的事物，我一点也寻不出有何害处。我听他说这些话，心中就老大的不服气，起初忍着不理睬他，后来听得腻了，便不耐烦，光起火来，当场就抢白：“这是我的自由，你管不着，爱电影难道是犯了法了吗？你们这些封建的男子，眼睛睁睁开，现在是什么时代？！我是二十世纪受过教育的女子！你想来管教！”

从此，我们的感情开始了裂痕。

事情发展下去，我对于美国电影更加醉心了。美国式的生活多么舒服啊！我把我六岁和五岁的孩子的服饰全部美国化，教他们敬礼，教他们说英语，更教他们叫我“妈咪”，不要叫我“姆妈”，又叫母亲领他们去三轮戏院——首轮戏院，不满一公尺的小孩不招待——看美国电影，以便得到些新奇的知识，领会些“美国的生活方式”。我又开始布置自己的卧室。竭力使它美国化。有一次，我在某百货公司内，见到了一具落地式台灯，富丽堂皇，和某影片内所用的一模一样，这使我快乐极了，立刻买了回去，可是因为这件事，又和源大吵了一次。他说我有神经病，虚荣心太重。我自然不服帖，人家太太终日打牌，才是有神经病，我哪一点错了，要给他批评！我美化卧室，为的是大家舒适，也就是给他挣面子啊，想不到他以德报怨，这个没良心的男人呀！心中越想越气，越气越怨，怨气冲天，恨了起来，随手把他爱好的、人家所送的一幅普希金画像撕得粉碎。这可燃起他的怒火了！他喘着气指着我说："你这女人变得这样快！从前我要知道你是这样的性情，孙子才和你结婚！"呀，呀，他懊悔结婚，他想离婚了！我哭着跳起来喊："怪不得你讨厌我，原来你想离婚！那就离好了！去，去找律师去！""你要离你去找律师！"他也叫着，"你要离你去找！"

终于大家都也没有去找律师，一阵风浪过了。但我不知怎的，越来越厌恶这庸俗的男人，不知温柔，不明风趣，一回家，不是改卷子改到老晚，便是捧着书报闷看。一身西装像瘪三，一条领带像油条，这种书呆子，哪里及得上埃洛弗林的英俊勇敢，泰罗鲍华的风流倜傥，轻松活泼！

一天晚上，大约八九点钟光景，孩子们由母亲领出去看电影了，源在埋首写稿，屋子里静悄悄地，我燃了一支香烟，斜倚在床上做我的幻梦。我幻想着一幢新式小洋房，外面是幽静的花园，在月亮的清辉下，花影纵横的园地上，和惬意的情人喁喁私语。又想，到了星期六晚上在家里开一次派对，当嘉宾盈堂的时候，我穿了白色软缎制的长得拖地的晚礼服，在三马可以并行的阔楼梯上，一手扶着栏杆，一手将拖脚的长袍稍稍提起，做着美妙的姿态，一面微笑向下点头招呼，一面仪态万方地一级一级缓步走下……

我正想得出神，忽然千军万马似的声响自楼下直奔楼上，原来两个小角色看了电影回来了。小的一个孩子举起右臂，伸出食指，做成手枪的形状，口中"碰碰"不绝，大的一面逃，一面也同样地回敬着，两个人"碰碰碰！"一追一逃，椅子上、台底下、楼窗口、扶梯边，忽高忽低，忽进忽出，再伴着二人大声的嬉笑，闹得天翻地覆。我看了不禁微微发笑，他们是去看了《绝虎岭》，回来学样了！小孩子应该像美国人那样"活泼勇敢"的。

谁知源不耐烦了！他回过头来大声喝止，不许顽皮。这一来，又引起我强烈的反感，像他那样一天到晚闷声不响的呆板着。孩子生病了！于是我提出抗议，说他不应该阻止孩子们活泼运动的自由。这时，孩子们因有我的卫护，仍继续在闹着、顽着，一个不留意，竟把我那心爱的美国式的落地灯撞倒了！两个孩子同时绊跌，将灯压扁，灯罩粉粉碎。我这一气，非同小可，无名火直冒三千丈，不管他们跌痛不跌痛，抓起二人来，每人一个巴掌。

源这时冷冷地讥讽："何必呢？这是自由的孩子们在活泼地运动啊！嘿嘿！可怜的美国灯！"这是火上添油，真欺人太甚了！气的我连话都讲不出，只说："你开心？你这恶鬼，气死了我，你好省去离婚的手续了！"他跳了起来："离婚离婚，口口声声要离婚，要离就干脆离！你喜欢美国，快嫁给美国人，嫁给杜鲁门去！"好吧，他要赶走我了，我受不住这侮辱，便心一横，整理箱子，出走了，两天之后我们在证人面前，在离婚书上签了名。我没有要孩子，临别，我流着泪吻着孩子说："娘为了自己前途的幸福，只得忍心离开你们了！"真的，美国人无论如何开通，谁又会率着孩子谈爱情？我幻想着我可以从此自由地去追寻和实践我的美国式的罗曼蒂克的自由生活了。

在社会上，我经历了许多痛苦的历史，我终于发现了自己是错误的，源是对的，他是一位正直有为的青年。我的幻梦打破了！我懊恼，我忏悔，我曾经用自己的手毁坏了一个甜蜜的家庭，葬送了自己的幸福！是谁使我这样的？是美帝电影，可咒诅的美帝电影呀！

现在我新生了！"中国人民胜利了"给了我信心，思想问题启发了我新的人生观，苏联电影指示给我合理的生活方法。我虽然还是爱好着电影，但已经有了正确的认识，正确的选择了。美帝电影，这无形的蛇蝎，我要借过去的隐恨，指出它的毒素，暴露它的狰狞面目，我为全上海电影院全面拒演美帝电影，这一有意义的行动而欢呼！

上文有两个地方画了横线，一个是"以德报怨"，一个是"孩子生病了"。显然 "以德报怨"印错了，应该改成"以怨报德"。至于"孩子生病了"

这种说法，估计是上海人的特殊表达方式。它的意思是：“如果孩子都像作者的丈夫源一样呆板，那么孩子们肯定就有病了。”

第二篇文章载于1950年11月17日《文汇报》第六版，作者是个家庭妇女，名叫王瑞云。文章的题目是《美帝电影给我的恋爱观》，下面是原文——

要不是美帝电影的毒害，我不会这样解决我的婚姻问题。当我年轻的时候，我没有任何嗜好，除了电影（认为中国电影技术差，一向不看，专门看所谓美帝的文艺片）。我炫耀着自己兴趣的高尚，英语的流利。我沉醉在电影中魅人的对白，我常常爱读《乱世佳人》、《蝴蝶梦》、《再生缘》中美丽的句子。想象着女主角动人底媚笑，男主角底豪爽的、多情的风度，我把自己的感情神化在电影中，也把自己的外型化装成明星模样。为了头发、衣裳，不知道耗了多少时间！不知道流了多少眼泪！我恨自己的家为什么没有钱像美国人父亲的阔绰，我恨自己长得没有明星那般漂亮。

后来，在大学的时代，居然有不少男同学追求我，可是，我就看不起，我想：这些男孩子懂得些什么？我怎么能嫁给这些人中的一个呢？我希望将是一位中年的美国留学生来爱我，他要像埃洛弗林的英俊，要有劳伦斯的风度，要有却尔斯鲍华的对恋爱的深度。而且，必需非常非常的富有……

大学里念了两年书，我厌倦那些年轻学生们，为了追求我的这个梦想，我离开了学校。

现实很严肃地告诉我，找一个对象，又要漂亮、潇洒，又要有钱是很困难的，于是为了满足我对物质的追求，我只好退而求其次，嫁给一位富有的商人。当时我的条件是：小洋房、国际饭店的婚礼、美丽的礼服及首饰。我像做梦那样结了婚，结婚的时候我为着自己的美丽动人而欢喜，可是婚后，我却感到伤心了，我的丈夫除了钱，什么都不在他心里。他不知道旅行，不懂得怎样在美丽的花园里谈爱情……

后来丈夫因为生意经常失败而破产，洋房没有了，孩子和我都开始过苦日子，当晚上孩子的哭声把我从睡梦中震醒时，我便恨恨地想到自己生在这样可怕的中国，现实是这般残酷地虐待了我。

解放后，偶然的机会参加了家庭妇联，在不断的政治学习中，我才明白我是这般糊涂，我是受了美帝电影多大的毒害，美帝电影害了我，我要控告。

上文中的三个美国电影名，我知道两个，《再生缘》和三个美国男星的英文名一块留给了老先生。“家庭妇联”我估计是新中国之初上海建立的妇女组织。

第三篇文章与第二篇同时发表在《文汇报》上。题目是《美帝影片给我的生活影响》，作者署名“青海”，是国立财经学院的学生。原文如下——

我很激动，我不知该怎样来抒写我的情感。在这里许多青年朋友曾经坦白地暴露自己的思想，我想我也应该毫无顾虑地在这里诉说：美帝影片怎样使我在思想上和生活上成为它的俘虏。

美帝是一直在侵略我们，美帝的影片就是对我们的文化侵略，它把影片用作麻痹、奴化我们思想的工具。朋友！也许你不相信美帝影片是含有毒素的，但是事实上我从前的腐朽思想和糜烂生活，完全是因为多看了美帝影片。

我是个学生，也是个十足的影迷，我看过近两百部的美帝影片，只要是美帝影片我都看：文艺片、歌舞片、战争片、西部片……我反对那些穿着花衬衫、小脚裤管、自命为西部英雄的阿飞，认为他们庸俗、幼稚得可笑，所谓西部英雄只是西部牧童罢了。我崇拜美国的物质文明，羡慕的是豪华、奢侈的生活，和泰隆鲍华的翩翩风度，幻想着影片中传奇式的恋爱，脑子中充满着可怕的蛀虫，但是，我并不觉得它是在腐蚀我的思想。

在学校里，我没有好好地读书，上课的时候不听，坐在后面与同学讨论：拉娜透纳第四次结婚、丽泰法华斯与印度王子恋爱、劳勃华格吸毒被捕……那些好莱坞屋檐下的美国“文明”。

放学后，就和几位同学在静安寺路溜达，欣赏停驶在路旁的新式汽车，商店橱窗中陈列着诱人的广告画，观望着从电影院里散戏出来的绅士淑女们。我们嚼着口香糖，愉快地吹着口哨。

回到家里，扭开无线电听听美国爵士音乐，躺在沙发上，翻翻美国电影杂志，望望墙上挂着的好莱坞女明星照片：琼亚丽荪忧郁的笑容、浴装的伊漱蕙丽丝和那些从国画报上剪下来的半裸女郎。

我常常逃课看电影，把读书当做混资格，是为了拿张文凭。反正毕业后靠了家庭中一点关系，虽不升官发财，祗少稳得个薪水较高的职位。我根本不关心其他同学对国民党反动政府艰苦不屈的斗争，整天就沉醉在美国电影中，沉醉在狭隘的个人主义情感中。

我更学会了抽烟、喝酒，因为好莱坞英俊潇洒的男明星都会这一套。我记得在一本杂志中有人说过：“男子之有烟酒气，等于女子有脂粉气。”我觉得抽烟、喝酒是最能表显男子的气概。

我的思想被麻醉了，意志消沉了，生活是这样的糜烂。可是我并不觉得自己是在堕落，相反地以为自己是最合潮流的时髦青年。

解放的炮声，把我轰醒了，发现自己堕落在这么可怕的深坑中，满身都是缺点。但是在这一年多的学习中，我渐渐地改造了，生活上了正轨，学习也认真了，亲美、崇美的思想也慢慢肃清了。

朋友！你还留恋着美国影片吗？在美帝疯狂地扩大侵略战争的时候，在全世界人民怒吼的时候，你还不醒来吗？醒来吧！朋友！美帝影片已经是历史上的名字了。

我为“小脚裤管”、“阿飞”做了中文注释。“表显”估计是那年头说法，跟"表现"差不多。"衹少"从上下文来看，肯定是"至少"。那些美国影星的名字仍留给老先生处理。

第四篇文章发表在1950年11月5日的《文汇报》上，正标题是"美帝电影使我堕落"，副标题是"一个女工的自白"，作者署名"警钟"。其内容跟前三篇差不多，来信人提出的问题也无非是外国人名和中国的特殊名词。这类文章一共寄来了二十七篇，其中有张骏祥的大作《揭穿这个漫天大谎——斥美帝反动电影》，有杜高的文章《论帝国主义文学艺术的彻底反动性》，还有梅朵、赵景深、郭绍虞、方令孺、徐中玉等文化名人痛斥美帝对中国文化的侵略、美帝文艺的腐烂性一类的文章。

我用了整整两天的工夫把这些"断烂朝报"引起的问题理清，能答的答，不能答的推给四舅。刚刚弄完，老先生就迫不及待地把那位虚心好学之士召了来。我们在国家图书馆见了面。来人三十多岁，矮我半头，戴个眼镜，一头黑发，留着一圈黑胡子，很精明，很庄重，很学者的样子。跟我握手的时候，还特地用汉语说："你好，我叫沙古叶。谢谢你的帮助。"他的四声没学好："沙古叶"听起来就像"傻姑爷"。客套了几句之后："傻姑爷"直奔主题——他正在研究好莱坞对中国的影响，从接受美学、观众心理学角度切入。为此，他在上海待了一年半，在北京待了多半年，从这两个地方的图书馆搜集了大量资料。寄给四舅的只是资料的第一部分。为了展示他的成绩："傻姑爷"忙不迭地从一个黑皮旅行包里拿出几个厚厚的大夹子，大夹子外面标着阿拉伯数字——1930s、1940s、1950s、1960s、1970s、1980s、1990s，里面全是复印件或翻拍的照片，这些文件上大都贴满了或黄或粉的纸条，上面写着乱七八糟的法文，有的画上几个汉字，或者惊叹号、问号——这位"傻姑爷"真下了一番傻工夫。

"傻姑爷"一边给我们看他的资料，一边用法语介绍他的"伟大发现"："中国从1949年7月就开始了一场反对美帝的运动。反对他们的文化入侵，批判他们的电影。这一批判是借着一位著名的苏联导演雷门的文章开始的，这篇文章登在1949年7月29日《文汇报》的第五版上，题目是《好莱坞——

造谣的工厂》。这种批判持续了三个多月。1950年9月开始，再一次升温——《大公报》、《文汇报》等报刊杂志万炮齐轰好莱坞，《文汇报》还开辟了一个专栏——你对美帝影片的看法如何？很多读者写信参加讨论。到了1957年，又掀起了反美热潮，很多人写文章批判美国电影的艺术性。二十世纪六十年代开始，大批判又强烈起来。但是有一个例外——一部美国电影《社会中坚》受到了正面评价。整个七十年代，美国电影一直挨批，直至八十年代初，才开始正面介绍美国电影。九十年代初，中国传媒不再批评美国电影，美帝国主义也听不到了。中国人疯狂地爱上了好莱坞，中国政府主动地引进了美国电影……”

我听着四舅的翻译，越听越不耐烦——这个呆瓜，浪费了我两天的时间，我来巴黎一趟容易吗？！“傻姑爷”麻木不仁，唠叨完了他的动机，事情的背景，又说了一番“感激涕零”的话。我让四舅告诉他：“你的问题，我们已经解决了，阁下还有什么事需要我效劳？”

“你能否帮助我确定这些文章的真实性？”傻姑爷很诚恳地看着我。

“你怀疑这些文章的真实性？”

“是的。”

“你的根据？”

“第一，这是表态性的文章。表态只是给人家看的。我的意思是，他们对美国，对好莱坞并不是那么痛恨。第二，他们在三十年后写的文章换了另一种说法。这说明，他们当初的说法是假的。”

“这个问题我无法给你一个准确的回答。从理论上讲，他们的表态可能是真的，也可能是假的。时间这么长，是真是假，恐怕他们本人也说不清楚。或者说，他们不愿意说清楚。你看过日本电影《罗生门》吗？《罗生门》讲的就是这个道理。但是，如果从经验上讲，我认为，他们讲的是真心话。至于三十年后，他们有了另一种说法，这一点也不奇怪，你能保证你现在的某些看法三十年后一点不变吗？再说，你给我看的那些文章，大部分不是名人，而只是普通读者，他们用不着表态。”

四舅给我当翻译："傻姑爷"飞速地记下我的话。刚记完，新的问题又冒出来了——"从二十世纪五十年代，到现在，四十多年，好莱坞没有变，美国的生活方式没有变，为什么中国不再批判它了，这种变化说明什么？"

"说明冷战结束了，中国确立了新的发展目标。"我觉得自己变成了新闻发言人。

"过去，中国女性认为，好莱坞破坏了她们的爱情、婚姻和家庭。现在中国引进美国电影，难道她们的爱情、婚姻和家庭就不会受到破坏了吗？"

"对不起，这个问题，你最好去问中国女人。"

"中国过去有个电影，叫《南京路上好八连》。现在，好八连还在南京路上，他们是不是不看好莱坞电影？"

"你在上海的时候，为什么不去问问好八连？"

我就这么噎"傻姑爷"："傻姑爷"一点也不知趣，仍旧问个没完没了："那个叫青海的学生认为，他被好莱坞腐蚀了，因为他抽烟、喝酒，在禁演美国电影的三十年中，中国的烟民和喝酒的人是否减少了？青海先生还说，因为受好莱坞的影响，他还喜欢新式汽车和漂亮女人。难道男人应该喜欢丑女人，讨厌新式汽车吗？"

看着"傻姑爷"汗涔涔的脸，亮晶晶的灰眼睛，我不禁暗自感慨：世事本来就是一本糊涂账，都像你这样较真，中国人哪有工夫向前看？王夫之有言，"其上申韩者，其下必佛老"。法国人不晓得申韩的厉害，自然不会知道佛老的好处。庄子说过，沧浪之水清，就去洗帽缨，沧浪之水混，就去洗脚丫。革命的哲学家们说这是"混世"哲学。照我看，多亏有了这种哲学，否则，中华民族何以自处，何以自慰，何以绵延至今？

21 啤酒杯里撒了尿

去德国前，维昂给泰森打了电话，告诉他我们乘的车次和到站的时间。还说，她将做我的翻译，而她的丈夫将作为一个汤若望的崇拜者一同前往。泰森在那边表示欢迎。放下电话，维昂大为得意，说泰森以为她是德国人，这证明她的德文是多么的地道。

在科隆，泰森领着我们参观了汤受洗的教堂、上过的三一中学、他的故居。我对汤若望的敬仰之情与时俱进。不说别的，就他那百折不回的献身精神就够国人学习的。人家中学一毕业，就告别了父老乡亲，到意大利神学院深造，因为年纪小，神学院不收他，还求爷爷告奶奶走了个后门。上学期间，听说利玛窦终于允入中央帝国，遂立志步利氏后尘，把天主福音带到东方。院长最初不准，他就像四虎子（董存瑞）一样，死磨硬泡。从西班牙上船告别欧洲时，竟然来不及与父母高堂见上一面。经果阿至澳门，费了九牛二虎之力混进北京，刚要支起摊子传教，却被崇祯叫去造炮，小炮造完了，又让他造大炮。等到大清入城，皇后生病，孝庄又请他当了一回御医，当御医的同时，还得兼做顺治的启蒙老师，然后又在一片骂声中修历、测食，当皇家天文台的台长（当时叫钦天监监正）。可以说，他为大清朝鞠躬尽瘁死而后已。俄国的民粹派到民间去，中国的知青到农村去，都没离开同胞故土。马可 · 波罗虽是第一个吃螃蟹的主儿，可他又回去了。不错，白求恩很有奉献精神，可他来得晚，死的早。人家汤若望不远万里来到中国，脚踏实地，无私奉献，献了青春献终身，献到古稀之年献成了阶下囚，一直献到含冤去世。这是什么精神？这是基督徒的精神。汤先生是什么人？一个高尚的人，一个纯粹的人，一个脱离了低级趣味的人，一个全心全意为上帝服务的人！

可当我来到汤若望的石像前时，却差点没昏过去——堂堂大清的一品大员，东西文化交流的大使者，怎么被雕成这付惨样——身材瘦小，面颊干瘪，神态呆滞，一件清朝的官袍像块破布似地披在他的躯干上，胸前的补子上隐约可见一呆鹤，一根花翎也没有的官帽像个瓶盖似地扣在头上，脑袋后面拖着一条猪尾巴小辫。最不堪的是他那两只眼睛，沮丧无神，无助无奈，可怜巴巴地瞧着天空，好像在恳求天主下辈子千万别把他派到中国去。我看过德国人魏特写的《汤若望传》，拜读过原社科院研究员、后旅居德国的李兰琴女士的同名大作，两本书上都附有汤的画像。那上面的汤先生，气度雍容，神闲气定，双目大而有神，浓密的大胡子一直垂到胸前，一手扶案，一手拿着天文仪器，不论是穿教服，还是着清装，浑身上下透着一股逼人的圣洁坚毅之气。我问泰森：“你们的雕塑家是不是觉得中风后的汤若望最美？”泰森耸耸肩说，他也不知道雕刻家是怎么想的，只知道他是个现代派。这座石像是汤若望协会为纪念汤若望诞辰四百周年，出钱请人雕的。揭幕时，除了雕刻家之外，所有的人都傻了。

我们的最后一站是参观一所天主教主办的神学院，校方安排了四个学生跟我见面，如果不是穿着教士的服装，我简直不能相信这些英气勃勃的年轻人会献身天主。我问他们为什么要当教士。他们说，他们相信上帝，他们要为人民服务，要让世界充满爱。其中一个健硕的小伙子还补充说，其实他们来神学院的目的跟中国人入党一样。我问，天主教规定传教士不允许结婚，不允许有性行为，他们选择了这个事业，就意味着要放弃男欢女爱。他们能否做到这一点？他们说，如果他们管不住自己，或者爱上了某个女人，可以退学，可以改行。我提到《牛氓》，提到澳大利亚作家考琳·麦卡洛写的《荆棘鸟》，他们居然都知道。他们认为，书中所写的丑闻，在宗教界并不少见。我问，如果我在剧本里加上一个热恋汤若望的中国女人，他们以为如何？天主教团体是不是会提出抗议。他们回答，让女人爱上汤若望，并不是汤的罪过。至于教会是否会抗议，要看我怎么写。临走的时候，校方送了我一本画册，我发现，这所神学院还有来自中国的学生。看着画册上的同胞，我的小人之心开始作怪——他们是真的热爱天主，还是仅仅请天主帮他们出国？

下面的事，就是回瑞典写剧本了。与泰森告别的头一天晚上，我在旅馆里接通了 hotmail，收到了三封国内来的伊美儿。一封是张导的，一封是陈编的，另一封是亓律师的，三封信同一个内容——不要轻举妄动。张导说，中国对传教士从来没有好感，义和团运动影响深远，到现在还有不少人坚信传教士会挖小孩的眼珠子做药。你趁早歇了吧。陈编说，题材决定论是千真万确的，你选的题材太敏感，肯定通不过。他举了个例子——黄建新拍驾校学车的故事，本来片名叫《打左灯，向右拐》，新手开车常犯这个毛病。可最后还是改成了一句废话——《红灯停，绿灯行》。审查官之神经过敏可见一斑。你这个题材不是改个名字的问题，而是立场问题。这年头搞影视的特别自觉自律，本来人家允许编剧跑一百米，可为了保险，编剧跑到九十米就停下了，导演还怕冒了，退到八十米，制片不放心，又退了十米，做后期的时候，大家一商量，千万别通不过，怎么办，再退二十米吧。你瞧，还没审查呢，自个儿就退到了五十米开外。亓律师给我传来了 1993 年 4 月 21 日广电部发布的《电影审查暂行规定》。他提醒我，认真研究《规定》，免得白费工夫。

张导、陈编，一对胆小鬼，怪不得他们弄不出好东西！这种人的话，只能当耳边风。还是亓律师办了点正经事。我仔细地研读了一番《规定》，禁止公映的共八条，似乎只有“违反科学，宣传迷信”与这个题材沾边。可宣传伪科学的是杨光先，汤若望传播的当时最先进的天文学。当然，他是传教士，可是天主教算是迷信吗？

四舅散步回来，洗了澡，穿着睡衣坐在床上闭目养神，养了半晌，做

起了“床上八段锦”。做完了，问我在干什么，我把三封信的内容给他讲了一遍。

老先生来了精神，慢腾腾地下了床：“来，让我看看。”

“我都看了，没有一条违反规定的。”

“不行，你身在此山中，难免带着主观偏见，我比你客观。”

“您看不清楚。”

“那好，你念。我当审查官。”

“第一条，违背我国宪法和法律。”

“审查官”摸摸秃脑袋：“按理说，你这个题材不犯法，不违法。”

我正要念第二条：“审查官”朝我摆摆手：“可是，中国宪法上规定，坚持马列主义毛泽东思想，汤若望坚持的是什么？”

我叫起来：“岂有此理，您想让四百年前的人坚持马列毛吗？照您这样审查，中国人还活不活了，中国还有电影吗？”

“不不，我的意思是说，你在处理这个题材的时候，要坚持用马列毛的思想方法观点来分析古人和洋人。”

“这我知道，不就是历史唯物主义吗？正因为坚持了历史唯物主义，我才不能把汤若望写成马可·波罗式的商人，写成一个文化侵略者，写成一个无私奉献的大清官吏。他就是个传教士，但是与鸦片战争后的传教士不同，他并不是配合西方列强入侵中国，而是帮助中国了解西方科技文化。审查官先生，您知道汤若望是何许人吗？您读过《汤若望传》吗，您了解中西文化交流史吗？这一段历史一直在图书馆里趴着，不见天日！”

“审查官”板起面孔：“啪”地拍了一声桌子：“你怎么能这么跟审查官说话？知道吗？你这是咆哮公堂。惹恼了审查官，你的剧本别想通过！”

“好好好，咱们把这一条先放下，看第二条行不？”

得到了“审查官”的恩允，我念第二条：“损害国家利益、社会安定、民族尊严和民族团结。”

“审查官”摸着下巴，沉吟了一会：“这第二条在逻辑上跟第一条是重复的，第一条的内涵之中已经包括了第二条。”

“人家把社会安定、民族团结单列出来，是为了表明对这些问题的重视。”

“审查官”点头：“但是……”

“但是什么，我看不出来汤若望能破坏社会安定，能影响民族团结。”

“审查官”摇晃着秃脑袋：“不，你的立场有问题。你得把屁股坐在我这把椅子上。你想想，你要是审查官，会怎么想——好哇，这个剧本写的是个洋人，这个洋人给崇祯皇帝造过炮，造炮是为了打李自成，李自成是闯王，深受穷人的爱戴，闯王领导的是农民起义，汤若望帮助明朝政府镇压农民起义，比武训的罪过可大多了。武训顶多就是向封建阶级投降，汤若望不是投降的问题，而是为虎作伥，是封建主义的走狗。封建主义是无产阶级政权的死对头，此剧本颂扬一个封建主义的走狗，就是在向无产阶级的政权挑战。我问你，还有比这更损害国家利益的吗？我再问你，如果别有用心的人借此闹事，是不是破坏了社会安定？如果这些人里有几个少数民族，是不是有损害于民族团结？”

“您把我杀了吧！”

“不，我们不能因为一个反动剧本而陷人于罪，你是不是该判处死刑，那是法律的事。跟电影审查无关。”

你瞧，四舅的官腔装得还挺像。

“算了，把这条也放下吧，我念第三条了。”

“审查官”点了点秃脑袋。

我开始念：“第三条，违反国家现行重大政策。”

我为自己辩解：“据我所知，汤若望没有违反国家现行重大政策。”

“审查官”回到四舅的位置上：“这一条里的关键词是‘现行’。这是个‘正在进行时’。也就是说，在你写剧本之前，你必须预见到，在剧本完成的时候，会有什么现行重大政策出台？你的剧本计划什么时候完成？”

“一年吧。”

“那就是说，在你成为剧作家之前，你应该先成为一个未来学学者。至少你得具备预见未来一年内会发生什么重大事件的能力。”

“我要是能成为未来学学者，我还写这劳什子干吗？我跟托夫勒合写一本《中国之未来》或者《未来之中国》好不好？”

四舅说：“别发牢骚，反正这一条你只能凭运气。要是碰巧什么重大事件也没发生，现行重大政策没有变化，你就烧了高香。来来，接着念。”

“第四条，违反社会主义公共道德规范。”

四舅说：“我要是审查官，我就会问你，社会主义有那么多英雄模范，中国古代有那么多圣贤哲人你不写，为什么偏偏写个外国人，还是个传教士。可以说，这种选择本身，就是对社会主义现实不满，对优秀的传统文化不满。不满现实又不满传统，这是不是违反社会主义公共道德规范？你自己说。”

我在胸前划个十字：“上帝保佑，您老千万别当审查官。”

四舅严肃起来：“说正经的，汤若望的剧本里很可能会让人家挑出违反社会主义公共道德规范的情节。你想想，社会主义，公共道德，还不是由人解释的事。”

这一条也暂时放下，我念第五条：“违反科学，宣传迷信的禁止公映。”

“审查官，您省点心吧，这一条就不烦您分析了。”

四舅同意。听我念第六条。

“第六条，具有强烈的感官刺激，宣传色情、裸露、暴力或详尽展示犯罪手段。”

“这条跟汤若望不沾边，传教士不许近女色，也不会搞暴力……”

四舅打断我：“传教士不搞暴力，大自然要是搞了暴力呢？”

“您这是什么意思？”

“你不是打算用倒叙开头吗？电影一开始汤若望被押上刑场，正要执行凌迟大刑的时候，北京突然发生了地震。地震是大自然的暴力。就凭这一点，人家就可以说这个电影具有强烈的感官刺激。”

“可这一条里并没有禁止大自然的暴力呀。”

“人家没明令禁止，并不意味着不禁止。它所说的‘暴力’指的是‘具有强烈的感官刺激’的东西，大自然的暴力自然包括其中。”

“那好办，我不写地震行不？”

“第七条，具有伤害未成年人身心健康、诱发未成年人堕落的内容和情节。”

我看着四舅：“您认为这个题材儿童不宜吗？”

四舅又摸起了下巴：“这要看怎么理解，如果人家说，因为你宣扬了洋鬼子，使未成年人更加崇洋媚外。那，这一条对你就再合适不过了。”

“看来，我要是把汤若望写成一个文化侵略者的头子，一个包藏祸心的间谍，一个企图谋杀崇祯、顺治的冷面杀手，就不会给我扣这帽子了。”

四舅又当起了“审查官”：“那也不行，照你这么写，你就是在宣传仇外排外，这与改革开放的精神相悖，同样伤害了未成年人的身心健康。”

我冲他喊起来：“我不写了行不行！”

“等念完第八条再说这话，接着念。”

“第八条，其他应禁止的内容和情节。”

四舅站起来，一边踱步，一边扳指头，一字一顿地说：“‘其——他——应——禁——止——的’这六个字可不得了，它们足以否定一切。包括你的剧本。就算是前七条都放过你，这一条也足以置你于死地。”

我没话可说，像挨了枪子一样：“咣当”倒在床上。

老先生戴上老花镜，坐到电脑前：“让我再仔细看看。”

他坐了半个小时，叹了一口气：“有规定总比没有好。不过，我左看右看，它都像个没底的筐。”

我僵卧床上，什么也不想说。

老先生安慰我：“想开点吧，这不是中国的问题，是所有国家都面临的难题。美国也经历过这种混沌颟顸的阶段，也有不可理喻的电影审查。听说过《海斯法典》吗？当初美国审查官依据的就是它的标准，1937年好莱坞把海明威的《永别了，武器》改编成电影，为了通过审查，不得不把女主角未婚先孕的内容删了。因为《法典》里有一条——‘维护婚姻与家庭的神圣不可侵犯’。海明威还没看完电影，就开骂了：‘这简直就像往我的啤酒杯里撒了泡尿！’二十年后重拍，才恢复了原著的情节。如果美国人一直抱着《海斯法典》不放，好莱坞早就完蛋了。”

“我倒不是放不下汤若望，而是没法跟泰森先生交代，人家请我来，跑前跑后忙得脚打后脑勺，为的就是剧本。可我还没离开科隆，就打了退堂鼓，我怎么跟人家交代？”

“你就说，因为杨光先的子孙很多，他们人还在，心不死，总想替他家老爷子招魂，所以这个题材不宜上马。这个题材再放上五十年，拍出来效果更好。”

我斜靠在床上，想，再放上五十年，不用说七十六岁的泰森，就是我也早见汤若望去了。李泽厚说得不错，中国人很缺少真正彻底的悲观主义，他们总愿意乐观地眺望未来。四舅在异邦待了这么多年，血管里流淌的仍是“实用理性”和“乐感文化”的血液。

老先生坐在椅子上，一边揉涌泉穴，一边继续发表高论："中国的很多事情都要靠时间来解决，'文革'时，江青一个人说了算，哪有什么《暂行规定》。现在有了《规定》，而且自称是'暂行'的，就说明它有自知之明。电影审查这个东西，没有它不行，有它，没有合适的标准也不行，审查者像杨光先那样还不行。哪个国家都有电影审查，问题是用什么标准，什么人审查。不着边际的标准，一党一派的标准，无法操作的标准比没标准还糟糕。整个世界电影史，就是电影人与审查官斗争的历史，审查扼杀了无数灵感，无数聪明才智，无数艺术精品。它限制的不仅仅是某种艺术品类，而是人们的真实感。孩子从小就看假思想、假感情，久而久之，就把假当成了真。真善美是连在一起的，丧失了真，就会丧失善——道德感和责任感。他可以对国家、对民族不负责任。变成一个投机主义者——一边骂西方，一边削尖脑袋往西方跑。真与善都变味了，消失了，他还会体会到美吗？另外，它还扼杀了人们的想象力和创造性。电影是白日梦，它释放人们心中的能量，给人们幻想的空间。白日梦不能造假，假装的白日梦只能毒化心灵。聪明人主动地改变条例，蠢货笨蛋就只会被动地守着条例。中国在随着世界进步，聪明人会越来越多，你用不着僵卧长愁，顺其自然，待时而动，这个题材像阿尔卑斯山一样，别人想拿也拿不动……"

我躺在床上，听着老先生翻来覆去像车轱辘一般的宽心话，微风吹动宽大的轻纱窗幔，路灯将树影投在上面，树影随风摆动，仿佛变化莫测的皮影，那纵贯窗幔的主干，构成了指向苍穹的教堂的尖顶，一张张黑奴的脸叠印而出，他们神情肃穆，嘴在开合，噢，是《根》中的黑奴，他们在唱圣歌！我屏住呼吸，试图捕捉那若有若无的声响，然而，什么也听不见。轻风徐徐，窗幔抖动，恍惚之中，树影幻化成几进几出的大宅，是大红灯笼中的陈家大院？是菊豆中的染坊？还是《活着》里败家子输掉的豪宅？"他家房子用的木料真好，大火烧了三天才烧完。"张艺谋能想出这意味深长的对白吗？一阵疾风入室，窗幔飘逸，树影幻化成一群载歌载舞的青年男女，他们身着军装，手持刀枪，精神亢奋，舞姿雄健。听，他们在引吭高歌，我再一次屏住呼吸，啊，这一次我听清了："解放区的天是晴朗的天，解放区的人民好喜欢。"多么亲切，多么打动人心的话语！

我把头转向天花板，不再去看窗幔，不再跟着树影遐想，现在，我需要平和平静平淡甚至平庸的心态。高高的天花板上一片雪白，除了雕花吊灯之外别无他物。望着这一片雪白，两句古诗闯进我的脑袋："何意百炼钢，化为绕指柔。"这是谁的诗？元嘉？正始？鲍照？七子？"中国的豆腐很好吃"，这是瞿秋白绝笔中的最后一句。包柏漪的小说《春月》没拍成电影很可惜。"天有时晴，有时阴。人有时讴歌，有时沉默……我们像柔顺的水，生性和平，可以掬在婴儿的掌心中；但日积月累，却能滴穿石块，改变山岳。"这是春月站在祖坟前告慰先人的独白……

突然间，许多古今中外的故事在我面前清晰起来——为什么阮籍卧在车厢里，一边往肚子里灌黄汤，一边跟车把式说："死便埋我"；为什么塔尔科夫斯基要给意大利资本家拍电影，而他最后的一部影片叫《乡愁》；为什么卓别林远走欧洲；为什么三国时有国士之称的许汜不去忧国救世，而汲汲乎于求田问舍；为什么戏剧家哈维尔当上了总统；为什么苏联人奉行犬儒哲学……

四舅看我半天没动静，以为我出了什么事，来到床边，伏下身子，用手在我眼前晃了晃，看我没反应，又摸摸我的头。

"您看过《混在北京》吗？"

四舅被我这句没头没脑的话问得一愣："什么？"

"何群拍过一部电影叫《混在北京》，您看过吗？"

"没有。"四舅耸耸肩膀。

"我得给学生讲讲这个片子。"

"它……它跟汤若望有什么关系？我的意思是，你还打算写汤若望的剧本吗？"

"写，当然要写。"

"可是，如果……"

“如果您当审查官我就没戏了，我相信，电影审查委员会不会像您那样解释审查条例，他们远比您高明。”

“噢？”四舅眨巴着小而亮的眼睛，不大相信地看着我。

不管他信不信，我必须这么说，这叫“内外有别”。

带着一身轻松，满怀惆怅，我告别了科隆，告别了泰森。下一站是汉堡，除了送书之外，还可以逛逛红灯区。写汤若望不行，逛红灯区总可以吧，这叫“堤内损失堤外补”。四舅和维昂给我买了到汉堡的车票，送我上了火车。我跟他们拥抱告别，感谢他们对我的关照，邀请他们到北京吃烤鸭，并请他们代我向塔吕致意。

我还特意嘱咐维昂，如果突 K 的别墅出手的话，一定先通知我——不就是九十万人民币吗？中国人连死都不怕，还怕掉到钱眼儿里吗？谁要是说我变成了钱串子，我就给他一个大耳刮子，然后，给他讲讲什么叫为国争光。

火车缓缓开动，我向车下的四舅和维昂挥手，看着这对衰老的异国伉俪迅速远去的身影，我想：香蕉是好东西，好吃，又方便。

22 讨价还价红灯区

我踏上了北上的火车，车厢里空空荡荡，翻了翻四舅送给杜邦的书，发现书里还夹着不少四舅的读书札记，有中文有法文。怪不得他拒绝邮寄呢，是怕丢了。看来，老先生在有条不紊地打理后事。不行，不能让他把书捐给阿腊斯图书馆，要想办法让他回心转意，把书捐给国内。我在国内，国内就是我，所以要把书捐给我。我再卖给收购旧书的，一本书五元，一万本五万，三万本十五万。才十五万，太少了。不，蚂蚱腿上的肉也是肉，古人说的好，不以善小而不为，不以恶小而为之。当然不能让老先生知道，这好办，先成立一个公司，叫什么名字？就叫北京后新希望国际文化交流有限责任公司，主营跨国间的文化产品捐赠。让老先生先把书捐给这个公司，然后进入商业领域。赚了钱后，第一件事要给老先生发一荣誉证书，证书要印制精美，上面用中、法、英三国文字写几句歌功颂德拍马逢迎讨人欢心的话：第一，表彰其爱国热情；第二，盛赞其学术造诣；第三，撺掇他再接再厉，发动同事同仁华人学者加入捐赠行列。

你看看，只要紧跟潮流，胸怀祖国，放眼世界，不认死理，到经济大潮中改造自己，丢掉知识分子清高孤傲、脱离实际的坏毛病，一切就会豁然开朗。“不在沉默中爆发，就在沉默中死亡。”这是什么逻辑？这种非此即彼的思维方式早就应该见鬼！沉默中可选择的多了，为什么不可以在沉默中发财，在沉默中享乐呢？啊哈，麦西（法语“谢谢”），我的汤若望！我的泰森！

坏了，还有运费，运费怎么解决？用海运，每公斤图书至少要三十元，

一公斤顶多六本书，一万本的运费是五万多元，完了，忙了半天赔本赚吆喝。怎么办？对，必须让捐赠者出运费，要向他们讲明一个道理：中法两国远隔千山万水，我们的心是连在一起的。既然连在一起，你们就有义务帮助我们解决运费，一个人做一件好事并不难，难的是把好事做到底……就在我精心盘算之中，汉堡到了。

我提着一个装书的浅黄色塑料袋，在汉堡下了车，车站上没多少人，根据四舅约定的见面暗号，杜邦一眼就把我认了出来。杜邦先生是一个身材中等、体格粗壮的汉子，年纪大约四五十岁，上身一件旧T恤，下身一条牛仔裤，脚上一双厚底皮鞋，一张刮得泛青的四方大脸，晒得通红，脖子像公牛一般，比巴尔扎克的还粗，这样的脖子跟他的大脑袋连在一起，简直像只木桶，露在T恤外面的两只胳膊肌肉隆起，手腕上戴着一对玉镯，握着他的手，感觉像握住了铁锉。可你一看这壮汉的眼睛，就放心了——这是一双像小绵羊一般温顺的灰眼睛，谦和而好奇地看着你。要不是四舅事先介绍，打死我也想象不出来，这眼前的壮汉当年是巴黎第八大学的高材生，两个学位的博士，现在是德国汉学家，专门研究中国的宗教。

他带着我上了车，一上车就问我待几天。

“一天。”

杜邦想了想：“一天，只能看看红灯区了。这样吧，我们先去购物，下午去红灯区。”

我压抑着兴奋，假装正经地问他：“为什么在你心里红灯区这么重要？”

“因为红灯区是中国人最想去的地方。”

“你是不是觉得中国人特好色？”

“不，这是人性，好奇之心，人皆有之，什么东西没见过，什么东西就最有吸引力。我第一次到中国首先要看的是故宫、天安门和四合院。”

此话不假，我在瑞典没逛过红灯区，据说，原来就在斯德哥尔摩市里，后来政府考虑到首都形象，把它迁到了郊区。我去过斯德哥尔摩多次，每一次都蠢蠢欲动，总是不好意思向瑞典朋友张嘴。这一次，有杜邦主动当向导，我得大饱一下眼福。

我们到红灯区的时候是下午四点多钟，这是一条没有任何标志的普通街道，唯一看出红灯区迹象的就是两旁的性用品商店和脱衣舞厅。性商店里冷落萧条，除了我和服务员外，几乎看不见人影。那些性用具和各种黄色录像带乍一看新鲜刺激，十分钟以后就麻木不仁了。逛了两个商店之后，我告诉杜邦，我的好奇心已经得到了满足，其实就那点事。

杜邦不置可否，带着我往前走。没走几步，就是一家脱衣舞厅。两个中年男人站在门口，满口变调的英文：“免费观看，免费观看，两位请。”一边说着一边往里面拉我们。

我问杜邦：“对这个地方我还有相当的好奇心，是否可以进去看看？”

杜邦狡黠地看了我一眼：“需要我陪同吗？”

“当然，如果你愿意的话。”

“那请你准备二百马克。”

我有点心疼，一百马克是四百五十人民币，二百就是九百。我问杜邦：“不是免费吗？”

“进门免费，进去就不免了。”

看我没明白，杜邦解释道：“进去人家就要请你坐下，坐下就要给你上饮料，一杯咖啡五十马克，你还要给脱衣小姐买一杯。我是你的陪同，应该由你付钱。你算算，正好这个数。”杜邦朝我伸出两个手指。

看着摇晃的手指头，我的好奇心马上钻进皮夹子，跟那几张可怜的马克商量起来。

好奇心：哩，哥们儿，机会难得，就这一次，怎么样？

马克：我可就这么几张。

好奇心：通过这种方式可以让老外知道，中国人民站起来了！

马克：你丫真没劲，想看脱衣舞，跟中国人民有什么关系！

好奇心：这是增加生活阅历的好机会，对写作有帮助。

马克：你算算，是阅历重要，还是攒钱重要，国内下岗消息频传，你老婆刚从美国回来就下了岗，你孩子上学正用钱，你还有心思干这个！

马克越说越来气，好奇心转身逃走，马克冲上去，掐住好奇心的脖子，好奇心来不及“哼”一声就死在皮夹子里。

看我们在门口不走，那两个男人觉得有戏，其中一位从兜里掏出一叠脱衣舞女的玉照，伸到我们眼前，一张一张地展示，嘴里还念念有词。

既然没了好奇心，我拉着杜邦就走。

杜邦跟我开玩笑：“你不是色鬼，是吝啬鬼。”

“我看见那两个男人就恶心，这种人在中国叫拉皮条的，一个大男人干什么不好？非干这个？”

杜邦笑了：“这些女人需要他们，他们需要工作，这种工作又轻松又愉快，为什么大男人不可以干呢？”

“要是在中国，这种人早就抓起来了。”

杜邦发起了议论：“其实应该允许他们存在。他们并不是坏人，只是跟我们干的工作不一样罢了。他们是性工作者，不是吗？这些人的存在很有好处。第一，减少性暴力，你看，由于这种色情行业的存在，满足了性渴望，因此就会减少强奸一类的事件发生。第二，带来经济繁荣。哪里有商业，哪里就有他们。汉堡是个海港城市，主要靠海上贸易。如果没有性工作者，贸易就会受影响。有了他们，各国的船都愿意来。一手交钱一手交货，公平交易，政府得到大笔的税收，我们这些搞研究的才有经费，我才能到中国学汉语，研究你们的宗教，否则，我只能跟你说德文，你我怎么交流？”

“照你这么说，我也成了色情行业的受益者。”

“你来这里是为了受害吗？”

“要是我进了脱衣舞厅，肯定就是受害者——损失两百马克。”

“不，这算不上受害，用中国话讲，这叫周瑜打黄盖。”

杜邦看我不说话了，接着发议论：“我到过中国的西北，青海、甘肃、宁夏。我跟当地政府建议，要想开发它，最快的办法就是建上一个拉斯维加斯，开辟一个汉堡式的红灯区，再加上一份不受检查的报纸。这样，即使政府收很高很高的税，发达地区的钱也会像长了翅膀一样飞过去。”

突然间，我觉得街上有些异样，向四周看看，发现马路对面的街道上出现了一排排年轻美貌，穿着又透又露的女性。

我赶紧打断杜邦：“她们是什么人？”

“她们是这里的主人。”

“我怎么刚才没发现？”

“政府规定，她们只能在五点以后才能出现在马路上，但是不能站在路口，免得影响交通。”

我拉着杜邦过了马路，装作过路的样子在一排排卖春女前面走过。这些女人显然是来自世界各地，各种肤色的都有，大部分是欧罗巴人种，丰乳肥臀，有的个子比我还高。其共同点是打扮得非常性感，超短裙、露脐装、低胸裸背，玉腿长伸。黑色好像是她们的最爱，我至少发现有十个女性都是黑背心黑短裙外加一条金光闪闪的腰带。她们安静而坦然地站在那里，微笑地注视着来来往往的行人，既不上前纠缠，也不并不像小说里形容的那样乱抛媚眼。偶有行人驻足，离他最近的女人就会凑上前去跟他攀谈，谈几句之后，有的男人就会随之而去。我发现，她们很讲规矩，只要不是自己的身边的顾客，她们绝不去抢。不像中国的小贩那样，看见一个买主，就一哄而上。杜邦给我解释，这并不能说明她们多守规矩，真正的原因在于，她们本身就是货，而在她们身边停下来，或放慢脚步的人，则是看上了这个货的买主。既然人家看上的是“这一个”，那么，别的人就没必要也没理由上去抢生意。

我没心思听他发议论了，我关心的是，一次性交易多少马克。

我问杜邦，杜邦耸耸肩：“你不妨问问，我估计不同的商品不同的价格。不过，你最好不要说你是中国人。”

“为什么？”

“她们恐怕没有跟中国人打过交道，她们认为，只有日本人和韩国人才会对她们感兴趣。”

从杜邦的表情上，我看出了这话的潜台词——中国人穷。连妓女都看不起中国人，是可忍孰不可忍！不行，我非得亲自试试不可。我看了看身边的几个微笑的美人，不行，这个个子太高，那个嘛，不行，块头太大，第三个，也不行，眼神太野，第四个还行——个子适中，嘴唇红得不那么吓人，眼神里似乎还透着一丝忧郁。我大着胆子走到离她三步远的地方，朝她点点头，小声地说了一句：“Hi，how are you！”（喂，你好！）

“Hey，man.”（你好，亲爱的）。她轻笑着，走近我，我心里发慌，照着刚才打好的腹稿又说了句英文：“Do you speak English？”（你能说英语吗？）

她大笑起来，露出一排整齐的白牙：“don’t I speak English？”（难道我说的不是英语吗？）

我更慌了，竭力保持着镇定：“Do you know where I am from?”（你知道我是哪国人吗？）

“Maybe Japanese? Should I know?”（可能是日本人吧？我干吗要知道你是哪国人？）

我一下子火了：“Why do you think I’m Japanese？”（你为什么认为我是日本人？）

“Aren’t you? Korean? Forget about it.”（不是吗？韩国人？

我才不管你是哪国人呢！）那女人扭了扭腰，伸出一只手，想搭在我肩上。

我吓得倒退一步，连连摆手："No，no，I'm sorry，I won't do that，because I'm Chinese!"（不，不，对不起，我不想做那种事，我是中国人！）那女人愀然变色，眼睛瞪得老大，又惊又气地看着我。坏了，惹祸了，我掉头就走，像做了坏事的小孩，逃跑似地离开了她。

后面传来一句恶狠狠的洋话。她肯定是在骂我。我头也不回地往前走，杜邦追上了我。

"你应该对她们礼貌一些。"他说。

"我怎么不礼貌了？"

"你强调你是中国人，而中国人又不干这种事，你不是等于说，她们所做的工作是可耻的吗？"

"难道她们的工作很高尚吗？"

"不管她们的工作高尚与否，既然是合法的正当的工作，就应该给人以尊重。"杜邦很严肃地看着我。

我红着脸，不知如何答对。心里嘀咕：哇噻，好厉害的西方人权！我是不是应该给那位妓女道个歉？

23 “奶奶”是何方神圣?

杜邦的家在郊外，四周看不见人家，只有一片一片的树林。汽车停在一幢圆木搭的房子前，房前的空地上，堆放着横七竖八的木料和工具。杜邦一边停车一边跟我解释，这房还没有盖完，所以院子里很乱。他打算盖个车库，建一道篱笆。我吃惊地问他，这是你盖的?他点点头。

趁他往冰箱是塞东西的时候，我参观了他所有的房间——客厅兼书房、洗手间、厨房和卧室。我并不打算参观人家的卧室，可这幢房子里的所有房间都没有门，当我看见木床时，才知道那隔出来的最小的空间是杜邦睡觉的地方。我发现，除了洗手间和厨房外，里面的家具全是木制的。客厅里的大桌子连漆都没有，椅子也是白茬。客厅的四壁立着的书架子是用原木做的，和墙壁连在一起。

引人注意的是书架子上的东西，那上面摆的不光是书，还有雕像和画框。雕像多是儒释道中的人物，孔子、释迦、比丘、金刚、弥勒、观音、老子、庄子……雕像很新，大概是从秀水街买来的。画框里装的是照片，一看就知道是在中国拍的，摄入照片的，全是关于中国民间宗教的画，它们新旧不一，旧的居多，有的已经破损。我仔细辨认上面的人物，只认出了门神、财神、灶王夫妇和过海的八仙，可以说，这些摄影作品的绝大部分，在我这个中国人眼里看不出子丑寅卯。这些画框宽窄不一，做工粗糙，有的上面还带着树皮。我想起了杜邦的手，敬佩之心油然而起——这壮汉不但能做学问，还能盖房，做家具，甚至连画框都要自己动手。

我们的晚饭极简单——黑面包、牛肉、生菜、牛奶。我注意到，杜邦在吃饭前，默默地念了几句什么，还在胸前划了十字——他是个基督徒。

饭后，我们坐在桌子前聊天。

我问他："你为什么要研究中国宗教？"

"因为那里有一种神秘感。我喜欢神秘感，唤不起神秘感的事儿，我没兴趣。比如电影、电视这类东西。"杜邦的眼睛里露出一丝抱歉的神情："对不起，我很少看电影，也从来不看电视。"

我这才注意到，这幢房子里没有电视机。

我又问他："中国的宗教门类繁多，你的研究方向是什么？"

杜邦起身接了一杯自来水，回到椅子上："刚开始，我研究禅宗，后来发现，禅宗固然很神秘，但是不好懂。所以就转向了民间宗教。"

"中国的民间宗教是道教。"

"不"，他摇摇头："很多皇帝都信道教，任何宗教一进了朝廷，就不算民间。"说着，他站起来，从书架上挑了几个画框，放在桌上："这才是真正的民间宗教。你看，这是月光娘娘，这是高禖，这是和合二圣，这是送子娘娘，这是顺产娘娘。这五个神仙负责中国人的恋爱、说媒、结婚、怀孕和安全地生育。他们的最高领导有两个，一个是女娲，一个是无生老母。无生老母是罗教，一个叫罗梦鸿的穷人创造的，他留下了五部六册，白莲教把他奉为始祖……"

我的眼皮开始打架，想赶快结束谈话，就换了话题："你结婚了吗？有老婆孩子吗？"

"我有过妻子和女儿，不过都死了。死于车祸，在去往印度达兰萨拉的路上。"杜邦的声音低沉下来。

"真抱歉，我不该提这个问题。"

杜邦用两只大手，在脸上有力地抹了一下，似乎要从不幸的往事中恢复过来："没什么，已经十八年了。"

"那你没想过再婚吗？"

“我后来有过两个女人，可她们都受不了我的生活方式，离开了。”

“那你为什么不改一改你的生活方式？”

他摊开大手：“为什么要改？这样生活更接近自然，更接近上帝。”

第二天吃过早饭，我和杜邦出去散步，我们沿着房后的小路往远处的树林里走，边走边聊。杜邦三句话不离本行，聊着聊着，聊到了中国人的宗教感。杜邦认为，中国人有强烈且神秘的宗教感情。我不同意，让杜邦举例说明。杜邦想了一会，问我：“你看过《白毛女》吗？”

“当然，那是中国电影中的经典。”

杜邦接着说：“《白毛女》是我看过的有数的几部中国电影之一，别的我都记不得了，只有这个电影我常常想起。”

“为什么？”

“因为它有神秘感，而且还关系到我的研究。”

“它跟你的研究有什么关系？”

“那里面有个奶奶庙，喜儿经常到那里寻找食物。我问过很多中国人，奶奶庙中供奉的奶奶是什么神，可是没有一个人能告诉我。我去过几个图书馆，都没有查出来。”

奶奶是什么神？就是我把影片看上一百遍，也没法解答这种匪夷所思的问题。我只能猜测：“奶奶是个女性，在人们心目中，奶奶是一个慈祥的长辈。把奶奶奉为神，专为她塑身修庙，恐怕是远古的母系社会女性崇拜的遗风。”

杜邦并不满足，摸摸光溜溜的下巴，沉思片刻，问：“那么，奶奶神能为人们做些什么呢？她在中国人的婚姻系列里应该放在哪个位置呢？或者说，在哪些方面她能带给人们精神和心理的安慰呢？”

“她的作用可能在于保佑那些不育的女人们，让她们早点完成接续香火的任务。”

“不，这个任务是由送子娘娘完成的。”

“可能她负责治妇科病。”

“可是，影片里向奶奶神进贡的都是些男人，而且是上了年纪的男人，难道他们也为了求子，他们也患上了妇科病吗？”

我只好瞎解释：“奶奶庙地处荒山野岭，女人家去上香供奉不方便，男人们就成了她们的代表，青壮年要干农活，所以这个工作就放在了老年男人身上。”

杜邦若有所思地点点头：“可是，为什么要把奶奶庙建在荒山野岭，专门为妇女制造麻烦呢？”

“中国的庙宇都建在远离人烟的地方，这有利于修行。”

杜邦停住脚步，扬了扬浅黄色的眉毛：“你说的这些都是书本上的，或者是按逻辑推出来的。实际情况是，人们去奶奶庙上香磕头，并不是为了求子，也不是为了治妇科病，他们什么都求，丰收呀，平安呀，治病呀，甚至做了一个怪梦，他们都要去问问奶奶神。”

“你怎么知道的？”

“我访问过山西、河北、河南、安徽的上百个农民，还给奶奶庙捐过钱。”

我暗暗吃惊，这壮汉真不得了。

杜邦伸过手腕："这个玉镯就是我在安徽买的。"

我问他："这能说明中国人有强烈而神秘的宗教感情吗？"

杜邦说："我的问题在后面——《白毛女》里面的喜儿逃出黄家后，为什么不回村里去，而要躲在奶奶庙里？"

我纠正他："不是奶奶庙，是山洞里。"

"噢，山洞里。她为什么要躲在山洞里？"

"她不敢回村，那是黄世仁的天下。"

"不"，杜邦摇头："黄世仁的势力没那么大，他不可能控制村里的所有人，不可能日夜监视村里的每一个角落。喜儿回过家，从家里取来了劳动和引火的工具。这就证明，黄世仁并没有一手遮天，他的手指间还留下了缝隙。喜儿可以在这个空间中生存。比如，大春的母亲可以把她藏起来，放羊的赵大叔和她的大锁哥也可以这样做，还有那个帮助她逃出黄家的张大婶，既然以前杨白劳在她家躲过债，从逻辑上讲，喜儿也可以到她家躲避黄世仁，何况她家在另一个村，更安全。再说，她还可以像大春一样渡过黄河投奔红军。"

"她不知道到黄河怎么走，再说，就算她知道了，也过不去呀。"

杜邦笑笑，用大手比划了一下："这可难不倒喜儿，她能在荒山上开荒种地，能在山洞里生活三年，难道不能打听到去黄河的路？难道到了黄河边就想不出办法来？大春是怎么过黄河的？是赵大叔给他指的路，是摆渡老汉用羊皮袋子把他送过去的。大春能办到的，喜儿为什么不能办到？我们可以设想一下，喜儿想找赵大叔问路，可是她不敢回村，于是，她就藏在赵大叔经常放羊的野外，等赵大叔出现的时候，把路线问清楚。赵大叔当然不会只给她指路，还会给她带上食物、水和衣服，他还会悄悄地告诉大春的母亲和大锁，他们肯定会帮助她。做这件事比开荒困难吗？比与野兽为伍危险吗？比到奶奶庙里偷供品更需要勇气吗？"

杜邦顺手揪下一颗红红的小野果，轻轻地一弹，野果在空中划了一个漂亮的弧形，落到不远的地上："这是一件非常简单的事，不需要大智大勇，就像从树上摘下一颗野果一样容易。”

这个问题我从来没想过，似乎学术界也没人提过。应该承认，杜邦说的有道理，喜儿其实大可不必躲在山里，她有很多办法回到人间。也就是说，她的黢黑秀发没有变成白毛飘飘的生活依据。没有了这个依据，白毛女还有什么资格被称为白毛女呢?

杜邦好像看出了我的心思："所以，《白毛女》是一部宗教艺术片。你看，它最先是一个流传在山西的民间故事，在这个故事里，农民管她叫'白毛仙姑'。后来，它被艺术家写成了话剧，再后来，它又被拍成了电影，最后，它被改成了芭蕾舞剧。这一系列的改编说明，中国人有着强烈而神秘的宗教感情，他们需要神，喜欢神，并且在不断地创造着它。这是一个很了不起的创造，不是吗？这个创造里包含着人们的希望——如果天下有一个能把鬼变成人的神，那么，这个神一定是万能的，像西方的上帝一样。如果他们能够得到这种神的保护，就会获得安全感，就会得到永远的幸福。不是吗？"

他的说法倒是能自圆，可是听起来实在不舒服。出国以来，我听到的异端邪说多了，可要说破坏力，非此莫属。踌躇了一会儿，我终于想出了一个既防止谬种流传，又不侵犯人家的人权的两全之策。我尽量把语气放得委婉些："杜邦先生，我不同意你的观点，但是我宁愿牺牲生命也会捍卫你说话的权利。如果你能谨慎地运用这个权利，我想，十三亿中国人民都会感谢你。"

杜邦困惑地看着我："谨慎？你的意思是加小心吗？"

"我说谨慎的意思是：第一，你别把这个观点跟别人讲，尤其是别跟中国人讲；第二，别把它写到书里去；第三，如果写了，也别译成中文。否则的话，你就会触犯众怒，你的良心永远不得安宁。"

杜邦停住脚步，惊愕地看着我："为什么？"

"你的观点很有颠覆性。如果它传播到中国去，就会极大地伤害中国人民的感情。保护自己的感情同样是做人的权利，因此，传播你的思想观点实际上就是侵犯中国人的人权。”

杜邦挑起左边的眉毛，像看外星人一样看着我，说：“请解释你的话。”

“你知道吗？《白毛女》不仅仅是一部电影，它就像圣经故事一样，是中国人民的精神食粮，几代人都是吃它长大的。他们吃得挺香，感觉挺好。可是，突然有一天一位德国博士对他们说，你们吃的东西是假冒伪劣！他们能好受吗？你把他们的思想搞乱了，让他们又难过又疑惑，有的人会因此而绝食。最大的人权就是生存权、温饱权，你使他们忍饥挨饿，又没有健康绿色食品给他们吃，这难道不是侵犯人权吗？”

杜邦看着我，张了张嘴，什么也说不出来。看来，在我的雄辩面前，他已经毫无还手之力了。

我接着启发他：“说具体一点，如果你的思想传到学生耳朵里，学生们就会拿你的观点跟他们的老师们辩论，老师们对你的观点既不能承认又不能否定。你想想，这是多尴尬的事。更严重的是，这么一来，他们的书再也没人买了，他们的课再也没人爱听了。中国的大学正在实行聘任制，没人听课就会被解雇，你砸了人家的饭碗，这不是侵犯人权是什么？所以，我劝你最好把你的观点藏在肚子里，要不然，人家就要把你批得体无完肤。”

“那你为什么不批我？”

“我本来也挺想批你的，可是话到嘴边又咽了回去。”

“为什么？”

“第一，我不教电影史，又没有写过中国电影史的书，既用不着担心学生找我的麻烦，又不必担心书没人买。第二，吃人家嘴软，拿人家手短。我在你这又吃又住，昨天让你当导游，今天中午还得请你送我到车站，要是得罪了你，你跟我要饭钱店钱导游钱车油钱，怎么办？”

杜邦朗声大笑，一边笑一边拍着我的肩膀。突然，笑声戛然而止。他像突然发现了什么神迹似地打量着我：“啊，从你的身上，我看到了一种更神秘更久远的精神现象。它解答了一个我一直困惑的难题——为什么人们不知道奶奶是什么神，却仍要给她磕头。”

24 美国左派

据说，走长路的人，前半截想过去，后半截想将来。可是，火车都快到哥本哈根了，我还在想杜邦，想他在我身上的伟大发现，他所说的那更神秘更久远的精神现象是什么呢？实用主义？市侩哲学？犬儒主义？据李泽厚研究，儒家的精神是实用理性，这实用理性经磨历难，战胜了理想主义、道德哲学，终于演变成"猫鼠理论"把中国带进了小康。小康之世，市侩滋生，犬儒隆兴，皂白混同。东汉末年的"愤青"赵一，说什么"宁饥寒于尧舜之荒岁兮，不饱暖于当今之丰年"。这种想法太要不得。鲁迅说，第一是温饱，第二是发展。只要吃饱穿暖，尧舜与否，与我何干？重要的是发展自己，你瞧，我一分没花逛了汉堡，中国不费一枪一弹就混了个外汇储备世界第一。

一个大胡子车警过来查护照，我把护照递给他，他朝我点头致意："我到过您的国家。东京真是美极了，只是人太多。"

一股无名之火"腾"地窜上我的脑门——日本人，日本人，连汉堡的妓女也把我当成日本人！"Why you think I'm a Japanese ? I'm Chinese!"（你凭什么把我当成日本人？我是中国人！）

大胡子一愣，低头看护照，脸也随着拉长了："你是中国人？为什么没有签证？"

"我在瑞典教书，只从这儿经过，为什么要签证？"

大胡子还了我护照，恶狠狠地指着我的鼻子："下次别让我抓到你！"

我咧着嘴朝他笑着，肚子里的骂声早开了锅：臭车警，你狂什么狂，中国外汇储备世界第一，你知道吗！你们小小丹麦，除了性博物馆，还有什么？哼，老子告诉你，中国人修长城的时候，还没哥本哈根呢！

回到隆德，离开学还有半个月。我有充裕的时间整理法国教授的谬论、科隆的遭际和杜邦的异端邪说。把它们敲到电脑里之后，我开始琢磨着开学后讲什么。"主旋律"肯定是吃不开了，试一试"多样化"吧："多样化"讲什么呢？《混在北京》？《北京杂种》？《吴二哥请神》？《二嫫》？冯小刚的贺岁片？我对着一堆磁带光盘犯愁。

愁完了就出去闲逛。城郊有个好去处：不见际涯的绿地，上面开着白花，花很小，指甲盖儿一般，一片一片的，星星般点缀在绿茵上。这几年中国疯狂地发展绿地，其实这东西不但费水，看多了也单调。远不如天造地设的景观。所以我更喜欢钻进远处的树林里，那里有树有草有灌木还有小动物。树，有一半是参天古木，由于潮湿，树皮上包着厚厚的苔藓，一层又一层，绿得发黑。瑞典人忙着晒屁股，没工夫给树挂牌子。放在中国，这种树早就用铁栅栏护起来，还要挂上牌子，写着"槐科，落叶乔木"或别的什么。我正在琢磨眼前的树何科何属："噌"，一只肥硕的灰兔从树后窜到灌木丛里，一只小鹿受了惊，从灌木丛里窜出来，跑了两步，停下，一双黑眼睛温柔而好奇地注视着我。看了这情景，庄子会说："卧则居居，起则于于……与麋鹿共处。"杜甫会说："霜皮溜雨四十围，黛色参天二千尺。"十年前，加拿大姑娘玛丽在电影学院留学，听我讲庄子，听了一半就向我宣布："你们的庄子应该移民加拿大！"照我看，庄子也可以考虑移民瑞典。杜工部忠君爱国，不懂得逍遥游，是不会入番邦的。可他上哪儿去找霜皮黛色呢？看来，与其毁林造田出大力流大汗学大寨，不如躺在太阳底下晒屁股。

为了不想学大寨，只好打太极。走出树林，把衣服往地上一扔，吸着清冽的空气，踩着软软的草。沉肩坠肘，拔腰松胯，闭目塞听，意守丹田……

刚刚进入状态，身后有动静，回头一看，是索菲娅和一个陌生的女人推着车从树林里钻出来。

老远，索菲娅就朝我嚷嚷："Hi，我正想找你呢。"

"找我，什么事？"

"她要听你的课。"索菲娅指指身边的陌生女人。

两个女人走到我跟前，陌生女人把车往地上一支，伸过手来："你好，我叫艾米丽。美国人。"她的发音有点湘楚味。

我握着她的手："你好，你会说汉语？"

"一点点。"

"你到过中国？"

"我在中国教英语，同时学汉语。"

"在中国什么地方教英语？"

"湖南，毛主席的故乡。"

这是我在欧洲第一次听人这样称呼新中国的奠基人。

"你为什么不说毛泽东，而说毛主席呢？"

艾米丽腼腆地笑了："因为我爱他，他是我的导师和上帝。"

我惊讶地看着这个美国女人。她那发自内心的表白让我产生了一种模糊而奇怪的感觉。它陌生得恍如隔世，却又熟悉得如在身边。它到底是什么，我也说不清。

"哈哈哈！"索菲娅大笑："左派！你没见过吧？"

"是的，我不喜欢资本主义。"艾米丽说。

"为什么？"

"因为它是一个人剥削人的社会。"

"这么说，你喜欢中国？"

"以前喜欢，现在不太喜欢了。"

"为什么？"

"中国在走美国的路。"

“只要能富起来，走美国的路有什么不好？白猫黑猫，抓到耗子就是好猫。”

“你们并不了解美国。”

“那你给我说说，美国有什么不好。”

艾米丽整整短发：“美国是一个富人控制的国家，它的一切都由少数人决定。这些人高高在上，操纵着议会、军队和大众传媒。他们嘴上说自己代表美国民众，其实是骗人。我父亲是个参加过越战的老兵，丢了一条腿之后，他再也不参加公民投票。他不相信那些竞选人，不相信大众传媒，除了蓝筹股，什么都不信。他说，即使克林顿竞选狗总统，他的狗也不会投票。”

不管左派右派，这女人的坦率让我感动。她的模样也招人喜欢——高高的前额，略带卷曲的棕色头发在微风中颤动，一双大眼睛，诚恳地看着你，笔直的鼻子，鼻尖有点红，嘴唇很薄。年纪大约三十多岁。唯一让我不舒服的是，她的圆领衫上印着一个格瓦拉头像。

可是，半个月后的课堂上，艾米丽突然变成了另一个人，一个可怕的、好斗的、不可理喻的家伙。

开学第一堂课，讲范元编导的《吴二哥请神》，沿袭上学期的做法，开课前一周，我把录像带和故事梗概交给秘书，请她交给学生们。

《吴二哥请神》的故事梗概如下——

在四川荒僻的山沟里，有一个村子，叫望鱼滩。这个地方土地贫瘠，交通不便，村民们十分贫穷。党支书兼村长的吴二哥上任后，响应党的号召，想带领村民们致富。可是他一没资金，二没有门路。怎么办呢？

一个偶然的机会，他在省报上看到一篇文章，表彰一个叫王金良的私企老板，如何善于经营，如何资本雄厚。这个王金良正是望鱼滩的人，父母早早就死了，留下他这么一个孤儿。十几年前，也就是“文革”

后期，他跟村里的姑娘水水谈恋爱，当时的吴二哥是民兵队长，他受极“左”思潮的影响，认为王金良搞流氓活动，带着民兵把他抓了起来，五花大绑地批斗。王金良在村里待不下去，逃出望鱼滩。

得到这个消息，吴二哥眼前一亮——这可是一个好机会，王金良是望鱼滩的人，如今他发了财，一定会为望鱼滩改变贫困面貌尽力的。可是，吴二哥担心，王金良记他的仇。思来想去，他想到了水水。王金良对水水很有感情，尽管水水早已嫁人，但是王金良总不会记恨水水的。不看僧面看佛面，看在水水的面子上，王金良也得给他点面子。

吴二哥动员水水，跟他一道去省城找王金良。为了凑齐到省城的路费，吴二哥瞒着老婆把家里的钱拿了出去。他和水水在省城的一个豪华气派的公司大楼里找到了人称王总的王金良。王不很情愿地接见了他们。吴二哥先向王总为过去的事道歉，又吞吞吐吐向王总说明了来意。当了大老板的王总没有表态，只是留他们吃一顿便饭。

这顿便饭使吴二哥惊呆了，加酒水在内，一千三百二十五元，望鱼滩上的一个壮劳力苦巴苦干两年也挣不下这一餐饭呀！吴二哥吃不下餐桌上的山珍海味，掏出了怀里的干粮，跟饭店小姐要了一碗开水，流着眼泪啃起了干粮。王总的太太很生气，这是干什么，这不是丢我们公司的脸吗？！吴二哥的举动却感动了王总，他想到了望鱼滩，想到了那些曾经与他一起受苦受难的乡亲，想到了……

吴二哥带着水水离开了省城，他们不知道这一趟会有什么效果。吴二哥的老婆发现家里那点可怜的积蓄都被男人为村里的事花光了，跟他哭闹。乡亲们也嘲笑吴二哥，说他既丢了人又损了财。吴二哥扛着锄头上了山，找到了王金良父母的坟头——他要给王家修修坟，万一王总回村，是会来上坟的。

王总不顾太太的阻拦，终于带着人马开进了望鱼滩，吴二哥率领乡亲们夹道欢迎，全村人像过节一样，杀猪宰羊好酒好烟款待城里的贵客。乡亲们围着王总，称赞他，羡慕他，夸他有出息，成了有钱的大人物。

望鱼滩祖祖辈辈也没有人上过报纸，如今，王总为望鱼滩争了光。

果然，王总去上坟了，看到修葺一新的坟头，王总十分感动。

王总还惦记着水水，请吴二哥带着他到了水水家。水水的男人——一个残废弱智、破衣烂衫、满脸胡子、脏兮兮的男人站在破草屋的门口，横着拐杖拦住了他们，大声叫喊着："水水是我的人，这屋是我的！"吴二哥劝开水水的男人，王总在破草屋的黑暗角落里，找到了水水。他塞给水水一叠百元大钞。水水不收，她男人一把把钱抢了过去。

王总手下的技术人员告诉王总，望鱼滩盛产一种红色的大理石，这石材是国际市场的紧俏产品，开发出来一定会大赚其钱。

开山的炮响了，通往城里的路修起来了，采石场建起来了。吴二哥把村里的闲劳力全安排进了采石场，唯独没有安排自己。

上课了，除了托马斯、费米、索菲娅、魏安妮这四大金刚外，多了一个艾米丽，过了一个暑假，所有的人都晒红了。

我做了一个简短的开场白：上学期主要讲的是"主旋律"，为了适应各位的要求，我在教学上也搞了搞改革，改成了"多样化"——打算先讲讲农民怎么发家致富，再讲知识分子如何混在北京，然后请大家欣赏一下中国式的喜剧，最后打算讲一讲中国的电影大师张艺谋，如果你们有兴趣，也可以考虑讲讲民间电影。各位若有意见，请随时告之，还可以调整。

开场白之后，言归正传，讨论《吴二哥请神》。

"四大金刚"似乎还在想念南欧的阳光，都有点神不守舍，谁也不说话。

艾米丽站起来："这个电影有问题。"

我吓了一跳，看着艾米丽："什么问题？"

"名字，首先是它的名字。"

"名字怎么啦？"

"吴二哥请神，谁是神？电影告诉我们，是那个叫王金良的人，他为什么成了神，是因为他有钱。有钱就成了神。按照这种逻辑，美国有钱，你们就应该把美国当做神。谁有钱谁就是神，真理在哪里？正义在哪里？公平在哪里？有钱的是神，没钱的穷人是什么？是鬼吗？你们常常说，旧社会把人变成鬼，新社会把鬼变成了人。可是，你们现在又把穷人变成了鬼，把富人变成了神。这是怎么回事？”艾米丽一脸正气，逼视着我。

艾米丽的言论引起了“四大金刚”的兴趣，魏安妮和索菲娅小声议论起来，费米在托马斯耳边嘀咕什么。

我冲艾米丽点点头：“这个‘神’可以做各种理解，从字面上理解就成了具体的人，如果从影片的内容上理解，它就不是指某个人，而是指国家政策——经济起飞，共同富裕。”

艾米丽不依不饶：“即使从内容上理解，这个电影也存在着严重问题——吴二哥要改变望鱼滩的贫困，但不靠自力更生，而是靠有钱人的恩赐。这是向资本屈服，向资本家屈服。他的手段也是卑鄙的，为了引诱资本家投资，他一定要水水跟他到省城去找资本家。这是在利用水水，是让一个可怜的女人受感情的折磨。另外，它丑化了穷人，把村民们都写成了见钱眼开的劣等人。整个电影中，只有水水的丈夫代表了社会下层的正义，他有无产阶级的觉悟，不向资本低头，拦着王金良不让他进门……”

托马斯说话了：“可惜，这位有觉悟的贫下中农，还是把资本家的钱接了过去。”

费米帮腔：“重要的是看结果，用资本家的钱帮助穷人致富，这有什么不好？”

艾米丽坐下，轻蔑的斜了费米一眼：“你为什么不问一问，资本家的钱是从哪里来的呢？他是无私地帮助穷人致富吗？”

托马斯摆弄着圆珠笔，看着艾米丽，慢条斯理地说：“我很佩服美国人的道德感，我建议美国派一个调查团到中国去，帮助中国人调查清楚，那些大款是怎么发家的。然后把那些富人的财产没收，交给银行拍卖，或者干脆分给穷人，来一个二次革命。可是，你们美国为什么不给中国，给世界各国做一个榜样呢？美国的财阀们有几个不是靠政策起家，靠剥削起

德国右派与美国左派为中国而战

家？贩卖黑奴，杀害土著，开妓院，设赌场。中国的大款不过是美国大款的小学生罢了，既然都是巧取豪夺，你的道德感为什么只用在中国身上？你说的不错，吴二哥确实在向资本屈服，可这并不是他的主张，而是上面的方针政策。全世界都在向资本屈服，为什么吴二哥不能屈服呢？”

艾米丽几次想打断托马斯，都忍住了，但是她的胸脯剧烈地起伏着，直到托马斯说完，她的满腔义愤才喷薄而出：“如果美国是个恶魔，作为美国人，我就没有资格批评中国电影了吗？正因为我对美国的资本主义制度深恶痛绝，我才把希望寄托在社会主义中国身上，我才有兴趣对中国电影说三道四。发展中的国家存在着一种普遍的做法，把本国的问题说成是全人类的问题，再把全人类的问题说成是美国的问题。”

说到这里，艾米丽腾地站起，一手叉腰，一手高高地扬起，看着窗外，眼中充满无奈和无辜，像是在舞台上朗诵一样：“啊，尊敬的女士们、先生们，你们看呀，贪污腐败、贫富悬殊、失业、犯罪、人权、官僚、吸毒、走私，哪个国家没有，我们有一点又算什么！啊，亲爱的朋友们，同志们，你们看呀，美国这个超级强国，自称民主自由的国家，也有贪污腐败，也有贫富悬殊，美国人也失业，美国的犯罪是世界之最，美国的人权比我们更糟，美国的官僚主义比我们还混账，美国暴发户同样是靠走私发起来的，美国的公司同样做假账。还有，美国人小小年纪就性乱，就吸毒，就在校园里持枪杀人。比起美国来，我们这一点毛病算得了什么，生活在这样的国家里是多么幸运，多么幸福呀！”

艾米丽结束了她的朗诵，收回目光，盯着托马斯：“你以为做这样的对比，就能拯救社会主义吗？就能帮助中国吗？”

托马斯不动声色，仍旧摆弄着手中的圆珠笔，看也不看艾米丽：“谢谢你的指教。我希望你抓住我的主要思想——道德感。西方人，尤其是美国人，像孔子一样总喜欢讲道德，但是孔子的道德讲究实用，而你们的道德呢，一点用处都没有，只是一堆漂亮而动人的辞藻。请问，吴二哥能用你的道德去改变望鱼滩的现状吗？你的道德能给中国的贫困农村带来资金，带来公路，带来采石场吗？另外，我并不赞成你说的那种攀比，相反，我倒想问问中国人，你们为什么不跟人家的长处比？而总要跟人家的短处比呢？”

艾米丽说：“我也希望你抓住我的主要思想——自力更生，艰苦奋斗。吴二哥为什么不能拿出大寨人的精神，为什么非要厚着脸皮去乞求富人的怜悯？富人与穷人是两个对立的阶级，他们之间只有阶级斗争！吴二哥忘记了毛主席的教导！”

托马斯说：“对不起，你的观点混成了一锅粥。请允许我把它们整理一下。第一，你认为，吴二哥应该像大寨一样自力更生。第二，你认为穷富之间永远只有斗争，没有合作。第三，你认为毛泽东的思想仍旧适合吴二哥，适合现代中国。对不对？”

艾米丽点头。

托马斯说：“好，先说第一，毛泽东说，自力更生，但是不拒绝外援。吴二哥所作所为符合毛泽东思想。王金良的钱就是外援。修路是望鱼滩村民们修的，采石场是他们自己建的，这就是自力更生。至于大寨，你只知其一，不知其二。大寨之所以能够成为中国农业的模范，是因为有中央财政支持。再说第二，富人与穷人既有对立也有合作，阶级斗争并不能解释人类的全部历史。西方的工会就是斗争与合作的结果，光有斗争，没有合作，将会是什么样子，一个恐怖世界——法国大革命，中国‘文化大革命’？”

艾米丽说：“我问过很多中国大学生，他们没有几个知道‘文化大革命’，有的人连林彪、‘四人帮’是谁都说不清。我怀疑，这场革命是否像你说的那样恐怖，甚至怀疑这场革命是否真正发生过？”

托马斯再也沉不住气了，他扔掉了手中的圆珠笔，拍案而起：“你为什么不怀疑你的存在？你是真实的吗？也许，你只是你的一个幻想而已！”

……

好一场混战，美国与德国，左派与右派，美国的“西方马克思主义”与欧洲的自由主义，唇枪舌剑，你来我往，直杀得天地异色日月无光。下课铃响了半天，他们置若罔闻。

让他们为中国吵去吧，中国人得抓紧时机发展自己——我来到走廊里，看看四周无人，拧下一个早就相中的灯泡，又找了个信封，把公用咖啡倒进去。

回到公寓里，换上坏了的灯泡，冲上一杯免费咖啡，心想，托马斯这回算是遇上了对手，自由主义与“西马”谁胜谁负的问题，还没有解决。

25　阴阳大战

《留村察看》是王兴东、王浙滨的大作，此片获第四届中宣部“五个一工程奖”、1994年“华表杯”优秀影片奖和第十八届大众电影“百花奖”最佳故事片奖。这种主旋律的片子本来应该放在前面讲，因为要讲的太多，没排上队。现在放在农村题材里讲，也不委屈它。为了避免不必要的误读，我把剧本和王兴东的写作笔记全部复印下来，并且尽可能地把故事梗概写得详细一些——

林泉县县长简正的妻子宁萌受贿两万元，被判了五年刑，她的同案犯崔德立，分管工程项目的负责人，受贿三万五千元，被判了七年刑。人们传言，揭发检举简妻子的正是简的秘书马先生。宁萌受贿案使简颜面扫地，为了躲避记者，他假称宁萌去了日本，让女儿到妹妹家住。自己去了县里最穷的蛤蟆川。他想弄清楚在任多年一直没有解决的问题——为什么那里有那么多哑巴。为了迎接他，当地的乡长和村长杀鸡宰羊大摆酒宴，酒酣耳热之时，突然闯进来一个哑巴汉子，往饭锅里扔了一块土坷垃，还抢走了一只褪了毛的小鸡。乡长、村长带人追赶，六个哑巴壮汉手持木棒围了上来，乡长、村长逃之夭夭，简正被逼到了河沟里，幸亏当地的老支书赵祥赶来解围，用手语告诉那些汉子，此人是县长。简正到了赵祥家，目睹了让人震惊的贫穷——房屋破旧，无粮无衣。他感到自己的失职，带着当地的水样，他回到了县城。

因为简正与其妻受贿事有关，省里给了他撤职、留党察看一年的处分。县委安排他当校办工厂的负责人，他不去；让他上党校学习，他不去。“从哪儿跌倒从哪儿站起来”是他的信条，他要挽回他工作中的损失，证明自己是个愈挫愈奋的男子汉。在县委门外的集贸市场上，他发表了感人泪下的演说，请城里人捐出闲置的衣服，帮助哑巴村的村民过冬，但遭到了冷遇。原来的秘书告诉他，县委发话了，扶贫是领导的事，用不着他这个下了台的县长管。他只好拉着收破烂的车子，满大街收集旧衣服。得了绝症的老县长闻讯赶来，把自己的衣物尽数捐出，鼓励他干下去。化验员告诉他，他带回来的水样已经化验过了，结果是严重缺碘，孕妇喝了这种水，生下的孩子就会成为先天性哑巴。

拉着一车旧衣服，简正回到了蛤蟆川，解放军响应简的号召，也送来了两卡车衣物。蛤蟆川的人们分到了过冬的衣服，开始信任这个下了台的县长。简住进老支书赵祥的家里，赵的外甥女罗彩云，村里的小学教师，一个三十多岁的、美丽而温柔的女人带着愧疚的心情，异常殷切地关照着简的日常起居。

简决定引泉水进村，从根本上解决哑巴村的问题。可是，因为他下了台没了权，村长、乡长不听他的，县里的各个衙门也把他拒之门外，没有人愿意为这个工程出钱。他带领村民们捉蛤蟆，却被村长拦住，理由是，县上有文件，养蛤蟆要交水费、电费。简拿过文件一看，原来是自己亲自签署的。简只好带着村民们夜里偷捉蛤蟆，他们的蛤蟆在市场上卖了两千元，可是，简和村民牟根却因“偷抓蛤蟆，违章交易”被乡长关押，关押的法律依据又是简当年签署的公告。

在水利局局长的干涉下，简被放了出来。拿着罗彩云给他的一个梨木线板，简找到了离休的省人大高主任。高主任看到那线板不禁感慨万千——五十年前，为了抗日，他来到蛤蟆川，罗彩云的舅母自己穿得破破烂烂，却为他缝了厚厚的棉衣，他做了这个梨木线板送给罗的舅母。十年前，他回到了蛤蟆川，看到那里的人民仍旧一贫如洗，他深感对不起那里的乡亲。在这种心情的驱使下，他带着简四处想办法，终于搞到了工程款。

引泉进村的工程动工了，作为总指挥，简日夜战斗在工地上，简的独生女，十三岁的芳芳来找他，询问妈妈为什么扔下她和这个家，去了日本？他无言以对。蓄水池塌方，牟根为了救人被砸死，简按当地的风俗，给他办了隆重的丧事。胆小怕事的村民们不再出工，简一个人挖土不止。芳芳给妈妈写信，诉说自己的痛苦，怀疑爸爸有了新欢（罗彩云）。盛怒之下，简打了女儿一个耳光，芳芳哭着跑掉了，众人到处寻找，只在河边找到了一只鞋。

简去探监，宁萌不见。在监狱的墙外，他意外地遇到了芳芳——芳芳已经知道了真情，改变了对爸爸的看法，认为他是天下最棒的男人。

县委书记通知简，组织认为，简在一年察看期表现不错，上级决定调他去外县工作，简拒绝——他要带领蛤蟆川的人民走上富裕的道路，在那里待一辈子。简带领人们搞起了山菜加工厂和药材加工厂，买卖兴隆，生意做到了香港。蛤蟆川由贫变富，修路工地上，简为了救人，被砸伤了腿。他带伤主持村党支部的扶贫会议。崔立德的儿子、罗彩云的前夫崔明前来寻衅，打伤了彩云，并向前来劝解的简道出了事情的真相：罗彩云是个“内奸”，正是她，揭发检举了自己的公公崔立德，把简的妻子宁萌送进了监狱。简正告崔明，罗彩云做的对，她大义灭亲，敢于与腐败做斗争，是全体党员的榜样……

电视里播报本县新闻——县人大代表选举新县长爆出冷门，简以绝对多数当选。接简上任的轿车——一辆桑塔纳和五辆蓝箭被河水拦在对岸，岸这边，乡亲们依依不舍，罗彩云将梨木线板装进简的挎包里，四个壮汉用担架抬简过河，送行的哑巴们突然喊出两个字：回来，回来——

托马斯一反往常，早早就来了，穿着还是那么随意，只是胡子似乎修剪过，乱蓬蓬的头发也驯服了许多。他坐在老地方，翻着小黑本，一付万事不关心的样子，可他的眼神却掩饰不住胸中澎湃的战斗激情，你看，门每响一下，他都要急速地瞟上一眼。

好像故意让托马斯着急似的，艾米丽最后一个光临，她的目光依旧那么清纯，衣着还是那么简朴，只是鼻尖红红的，那圆领衫上面的图案也从格瓦拉变成了太极图。她挨着索菲娅坐下，从纸袋里掏出一卷纸巾，擤开了鼻涕。这位老美看来不太适应北欧的天气，感冒了。

“大家都看了片子，请各抒己见。”我扫了托马斯和艾米丽一眼，在长桌的一端坐下，暗自期待着再来一场口舌大战。

没等美、德两国“交火”，魏安妮先说了话：“对不起，教堂的唱诗班有事，我只能上一节课。我有七个问题。第一，在这个影片里，简总爱说‘就说我说的’，这句话他一共说了四次。这句话是什么意思？第二，那个女教师罗，总批评简‘缺钙’，这句话她也说了四次。请问，它的意思是什么？第三，编剧在写作笔记中说，其实群众对干部们要求并不高，一是自己少搂点，二是为群众多办点实事。我想知道，少搂一点的标准是什么？搂多少算一点？如果没有一个公开的确定的标准，官员们怎么执行？第四，简的扶贫工作只得到了两个老干部的支持，一个是老县长，一个是高主任，作者的意思是不是说年轻的干部已经丢掉了革命传统？第五，在影片的结尾，简又重新当上了县长，是人民代表大会选的，我想知道，人民代表是谁选的？第六，如果没有那个象征着革命传统的线板，高主任还会帮助简吗？第七，简当了县长之后，他的妻子还会在监狱里吗？”

你瞧瞧，社会语言统计学又来了。对这种呆问题，只能敷衍了事。

“编剧在他的写作笔记中，对‘就说我说的‘这句话作了解释——‘这是干部指派下级人员常用的一句口头禅’。关于‘缺钙’的说法，只是一个比喻……”

费米打断我：“‘就说我说的’这句话并不像你说的那么简单，它至少包含两层意思：一层是‘我是权威，我说的话必须照办’；另一层是，别人不是权威，别人说的没用。这句话表明简是个专制主义者，像个土皇帝。”

我点点头，承认他说的有道理。

费米受到鼓励，进一步发挥："我在中国的时候，总听人家说，'你明白吗？'老板对雇工这么说，教师对学生这么说，警察对行人这么说，甚至朋友夫妻之间也这么说。如果他们对我这样说，我觉得很正常，因为我的中文不好，确实有时候听不明白。可是，他们为什么跟自己的同胞也这样说呢？难道他们的同胞都是蛤蟆川的哑巴，听不懂中国话吗？我问过一位研究语言的先生，他说，'你明白吗'是改革开放的产物。凡是问别人明白不明白的人都有一种优越感，这种优越感或者来自地位，或者来自财富，或者来自智力，或者来自习惯。二十世纪八十年代以前，中国社会是一元的，中国人是平等的，人们不这样说话，改革开放带来了差别和等级……"

"人家魏安妮还等着呢，你明白吗！"索菲娅狠狠地瞪了费米一眼。

费米吐吐舌头："明白明白。"

我接着说："钙是一种化学元素，人体缺少钙就会导致骨骼疏松软化。人们常用'缺钙'来比喻人没有了志气和勇气。罗彩云说简缺钙，是希望他跌倒了爬起来，像个男子汉。"

魏安妮飞快地在本子上记着。

这后两个问题一个比一个难回答，我不得不字斟句酌："编剧王兴东在他的写作笔记上确实说过：'群众对我说，其实我们对干部的要求并不高，一是自己少搂点，二是为群众办点实事。'……这种说法……这句话的意思是……群众是善良的，宽厚的。"

费米又忍不住了："第一，你没回答魏安妮的问题，她要知道一点是多少？第二，这种观念很奇怪，它的意思是，群众是允许，甚至赞成干部们搂一点的，也就是说，搂是正常的，纳税人应该满足官员的私心。我真不明白，中国的官员在群众心里是一种什么动物，他们好像是谁也惹不起的魔鬼，又像是需要格外关照的宠物。而且，搂一点与办实事好像是交换，只要你办点实事，我就允许你搂一点。"

费米把手提电脑一转，让屏幕朝着我："网站上说，不卖伪劣商品的就是好商人，不收红包的就是好医生，不抄袭的就是好学者，现在还得加上一条，少搂点的就是好干部。我真不明白……”

魏安妮看了看手表，急忙收起本子：“对不起，我得走了。”

索菲娅冲费米喊：“这回你明白了吧！”

费米一边点头哈腰地给魏安妮道歉，一边跑去为她开门。

魏安妮一阵风似地走了，我像被大赦的犯人，长长地舒了一口气。

当教室重新恢复安静之后，艾米丽打开本子说话了：“我很喜欢这个电影，它表现了中国古老哲学提倡的天人合一、男女和谐的思想，在中国哲学看来，天是阳，地是阴，男是阳，女是阴。而这个电影正是一个阴阳结合体。”说到这里，她拿起一张手巾，打雷一般地擤鼻涕。

我心里好笑，这位左派“西马”显然是有备而来，可她备的是什么呀，一部反腐倡廉的影片到她眼里居然成了什么阴阳结合体。真是中西文化风马牛！我看了一眼托马斯，那仁兄正襟危坐，听得津津有味。

艾米丽好像看透了我的心思：“可能有人会说，你这是牵强附会。这类话我听得多了，今天再听一次也没关系。我说它是阴阳结合体，是因为它的主要情节和人物是由阴阳两种元素建构起来的。简的妻子宁使简失去了县长的位置，而他的情人罗又使他回到了这个位置，也就是说，是阴——女人的力量，推动了阳——男人的行动。而男人的行动又带给了蛤蟆川的第二次解放，这一解放标志着革命传统的复归，于是一种更高意义上的天人合一呈现在银幕上。它使这部影片像太极图一样（她指指胸前的太极图）充满了生生不息的生命力和无法超越的美感……”

我好奇地端详着她，心想，这位美国人怎么跟国内的“后新评论家”一样，不把事儿说糊涂誓不罢休。原来我以为只有中国人这么做学问，闹了半天，天下的大学问家都一样。想着想着，油然而起敬意，而愧疚之心亦随之而起。

索菲娅捂住嘴，打了一个大大的哈欠，费米乘机伸了一个长长的懒腰，再看托马斯，挺绅士地坐在那里，只不过闭上了眼睛。

听到擤鼻子的雷声，托马斯及时地睁开眼睛，拍拍小黑本，说话了：

“艾米丽所说的阴阳结合确实存在，不过不像她解释的那样。这个电影以阳为表，以阴为里，从表面上，我们看到的是一个官僚主义者如何改正错误，重新获得人民的拥戴，很显然，这种积极向上，歌颂光明的思想是阳。但是在它的下面，还藏着另一种揭露的批评的不满的否定性思想，也就是说，阳的下面藏着阴。”

“你说了半天，到底什么是阴？”艾米丽问道。

“这个‘阴’藏在电影所描写的干部之中。这里面先后出现了两个县长，一个是下台前的简县长，另一个是接他班的新县长，编导告诉人们，简当县长的时候就是个脱离群众的官僚，剪彩、视察、做报告、批条子是他的主要工作；而代替他的新县长一点也不比他好，他每天做的还是简先生的那一套。那个县委书记也是个官僚，简先生号召城里人为蛤蟆川的穷人捐过冬的衣服，对这种人道主义的行为，县委书记非但不支持，反而下令禁止。简先生没办法，只好以收破烂的名义完成心愿。简先生的扶贫工作取得了成绩，县委书记不但不为蛤蟆川脱贫高兴，反而板着面孔挑简的毛病，说他不注意安全，挖蓄水池时出了工伤，砸死了牟根。编导用了大量的篇幅介绍简的扶贫工作多么艰难，他到处碰钉子，到处遭白眼，县委、人大、政协、扶贫办……没有一个单位的领导人同情蛤蟆川的哑巴，帮助他的只有两个老人，一个是快死的老县长，一个是离休的省人大的高主任。而这两位老人帮助他是有条件的，老县长捐出衣服被子，是因为他得了癌症，只能活两个月了。高主任看到了罗彩云的舅母留下的梨木线板，才动了感情，觉得自己愧对老区的百姓。魏安妮问的好，如果没有那个线板，他还会伸出援助的手吗？老干部如此，县干部如此，下面的干部更糟糕。那个顾乡长集小人坏蛋流氓恶霸势利眼于一身，可以说是无恶不作。他对上阿谀奉承，对下欺压剥削，为了给简接风，他大摆酒宴，可酒宴上的东西都是从老乡家里抢来的。当他知道简不是县长的时候，就马上变了脸，甚至把他关起来。还有那个车村长，他身为村长，只知道自己发家致富，不用说为人民服务的思想，就连起码的同情心都没有，他的两个儿子掌握着村里水、电大权，他的一家简直成了蛤蟆川的主宰。总之，在这影片里，除了简之外，所有在职的干部，无论大小，没有一个好东西。”

“别忘了，车村长最后变好了。”艾米丽冷冷地插了一句。

“那是所有作品都应该遵循的公式。”托马斯回敬她。

“新来的县长被选下去，简再次当选为县长也是公式吗？”

“那不是公式，是乌托邦理想的残渣，是革命浪漫主义的余威。”

“乌托邦是可能的，只有它才能够对抗资本主义。”

“它能对抗人的私心吗？”

艾米丽说：“中国人告诉我，二十世纪五六十年代社会风气最好，干部作风最好。因为那时有思想改造，有下乡下厂，有同吃同住同劳动。”

托马斯说：所以影片创造了一个又一个奇迹，先让简当选为县长，然后让哑巴朝他喊‘回来’。他们希望什么回来呢？就是你说的下乡下厂，思想改造，同吃同住同劳动。一句话，希望传统回来。可是，我问你，既然五六十年代那么好，为什么会有改革开放呢？你认为不存在的‘文革’不也是某种传统的复归吗？”

艾米丽又使劲擤起了鼻涕。

26 “孙子”与“村子”

艾米丽的表现让我失望，她失利的原因，除了玉体欠安之外，与我选的片子也有关系——《留村察看》缺乏左派“西马”发挥的空间。为了让艾米丽扳回败局，我决定讲《被告山杠爷》。国内的影评家都说老外看不懂这部片子，鉴此，我尽可能地把故事梗概写得简洁明了——

> 在四川的大山里，有个叫堆堆坪的村子。一天，县检察院来了人调查村长山杠爷违法的事。村民们都替他抱不平——山杠爷可是个好人呀，你看，他不占公家便宜，事事为集体、为村民们着想，勤勤恳恳，任劳任怨，治村有方，全村像个和睦的大家庭。这样的模范干部怎么能犯法呢？山杠爷确实犯了法——他把夯娃的婆姨强英绑起来游街，弄得她没脸做人，吊死在山杠爷的家门口。他私拆明喜给桂花的信，强迫明喜回村。他说捆谁就捆谁，想关谁就关谁。酒鬼和王路都被他捆过、关过。他还动手打人，党员赵二立就被他当众打了四个大嘴巴。但是，山杠爷犯的法都合情合理，绑强英游街，因为她打骂婆婆，不听从劝告。为了树立孝敬老人的风气，山杠爷不得不这样做。可她不思悔改，还以死相抗，这是自绝于人民。山杠爷私拆村民信件，是为了完成上级交给的春耕计划，把那些在外地打工的劳力叫回来务农。他捆、关酒鬼，因为酒鬼除了赌博就是喝酒，喝醉了还打婆姨。而王路被捆被关是因为他拒交公粮。

奇怪的是，几乎所有被山杠爷整过的人都替他说话。明喜和桂花为山杠爷说情，称赞他是个好家长；强英的婆婆哭着喊着要替山杠爷坐牢；赵二立感激山杠爷——那四个大嘴巴打得好，打出了党的威信，打掉了他的私心，打出了村里的水库，打来了致富的鱼塘。

山杠爷对他的孙子说，堆堆坪就是一个缩小的中国，中国就是一个放大的堆堆坪。因此，国法就是村规，村规就是国法。可是检察院告诉山杠爷，他的行为触犯了国法。山杠爷反问：不捆、不关、不游街，怎么对付那些刁汉泼妇？检察院说，进行思想教育。山杠爷正告他们：你们那一套在堆堆坪行不通！在安排了接班人之后，山杠爷被带走了，村民们失魂落魄。人们想不到，检举山杠爷的不是别人，正是他的孙子虎娃。

我的计划还没开始就破产了——艾米丽没来。坐在她的座位上的是另一个人，一位高高胖胖的中年女性，她学日本人的样子双手捧上名片，说了一句英文："I'm a Denmark, a Sinologist, and I just came back from your country. I want to discuss some questions with you."(我是丹麦人，汉学家，我刚从您的国家回到这里，我想和您讨论一些问题。)

我看了一眼名片，达琳娜，丹麦汉学家，欧盟特邀观察员。她是不是参加过赞成台湾独立的签名？让她听课大使馆会不会找麻烦？我心里嘀咕。

"May I speak Chinese to you?"（我可以说中文吗？）

你看看，她跑这来儿跟我练汉语来了。

"当然可以，你看过这部片子吗？"

"看过，还有《天网》、《秋菊打官司》，都是干部成了犯人。"她的中文怪声怪调的。

"请说说你的看法。"

"中国有二百六十万个孙子，这些孙子要是学了法律，中国就会更加民主。我访问了一百个孙子，其中有三十二个孙子不知道怎么使用自己的权力，有四十七个孙子知道，但是他们不想运用这一权力。”

我越听越糊涂，这位达琳娜是不是说，山杠爷的孙子因为学了法律，才使山杠爷受到法律的制裁？

“你怎么知道中国有二百六十万个孙子？”

达琳娜惊讶地睁大灰眼睛：“这是中国政府公布的。你难道不知道？”

“中国政府为什么要统计孙子？”

“因为，他们要进行民主法治建设，孙子是实行民主的基础。”

孙子是民主的基础？虎娃这样的孙子多了，山杠爷这样的土皇帝就少了，中国的希望在孙子们身上。这个道理似乎也讲得通。不过，中国的孙子绝不止二百六十万，全国的中小学生就有上千万，他们在家里除了当儿子女儿还得当孙子孙女……

我正在胡思乱想，魏安妮悄悄地塞给我一个纸条，上面写着：孙子 ＝ 村子。

我恍然大悟，原来这位汉学家“S”、“C” 不分。

达琳娜的发音引起了一阵小小的骚动，几个未来的汉学家脸上露出轻蔑的神情。看着我写在黑板上的汉字和拼音，达琳娜红着脸声明：“我所说的孙子是‘village’，是‘hamlet’，不是‘grandson’。”

我想法给她台阶下：“索菲娅，照你看，堆堆坪要投票选举，谁会当选？”

索菲娅说：“山杠爷，不过他被抓走了。”

费米问：“投票选举是不是非得选党员？”他转向达琳娜：“你在中国视察了一百个村子，是不是都是这样？”

达琳娜说：“中国有没有这种规定我不知道，但是，我所见的党员与群众没什么不同。我认为，堆堆坪不具备投票选举的条件，按照我设计的方案，投票选举的地方（她不敢说孙子了）百分之六十的选民应具备初中以上的文化水平。堆堆坪只有一个初中生，不能进行民主选举……”

托马斯下巴上的红胡子一翘一翘的：“我看过报道，中国的农民用豆

子当选票，选自己信任的村长。数豆子用不着上初中。这说明，没有文化也可以当选民。一百年前就有人说，中国民智未开，不能马上实行民主。我想问，什么叫民智，民智开不开的标准是什么？是初中还是高中？你的说法正在被别人利用，使中国永远停留在堆堆坪的水平上！”

达琳娜向前倾着身子，硕大的胸脯起伏着。她大概从来没有受到过这种无礼攻击，她在努力地克服着自己的情绪，直至冒出了机关枪扫射一般的丹麦英文。

我屏住呼吸，伸长脖子，立起耳朵，连蒙带猜，才听懂一半：“……你以为照你的办法数豆子中国就民主了吗？不！数豆子的选民只能选出皇帝，只能成为暴君手下的暴民，想一想红卫兵吧！”

托马斯冷笑着，摸了一把胡子，每一根胡子因此都带上讥讽：“第一，红卫兵恰恰都是受过教育的，你知道蒯大富吗？他可是清华大学的高材生呀。首都三司的红卫兵当起暴民来比文盲们好得多。第二，山杠爷对他的孙子——不是村子——说：国法就是村规，村规就是国法。可是电影告诉我们，国法不是村规，国法要惩治村规，要惩办他这个制定村规的土皇帝。这就是说，中国有了民主的基础，数豆子也一样能数出民主来。”

达琳娜改成了中文：“请问，豆子先生，是谁写信检举了山杠爷的？是他的‘grandson’，他在学校学了法律，才有了这封信。”

托马斯朝达琳娜深鞠一躬，脑袋几乎碰到了桌子上：“孙子女士，谢谢你的提醒。不过豆子先生也要提醒你，中国缺的并不是教育和文化，而是实行民主的决心。违法的人在西方也有，几个土皇帝不能作为借口。”

在外国的课堂上，听外国人为你的国家吵得面红耳赤，心里是什么滋味？此时此刻，我想的只是如何中止这场德丹大战，民主呀、自由呀、人权呀早让我扔到恐龙蛋里去了。

我站起，朝唇枪舌剑们拱手：“感谢二位对中国的关心，你们是同行，我不希望一部中国电影造成你们之间的不和。现在离下课还有二十分钟，我想请别的同学发表意见。”

我向费米、索菲娅和魏安妮递了个眼色，这些鬼精灵马上行动起来。

索菲娅说：“强英的婆婆应该把儿子和儿媳赶出去。或者把房子卖了，到养老院去住。”

我微笑着朝索菲娅点点头，似乎在赞扬她的人道主义建议。可我心里说，漂亮的小傻瓜，你最好让强英的婆婆雇兰博当保镖，让汤姆叔叔看大门，请乌比·戈登堡当女仆。饿了就吃肉糜，饱了就遛狗，没事就看看美国肥皂剧，闷得慌了就找心理医生。

虚假的微笑鼓励了费米，他喝了一口咖啡，抹抹嘴：“我认为，堆堆坪应该成立陪审团。”

亏他想得出来！

魏安妮对数字总有浓厚的兴趣：“是不是想退党的人，都要挨打呢？赵二立挨了四个耳光，别人会挨几个耳光？”

这个问题容易回答，我告诉魏安妮：“挨打与退党并没有联系，因为，在大多数情况下不宜退党。至于想退党的人要挨几个耳光，这没有一定，要看山杠爷愤怒的程度。”

下课后，达琳娜请我吃午餐，牛排送来之前，她表示歉意——托马斯讽刺她的发音，让她丢了面子，她压不住火，给我找了麻烦。托马斯的大名她早有耳闻，这次真让她开了眼。她认为，托马斯比山杠爷还专制。最后，她说，她还要在瑞典待一周，希望我每天拿出两个小时纠正她的S和C的发音。每小时付一百丹麦克朗。

半年后，我在一个研讨会上见到她，她老远就冲我喊：“村子，村子！你好吗？”害得与会者都管我叫Mr. 村子。而自从那堂课以后，大家都管托马斯叫“豆子”，他非但不生气，还自我标榜：小球推动大球，豆子推动民主。

27 “混” 与“玩”

要不是科隆之行，我不会讲《混在北京》。平心而论，编剧索飞、导演何群对知识分子处境和心态的体察挺到位。但是，这个片子没有亮点，找不着健康向上，片名就让人不舒服——《混在北京》，如果是从前，这种“暴露阴暗”的“自然主义”作品根本不可能问世。由此可见，改革开放之后，中国的话语环境有多宽松。话说回来，既然能通过审查，就说明它政治正确。既然正确，讲又何妨。再说，有了艾米丽，就不怕托马斯。如果美国左派与德国右派再来一场恶战，我坐收渔翁之利，岂不快哉!

为了给左右“两条路线斗争”提供方便，除了内容简介之外，我又加了人物介绍——

内容简介：

这是一部描写中国知识分子的电影。二十世纪九十年代初，中国走向市场经济，这一巨大的历史性的变迁使知识分子陷入迷惘困惑之中，他们仿佛站在人生的十字路口，不知道该向何处去，不知道应该做些什么，不知道自己的社会位置在哪里——原有的位置动摇了，瓦解了，而新的位置要么是难以适应，要么是无法接受。在这一社会变迁面前，他们采取了各种各样的态度。有的迎合市场，迎合领导，因而得到了名利和美色。有的反抗市场，抵制媚俗的领导，结果挨打受气，最后被抛出了体制，挤出了北京。有的选择了变通的方法——或在体制内下海经商，或到体制外自谋生路。还有的走上层路线，企图在体制内混个一官半职……总之，这部电影展示了九十年代中国知识分子的人生百态，通过它，你可以对这一群体有所了解。

主要人物：

故事发生在北京，更准确地说，是发生在北京的一座筒子楼里。这种地方最容易发臭水——人们把什么东西都往水池、便池里面倒，导致下水道堵塞。一堵就会污水遍地，臭气熏天。电影一开始就是发臭水。在那个肮脏狭窄的地方，住着诗人、画家、编辑、评论家和翻译。他们在同一个出版社工作。这些性格各异、想法不同的人挤在这么小的一个空间里，自然会生出很多事端。

这里的诗人叫哲义理，他的头脑灵活，很适合经济转型。虽然是四十多岁的大老爷们了，还整天装“嫩”（在心理上装成年轻人），为情窦初开的少年少女写酸不溜丢的情诗，为流行歌曲写无聊肤浅的歌词。同事们对他的心情很复杂——既看不起他，觉得他没有知识分子的志节操守，又为他的名利双收羡慕他，嫉妒他。他的诗集销路很好，给出版社带来了丰厚的利润，他由此也成了少数先富起来的人。

除了善于投机之外，这位诗人还有两大特点，第一自私，第二好色。自私主要表现在发臭水的时候——别人在外面忙活，他躲在屋里写“酸词”。好色就是找女人，中国有句顺口溜：“男人有钱就变坏，女人变坏就有钱。”哲义理是靠着有北京户口的小琴才调进北京的，他发迹之后，就跟一个歌女上了床。但他也知道反省：“我整天说自己是艺术家，可是我算个什么东西！”歌女怀了孕，逼他离婚，他坚决不离。理由是：“你（歌女）离了我能活，小琴（他的老婆）离了我活不了。”歌女流产之后给了他一个大嘴巴。偏偏小琴看到了这一幕，尽管诗人给她下跪，求她原谅，并告诉她，他将得到提拔，夫荣妻贵的好日子就在眼前。但是她还是下了决心："以后你的事我不管，我的事你也别管。咱们各走各的路！"

评论家叫沙新，文学硕士，三十多岁。两地分居，妻子在成都。他是一位"愤怒青年"。这种人刚正不阿，愤世嫉俗——做人过于正派，是非过于分明，做事不计后果。他撰文批评哲义理的情诗，看不起那些一掷千金的暴发户，痛斥随地吐痰的街头痞子，因此被打得鼻青脸肿。他坚持道义，坚守学术标准——出版社为了"面对市场"，要出一套根本谈不上名著的"中外名著百部系列丛书"，请他做编辑，他严词拒绝。他的妻子来北京看他，知道他顶撞了领导，担心以后没好日子过。他正告她："不能为了讨好领导而放弃自己的理想。"妻子反问他："你的理想值几个钱？"这个反问很有力，在社会的天平上，背叛主流的个人理想永远受冷落。

沙新觉的妻子变俗了，其实他也在变，世道逼着他变——房管科的刘科长警告他不许以老婆在京生孩子为由占房，他忍无可忍，对刘科长老拳相向。刘科长骂他："瞧你那操性，还他妈是文化人呢！"他正告刘："你别拿文化人吓唬我，我这回就当一回流氓了！"当流氓既没保住房子也没保住饭碗——妻子的话成了现实，沙被"优化"下岗（失业），只好回到成都老家，离开北京的时候，他深情地说：其实我是挺爱北京的。

画家叫季子，是出版社的美术编辑。她年轻漂亮，有主见有个性。她知道如何改善生活——常常利用业余时间偷偷地给商家搞装潢设计。副主编劳思贵，一个五十多岁的男人对她格外照顾——带她到海南出差，为她争取出国名额，送她珍珠项链，对她的工作也网开一面。人们怀疑她是劳的情妇，管她叫"交际花"。她心里难过，表面上装作没事人一样。终于有一天，她装不下去了——劳的老婆给她写信，骂她是妓女，勾引她的男人。她找劳妻说理，被劳妻骂得狗血喷头。最后，她不得不满怀委屈离开了北京，到海南寻找自己的幸福。

翻译家叫胡义，他的妻子也是出版社的编辑，两人来自上海，有一吃奶的孩子。胡妻对市场看得很准："这年头好卖的书就两种，一是乱七八糟带刺激的，一是有后台撑腰的。"她常常埋怨胡义跟不上形势，挣不到钱，让他向哲义理学习。胡义既看不起哲，又羡慕哲；既讨厌妻子的唠叨，又认为她说的有理。为了"走向世界"，哲义理出六千元请胡翻译他的诗。胡不想接这个活儿，架不住妻子的怂恿和金钱的利诱。于是，他一边骂哲的诗臭，一边为他翻译。他的宝贝儿子偏偏在这时候哭闹起来，他骂老婆俗，老婆骂他笨。在不断的吵闹中，这两口子终于找到了进入市场上的路径——美容书和美食书肯定赚钱。

编辑叫冒守财，来自东北农村。他没有大本事，只有小野心——在出版社站住脚，往上爬，弄上一官半职，分上一套房子。这个愿望在他搞了对象之后更加强烈。他的对象是胡义的表妹慧慧，慧慧大学毕业找不到工作，帮胡义带孩子，她受不了胡妻的挑剔，搬出了胡义家，还爱上了这位乡巴佬。胡义看不起冒守财，嫌他土，骂他："瘦西湖里的癞蛤蟆，想占我们扬州姑娘的便宜，做梦！"可扬州姑娘却对"癞蛤蟆"一往情深。两人领了结婚证，没有房子，冒守财只好去拍劳副主编的马屁，住在同室的门小刚当面挖苦他，两个人大吵其架。吵过之后，冒说了心里话："我是从农村出来上学的，当初能留在北京已经很不容易了。我知道我有农民意识，楼道里的人都瞧不起我。想起来我心里就堵得慌，这么多年我遭白眼，卖傻块，装老实。不就想混出人的模样来吗？我也是三十几岁的人了，连个家都没有。有时我到东北餐馆坐坐，吃一碗酸菜饺子，听一听老板们说家乡话，真想跟他们一块吹吹牛，可一想自己混得这么窝囊，还有什么可说的。混到这份上全怨我自己没本事。"这话挺感动人，门小刚与他握手言和，拉他入伙，成立了香岛出版公司。

无论有本事的，还是没本事的，无论在北京、海南还是在成都，知识分子都是这样"混"着。

让我失望的是，艾米丽仍旧没有出现。托马斯似乎比我还失望，他问索菲亚，艾米丽到哪儿去了？索菲亚说，她回国了。

回国了居然不打个招呼！美国人太自由散漫了。

左派不在，右派也翻不了天。我清清嗓子，请大家谈谈对《混在北京》的看法。

果然不出所料，这个片名惹起了麻烦。

“它的英文名是‘The Strangers in Beijing’，为什么到了中文里就变成了《混在北京》？”索菲娅挑起一只眉毛，指着黑板上的中文片名。

“它应该译成《陌生人在北京》。之所以译成了《混在北京》，大概是因为‘混’在英语里表达不出来。”我在‘混’字下面画了一个三角。

“我知道中国人喜欢说‘混’，可是这个字有太多的意思。不是吗？”索菲娅抽动着拜占庭式的鼻子，好像嗅觉能帮助她分辨出“混”在这里的确切含义。

“混有两种发音，共有六种意思。”魏安妮一边说着，一边伸出细长的食指在她的大本子上一行一行地扫描：“这里的‘混’是不是‘掺杂’的意思？”

我忍住笑：“不，魏安妮，‘混’在这里不是‘掺杂’，而是‘苟且地生活’。说通俗点就是‘混日子’，译成英文就是‘drift along’。混日子的人看不到前途，没有生活目标，过一天算一天。‘混日子’在瑞典语里怎么说？”

索菲娅、魏安妮和费米凑到一起用瑞典语小声地研究起来。我知道，他们东亚系正在编一本巨型工具书——《瑞汉大词典》，我刚来时就有一位撰稿人跑来问我“塞翁失马，焉知非福”是什么意思。我应该给东亚系的头头拉什教授提个建议——编委会不要只关心塞翁的马，还要关心关心“混日子”的人，如果连这样重要的词条都不收，那么，这个大词典的编委会就有“混日子”之嫌。

我看了看托马斯，他正对着翻开的黑本本发呆，柔和的阳光照在他的那小块秃顶上，头皮的反光穿过那几根残存的红发，晃着我的眼睛。没有了左派，右派也打不起精神来。

“嘿，托马斯，德语的‘混日子’怎么说？”我问他。

托马斯转过脸，眼神呆滞，没精打采地回答我：“德语中没有这个词——德国人不会混日子。”

德国人不会混日子，德文里连这个词都没有，好一个积极进取、思想纯正、道德高尚的民族！

我压着火，正告托马斯：“即使德文中没有这个词，德国人也一样会混日子。二十年前，贵国导演法斯宾德拍过的一部电影——《玛丽娅·布劳恩的婚姻》，玛丽娅的丈夫赫尔曼替她坐了监狱，而她为了在公司里混一个职位，甘心情愿地出卖肉体，做资本家奥斯瓦尔德的情妇。于是，她有了首饰，有了名车，有了豪宅。她在探监的时候，毫不隐瞒地把这些事情全都告诉了赫尔曼，赫尔曼问她，人与人之间，是这样冷酷吗？玛丽娅回答他，我想如今是冷酷无情的时代。赫尔曼适应了时代要求，与奥斯瓦尔德订了一个秘密协议——他把妻子让给奥斯瓦尔德，奥斯瓦尔德帮助他提前出狱。他们履行了各自的承诺。故事的结局你知道，我就不讲了。我想说的是，灵肉分离的玛丽娅是不是混日子？以让妻为条件获得自由的赫尔曼是不是混日子？”

我瞪着托马斯，等着他回答。托马斯转着蓝眼珠，嘴向下歪着，鼻子一扭一扭的，像一只小船舵，一种嘲笑的神情迅速出现在脸上：“你刚才说了，混日子的意思是‘苟且地生活’，看不见前途，过一天算一天。如果你把这个定义用在玛丽娅和赫尔曼身上，他们会从胶片上走下来跟你拼命。不错，这里是有一个灵肉分离的妻子，是有一个出让妻子的丈夫，但是，他们并没有混日子，因为他们有明确的生活目的——维护他们的婚姻，尽到他们的责任。玛丽娅要是混，就不会拒绝奥斯瓦尔德的求婚，就不会等着赫尔曼的归来，就不会为每个月寄来的玫瑰激动。赫尔曼要是混，就不会把出让妻子当回事，就不会承担家庭责任，非要去当家里的顶梁柱，因此，他也就不必跑到外国去拼命挣钱，也就没必要每个月给玛丽娅寄一朵玫瑰，他完全可以用他老婆的钱去享受人生。”

说到这里，托马斯举起杯子抿了一口咖啡，那神态仿佛告诉人们，那杯子里装的不是速溶咖啡，而是拿破仑献给他的庆功酒。

我飞快地转着脑筋，想再找个例子证明托马斯的虚妄，啊，我眼前一亮，君特·格拉斯，获诺贝尔文学奖的德国人，他的长篇小说《铁皮鼓》，那里面的主人公，那个能吹破玻璃的小侏儒，不就是生活在一群苟且偷生的亲纳粹的人们中间吗？可是，可是，他的名字，他的名字？

我的一时语塞使托马斯更加得意，他又举起了杯子，但是杯子刚刚凑到嘴边，他又停住了。转动着手中的杯子，他又来了灵感："混的人当然有，比如，你们电影中的那个劳副主编，那个只知道用权力勾引女孩子的老家伙，他对家庭有什么责任感？对婚姻有什么贡献？还有那个写情诗的哲先生，除了钱、权和女人之外，他的责任感在哪里？他们能和赫尔曼比吗？”

我想起了在科隆的所见所闻："我现在不说虚构的东西，只说现实存在。上个月我在贵国的第四大城市科隆，见到了至少十个酒鬼，他们坐在大教堂前面的广场上，躺在街头公园的椅子下，脏了吧唧，汗臭扑鼻，有一位的裤子拉链开了，露出了半个高粱面颜色的生殖器。汤若望协会主席泰森先生亲口告诉我，这些人对生活失去了希望，只能买醉度日。你说，他们不是混日子是干什么？”

托马斯的脸一下子红了，红得像支康乃馨，他耸了耸肩膀："……酒精使他们失去了理智，但是……”

我不再理他，走到费米身边，他们的研究已经记录在魏安妮的大本子上——一个歪歪扭扭的“混”和一个瑞典文“Slappa”，两个字中间画了一个约等号。“混”的下方还写了一个汉字“玩”，后面画了一个大问号。

索菲娅眨巴着生气勃勃的睫毛，用笔指着那个瑞典文："这个字的意思是浪费时间，也有放松的意思。我们只能说它跟‘混’相似，但不能说它就是‘混’。完全对应的字，我们找不到。”

索菲娅又用笔指着那个“玩”字：“这个字似乎跟‘混’有关系。中国人很喜欢说玩，似乎什么都可以玩。不是吗？”

“这个‘玩’有‘play’的意思，也有‘play’之外的意思。比如，玩人，玩学问，玩艺术，玩股票，玩理论，玩概念……我们在瑞典文里连类似的字也找不到。”费米摊开两只大手，一副无可奈何的样子。

幸亏在整理语言点的时候，我对此早有准备：“‘混’与‘玩’确实有些关系，但是在中国人的语言实践中，好像是先有了‘混’，后有了‘玩’。大概‘混’到了一定程度，就可以‘玩’了。可能‘玩’是更高层次的‘混’。另外，这两个动词的使用者有些区别，各个阶层都可以说‘混’，好像只有城里人才说‘玩’。我从来没听农民说‘玩种地’，没有听民工说‘玩打工’。看来，玩的宾语，也就是玩的对象是那些比较精致的、文化含量高的、有趣而好玩的东西。种地、打工谈不上精致，谈不上文化，更谈不上好玩。还有，使用‘玩’的人有一种自轻自贱的意思，比如，一个人对你说，他正在玩艺术。这句话有两层意思，一层是他不是艺术家，只不过像孩子堆积木一样，临时搞一搞艺术。另一层是艺术并不是高不可攀的东西，不过跟积木差不多，只是供人临时消遣而已。也就是说，使用这个词的主体和被他指称的客体——玩后面的宾语都被鄙俗化、轻贱化了，或者说被消解了。说话的人消解了自己的尊严，同时也消解了他所玩的东西的严肃性。”

托马斯的声音在我背后响起：“请问，吴先生，你也在‘混’吗？”

显而易见，他要报刚才的一箭之仇。这个问题凶狠而恶毒，它在你设定的前提之下，把你放到一个两难之中：如果我说我没有混，那么，《混在北京》以及我对它的评价就是胡扯；如果我承认我也在混，那么我就成了他们的笑柄。事到如今，我只能牺牲自我以维护中国电影的真实性：“不错，托马斯先生，我也在混。准确地说，在某些事情上混，在某些事情上不混。对于顺我心愿的事，我不会混，对于那些违背我心愿的事，我就只能用混来对付。我想，绝大部分中国知识分子都是这种心态，一点不混，事事认真是活不下去的，而让他们事事都混，他们也受不了。”

“你的混是否进入了‘玩’的阶段？”

“很遗憾，我混得不好，还不能‘玩’。”

托马斯的眼睛中闪过了一丝柔光，但是，那柔光很快就消失了：“你在简介里把中国知识分子分成了四种，一种是迎合的，一种是反抗的，一种是变通的，还有一种是往上爬的。请问，你属于哪一种？”

“……我，我大概最初属于第二种，后来变成了第三种。从抵制反对派，渐渐变成了顺应变通派。如果你想做点事，你就得调整自己，适应你的生存环境。我想，大多数人都是这样。”

“我钦佩你的坦率，但是关于混，你还没解释清楚，没有历史感……”托马斯站起来，歪着肩膀，走到讲台前，抓起碳素笔在黑板上写了几个汉字：混——鲁迅——老舍——混在北京。写完了，他敲打着黑板，开始演说：“混，是中国的一个重要的精神现象。二十世纪二十年代鲁迅笔下的中国人——无论知识分子还是劳动人民都在混。六十年代老舍写的《茶馆》说的还是混——好人痛苦地混，坏人快乐地混。八十年代王朔小说中的人物还在混，直到九十年代的《混在北京》。可见，混是一种中国特有的生活方式。”

托马斯转向我："不错，德国有酒鬼，科隆的酒鬼绝不只十个。我在中国从来没见过酒鬼，可是中国人的心灵中沉积着比酒精更可怕的东西。毛泽东说，人天天要洗脸，天天要扫地，思想有了灰尘同样要打扫。可是，中国为心灵洗过脸吗？他们只知道在心灵上涂脂抹粉，像给房屋刷油漆一样，他们刷呀刷，不断地改变着屋子的颜色，用黄的盖住红的，用白的盖住黄的，再用黑的盖住白的，后来他们又想起了绿色。他们背着五千年的历史，却像孩子一样好奇。结果真是妙极了——新的颜色非但没能盖住旧的，反而与旧的混在一起。他们欣赏着自己的杰作：啊，多么漂亮的屋子呀！可是，他们没有想到，在这所'漂亮'的屋子里的人们只有混，只有玩才能活下去，因为它含着太多的有害物质。"

托马斯扶了扶眼镜："十年前，我在北京看了《茶馆》，十年后，我仍旧记着这个戏结尾时那两个巡捕说的话：'我们……瞎混呗，有皇上的时候，我们给皇上效力，有袁大总统的时候，我们给袁大总统效力，现而今……谁给饭吃就给谁效力。'啊，多么精彩的表白，多么明确的人生目的！"

托马斯在讲台上站着，等着掌声和赞叹。可是，他等来的只是费米的一个手势——请他下台。托马斯大步走下讲台，一屁股坐在椅子上。

魏安妮说话了："我想换个话题。我认为，这个电影对冒守财的描写是不真实的。"

"为什么？"

魏安妮早有准备，她翻出一个本本："两年前，为了完成一篇论文，我和我的中国朋友采访过四十二名科处级干部。准确地说，是我的中国朋友采访，我做分析——我的中国朋友不允许我露面，因为中国的官员一见到外国人就会提高警惕。我们想知道，在中国，什么样的人能够成为领导。他们为什么、怎么样成为领导的。为此，我们设定了二十三个问题，包括家庭、父母的工作、收入状况，入党时间、入党动机、入党方法等等。在我们调查的人当中有百分之七十一来自农村，百分之二十九来自城市。我们发现，在来自农村的人当中有百分之八十六的承认，他们刚到城里时，有很强烈的自卑感——尽管他们上了大学，有了专业。但是他们的生活方式、思想观念上仍旧与城市人保持着很大差距。因此，城里人看不起他们。为了摆脱自卑感，减轻心理压力，他们就要千方百计地提高自己的地位，提高地位的最有效的办法是入党。在我们调查的四十二人当中，有百分之七十六是在大学期间入党的。他们解释说，入党可以使他们获得政治优越感，变成可靠的人，还可以使他们脱离原来的专业，进入管理阶层。要入党就要与领导搞好关系，他们把这叫做'靠近组织'。当我的朋友问他们，老百姓管'靠近组织'叫'拍马屁'，他们是否同意老百姓这一说法时，有四个人不否认他们是在'拍马屁'，但是，这些人认为这是正常现象。有三十八人否认他们拍马屁，理由是，靠近组织是政治上争取进步，与拍马屁无关。据我分析，入党与靠近组织是连在一起的，靠近组织是入党的前提，入党是靠近组织的终点和起点。我所说的终点是指这个人通过靠近组织达到了目的——入党，但是这只是他的政治生涯的第一站，要达到第二站、第三站，还需要不断地靠近组织。从这个意义上讲，入党又只是靠近组织的起点。调查和分析表明，对于那些自卑的人来说，这个组织具有一种心理治疗的神奇作用，它可以减轻个体的心理压力，使个体的情绪得到释放，并且能够有效地帮助个体摆脱自卑感，建立自信心。正是在这一点上，这个电影不真实，它仅仅写了冒守财拍劳副主编的马屁，却没有写他靠近组织，更没有写他这样做的目的——入党。这是不符合他这种来自农村的土包子的心理的。"

我又惊奇，又好笑——这位貌不惊人的女人，不但中文水平大有进步，而且对中国干部的心理见解独到。问题是，她的见解越独到，离题越远。

魏安妮不管那一套，继续照本宣科："中国的社会管理系统与苏联、东欧相似。一开始是没有文化的工农管理国家，后来是有文化的工农管理国家，也就是专家治国。这类国家的第二代管理层有一个共同点：父母的一代出身农村，为了摆脱自卑感而入党，而做官，但是，文化上、教养上的差异并不会因为他们政治地位的升高而消失，因此，自卑感始终跟随着他们。这种心理转化成他们往上爬的重要动力。而他们的后代则会产生另一种心理——优越感。他们是干部子女，不但从小就享受着城市文明，而且具有一般城里人所没有的社会地位。这种优越感一方面使他们狂妄自大，目空一切，坚持己见，说话做事直来直去，不懂得逆来顺受，另一方面，也使他们产生了强烈的责任感，他们认为自己是国家的主人，是社会未来的管理者，因此他们有责任指出社会的阴暗面，有责任向执政党提出忠告，有责任与官僚主义、教条主义、贪污腐败做斗争。自卑心常常会培养出听话的人，而优越感常常会培养出叛逆者。这些叛逆者不屑于靠近组织，不屑于拍马屁，甚至不怕走到执政党的反面。在苏联持不同政见者中有百分之三十七出身于干部家庭，不过，这个数字是否准确还有待核实……”

听着魏安妮的“影片解读”，我不由得又想起了艾米丽——要是她在，会从这部片子里读出什么来呢？

28 “卖炕的”与“带把的”

这堂课讲《二嫫》。并不是我要讲，是他们非要我讲。起因是索菲娅认为《秋菊打官司》是女性主义电影，费米则认为《野山》更女性，两人争论不休，争来争去，这些人对中国女性的兴趣油然而生。费米跟我说了几次，要我讲一讲有关中国的女性电影，我没理他。索菲娅和魏安妮又跟我说，四个人里有三个都要我讲，我不得不重视了。可是，我对本国的女性没有研究，对国外女权主义也隔膜得很，经过一番斟酌，我选中了这部片子。

一提起《二嫫》，很多国人会问：是不是那个用脚和面的片子？看来这个“东方奇观”对国人来说也够奇的。与其说导演周晓文有意讨好西方，不如说他是有意取媚所有的人。不管怎么样，展示一下艾丽娅的天足，总比展示三寸金莲好。何况这部片子在1994年刚拍出来的时候，评论界很热闹了一阵，说它的内涵比《野山》，比《秋菊打官司》深广复杂。它将寓言性与真实性结合起来，展示了中国农村在社会转型期出现的种种变化，对女性、权力和现代文明有着独特的思考云云。这些说法使我不得不对它格外重视。

讲之前，我请秘书发下去故事简介——

在中国西北的某村庄里，住着两户人家，他们是邻居也是冤家对头——两家的女人——二嫫和秀儿她妈总是吵架。吵架全因为电视机——秀儿家是村里的富裕户，拥有一台全村唯一的电视机。二嫫八岁的儿子虎子老去秀儿家看电视，秀儿她妈常给二嫫家脸子看，说些难听的话。二嫫决心争口气，攒钱买一台全县最大的电视。她攒钱的方法很原始但也很实在——做麻花到镇上去卖。有一天，两家又吵了起来，一气之下，二嫫给秀儿家的猪下了毒，猪死了。

二嫫的丈夫原来是村长，现在不是了。村里人出于礼貌，还叫他村长。他没了权，还得了病，这个病使他干不了体力活也干不了男人的事。秀儿她妈骂二嫫"搂着个男人守活寡"。幸好，二嫫在丈夫阳痿之前，生下了一个"带把的"。

秀儿妈的男人外号叫"瞎子"，其实不瞎。瞎子有一辆破卡车跑运输，很能挣钱。他对老婆不满意，一者她又肥又懒，二者她没生"带把的"。他对勤劳能干的二嫫很有好感，帮助她卖掉了供销社不收的筐，又请她到馆子吃饭。她对瞎子有了好感，向瞎子坦白，是她药死了他家的猪。瞎子并不计较。瞎子帮她在县城找了个工作，一来二去，她和瞎子有了私情，两人在县城里租了间房子。同别的女工在一起，使她学会了戴乳罩。她让瞎子看她新买的乳罩。问瞎子她像不像城里人——她希望嫁给瞎子。秀儿她妈早就怀疑她勾引了瞎子。二嫫从城里回来，秀儿妈指着她骂："女人挣钱容易，两腿叉开男人就给钱。"二嫫一头把她撞倒。

为了买大电视，二嫫瞒着瞎子去卖血。瞎子给她抹护肤霜时发现了，很心疼。他告诉二嫫，他要让老板给她加工资。工资果然加了，但不是老板给的，而是瞎子掏的腰包。饭店的人都说，二嫫靠瞎子养活。二嫫深感耻辱，告诉瞎子："人家都说我是你养活的，但是，我不是'卖炕的'。"瞎子说："我就是要养活你！"二嫫质问他："那就让你的老婆秀儿她妈走人。"瞎子表示这事不好办。二嫫将瞎子给她的五百元放在桌上，嘲笑他："你从此就蹲着撒尿吧！"两人不欢而散。

二嫫告别了县城，又回到自己原来的生活之中——自制麻花到镇上去卖。瞎子希望她回心转意，她拒绝了。一天晚上，瞎子被人抬回家——他在城里搞女人，被打伤了。这件事促成了秀儿她妈与二嫫关系的好转，秀儿妈请求二嫫原谅——她以前以为她与自己的男人有一腿，现在闹明白了，瞎子的心在别的女人身上。

二嫫终于买来了县里最大的电视，没地方放，放在炕上。村民们都来看电视，赞扬二嫫的能干。积劳成疾的二嫫无精打采地坐在电视旁边。大电视给下了台的村长带来了新的荣誉和自信。节目完了，看电视的人都走了，只剩下二嫫一家三口。可累了一天的三口都睡着了。电视里播放着一部美国电影的片断——两个在一起洗澡的男女谈论着性的乐趣，然后是世界各地的天气预报，最后是“再见”。当电视上出现一片雪花的时候，二嫫醒来，茫然地看着那个占据了半个炕的庞然大物。

人来齐了，刚要开讲，秘书领来一位长相凶巴巴的中年妇人，眼睛一大一小，大的高，小的低，左脸还有一块疤。秘书跟我说了几句话，大意是，此人叫珍妮，丹麦人，住在哥本哈根，她要听中国电影的课，不要学分，不拿学位，只是想重温中文。

“你好，珍妮，欢迎你来听我的课。”

我壮着胆子伸出手。

珍妮握着我的手，说了几句香港普通话：“我热爱中国，对中国所有的事都感兴趣。我在香港住过十三年，跟我的先生。”

“你想写读片报告吗？”

“Of course！”（当然！）

“你想参加讨论吗？”

“Why not?”（为什么不呢？）

“我们今天讨论《二嫫》，你看过吗？”

“我在香港看过。”

“你在香港待过？”

“对，我在那里当过教师，后来出了车祸辞了职。”

“你还需要这个吗？”我扬了扬复印的故事简介。

“我已经有了。”

她坐在托马斯的旁边，这个位置很有点象征性——她成了托马斯的左右手。不过这只手有时候也不听红胡子使唤。

开始自由发言。

索菲娅打头炮：“请解释一下，什么叫‘卖炕的’？什么叫‘带把的’？为什么瞎子不瞎却叫瞎子？”

我瞪了她一眼：“你没看见简介后面的英文注释吗？”

索菲娅红了脸，赶紧翻故事简介。

珍妮她眨巴着一大一小的眼睛抢答：“‘卖炕的’就是妓女。‘带把的’指男性，‘把’指的是男性的阴茎。瞎子是一个人的外号，他不瞎，为什么有了这么一个外号，我估计有两种可能，一是他小时候眼睛生过病，二是他曾经看错过什么东西。”

看来她不但是有备而来，而且很有点好为人师。这可能是当老师留下的毛病。这个毛病对我来说是好事——以后有什么难题就请这位丹麦女人解答。

索菲娅朝珍妮点头致谢，谢完了，开始发表高论：“我认为，这是一部女性电影，二嫫是个了不起的女人，她有独立精神和自由意志，想跟男人睡觉就睡，不想就不睡。她拒绝靠男人养活，宁愿卖血，宁愿回去做麻花。”

费米不屑地撇撇嘴：“请问，这个独立自主的女人为什么看不起自己的性别？”

“NO！她看不起的，是被男人养活！”索菲娅瞪了费米一眼。

费米耸耸肩膀：“你应该再看一遍电影，瞎子答应二嫫跟他老婆离婚，然后跟她结婚，可是瞎子没办到。二嫫是怎么跟他说的？”

索菲娅跑过去倒带子。

珍妮插话了："不用看了。二嫫说的我知道。二嫫对瞎子说：'你从此就蹲着撒尿吧。'她嘲笑瞎子不是男人。在她的观念里，男人说话算数，女人说话不算数。瞎子说了不算，就不是男人。这说明她看不起女人。"

"还有，她重男轻女，生了一个儿子，就瞧不起生了女儿的秀儿妈。瞎子看中她正是因为她能生带把的。她根本就不是一个独立女性，而完全站在男权立场上。"费米补充道。

珍妮补充道："还有，二嫫进城了，学会了戴乳罩。那是男人强加给女人的，跟耳环、颈环一样。她是在向男人的世界屈服。"

索菲娅挺没趣地低下头。

为了给她台阶下，我出面抹稀泥："你们说的都对，我的看法是，二嫫有做女人的自尊，但没有摆脱男权观念。"

一直沉默的托马斯发话了："这个电影根本不是什么女性、女权电影，它讲的是两个男人的故事。村长没有了权，也丧失了占有女人的性能力。瞎子有了钱，也就有了权，他的性能力也就发达起来。这表明了中国从政治中心向经济中心的转变。村长明知道瞎子把他的女人搞到了手，却不敢吭声。这意味着'钱'把'权'的老婆弄到了床上，瞎子代替了村长，代替了他对女性的占有。”

索菲娅还想背水一战：“别忘了，二嫫离开了‘钱’的床。她是主动的，坚决的，而且再也没有回去过！”

托马斯根本不理她，话锋一转：“有权与有钱的都把眼睛盯住了女性，于是就造成了性病泛滥。北京的街上到处贴着江湖医生治性病的小广告，它说明医院在这方面是不起作用的。德国有红灯区，德国人在面子和安全之间明智地选择了后者。我跟中国的官员说，你们为什么不让色情浮到地面上来呢？这样既增加了政府收入，又防止了性病流行。瞎子失去了二嫫，只好去搞别的女人，‘卖炕的’并不只存在于大城市，那些小广告很快就会在农村找到市场。瞎子很快就会传染上性病。”

他举起一本书：“这是中国刚刚出版的《当代顺口溜》，你们看看，男权是怎样控制使用女人的。”他捧起那本该死的书念了起来：“‘送上美女主动办，送上钱财推着办，无钱无女靠边站。’‘高级干部游龙戏凤，中级干部作风不正，普通干部流氓成性。’”

费米帮腔：“还有一个‘裤带松一松，顶过半年工’。”

托马斯从书中拿出一张纸条：“这是中国朋友给我抄的新诗——‘当官不怕请客繁，燕窝鱼翅只等闲。弹冠相庆腾笑浪，小秘送来提精丸。卡拉歌拍青楼暖，老婆流泪锦衾寒。窃喜小姐肌如雪，玉体横陈自开颜。’”

“有一个谜语，你们谁能猜出来？”珍妮兴奋地站起来，两手抓住裤腰，做上提至胸口状。

我惊异地看着她——这个丹麦女人想搞什么名堂？别人也面面相觑。

“这叫包二奶。”珍妮得意地拍拍她的“二奶”。

29　在羡慕中仇恨

今天讲的电影是部新片子——《留守女士》，英文名字是“Those Left Behind”。这部电影是1991年拍的，导演胡雪杨是后起之秀，大约算是第六代吧。此片获“金鸡奖”最佳导演处女作奖提名，开罗国际电影节上还得了个“金字塔”奖。之所以选这部电影，是因为它讲的是改革开放以来的出国潮，这是中国社会转型期的一大标志，一大景观。这是了解现代中国的必修课。

这个电影讲了四对男女，都与出国有关：女主角乃青（修晶双饰）是一所大医院的研究人员，她的丈夫陈凯四年前去了旧金山，她成了出国热潮带来的一大批“留守者”中的一员；男主角是个出租汽车司机，叫嘉东（孙淳饰），也是一个“留守者”——他的妻子阿秀（金梦饰）一年前去了日本，将他和五六岁的小儿子留在上海；乃青有个好友，叫琪琪（赵英饰），开了个叫“百老汇”的酒吧，她的父母在美国，一直在给她办移民，为了移民，她忍痛与丈夫离了婚；第四位人物是乃青的弟弟乃力，他倒不想出国，但是他的女友雯雯是为了沾他姐姐和姐夫的光——出国——才找他的。

出国使四对男女都陷入无法解脱的痛苦之中——乃青的丈夫有了外遇，失望和苦闷使她投入嘉东的怀抱，并怀了孕。嘉东的妻子阿秀在日本当妓女，在为家人挣了大把大把票子的同时，也挣来了无穷无尽的耻辱。七年前，琪琪的丈夫为了成全琪琪的移美之梦，主动跟她离了婚，却因车祸成了植物人，琪琪从此陷入深深的自责之中。雯雯看乃青出国无望，弃乃力而去，找了一个外国小伙。乃力找外国小伙打架，人家三拳两脚，把他打得屁滚尿流，气得乃力整天徒劳无功地练块，企图有朝一日从洋人手中夺回女友。

这四对男女最后都找到了自己的归宿——一位华裔老美找到乃青，告诉她，因为他的妻子与她的丈夫相爱，使他的家庭破碎，为了挽救家庭，他愿意出资帮助乃青到美国去。乃青打掉了肚子里的孩子，来到美国与丈夫重归于好。嘉东的妻子阿秀回国两个月又去了日本，嘉东仍在耻辱中度日，而他的儿子却整天沉浸在对东洋文明的无限崇拜之中。经过漫长的等待，琪琪终于盼来了移民许可，她那植物人丈夫也很知趣地咽了气。雯雯终于跟外国小伙走了，乃力依旧过他的小市民生活。

教室里只有一个人——魏安妮。费米感冒了，托马斯回德国了，索菲娅去给考驾驶证的中国人当翻译去了。我对魏安妮说："如果你也不来，我就回家去了。"

魏安妮说："索菲娅很快就会来。"

"那好，我们随便聊聊，你有什么问题吗？"

魏安妮是个本本主义者，说话前，一定要翻她的本本："我理解中国人为什么想出国，但是，我不喜欢宣传。"

"宣传？"我问："你指的是什么？"

"导演为什么一定要把 Smetana（斯美塔那）的 ***My Country***（《我的祖国》）硬加进电影里呢？这个乐曲在电影中至少出现了四次。这难道不是宣传嘛？"

这个问题我也注意到了，导演的处理确实有些生硬，为了突出国人对祖国的眷恋，他把捷克作曲家斯美塔那的曲子千方百计地塞进电影。但是这为什么就一定是宣传呢？

我问道："导演想宣传什么？"

"他想告诉人们，中国人都很爱国。"

“爱国有什么不好呢？你们瑞典不是到处插着国旗吗？”我反问。

“可是，这里面有个矛盾——中国人一方面千方百计地出国移民，另一方面却发誓自己非常非常爱国。这种爱国是导演加上去的，所以不断地让我们听 Smetana 的 ***My Country***。”

“你们瑞典难道不要求人民爱国吗？”

“爱国就跟爱父母一样，是自然而然的，用不着宣传灌输。难道我们需要别人的提醒才去爱自己的父母吗？”

近朱者赤，近墨者黑。跟着托马斯学不出好样来。你瞧瞧，连这个小丫头也学会抬杠了。

我正在想如何对付这个小丫头，门开了，索菲娅风风火火地闯了进来。

她穿着一件中国产的圆领衫，胸前印着两行七扭八斜的汉字：睁眼七件事，柴米油盐酱醋茶。看我注意她的衣服，她得意地转过身，圆领衫的背面六个汉字赫然醒目——烦着呢，别理我！。

“这是一位中国朋友送给我的！”索菲娅说着转过身来，指着圆领衫：

“我想把它当教材。”

“教材？”

索菲娅眉飞色舞：“我要到一家公司教汉语，它就是课本。”

亏她想得出来！

“你想让中国人都离你的学生远远的？”

索菲娅说：“我要使他们不再受到性骚扰。”

我有点糊涂了：“性骚扰？谁骚扰谁？”

索菲娅说：“中国人太开放，有的想性自由，有的想改国籍。西方男人受到中国女人的骚扰。这个电影我看了，它不是也承认‘上海的漂亮女人要么出国了，要么在饭店里陪外国人’吗？陪外国人不是性骚扰是什么？”

王安忆有一中篇小说——《我爱比尔》，写一个叫三三的女画家，先是跟法国人比尔相恋。比尔走后，她寂寞难耐，就到星级饭店找老外睡觉。后来，被扫黄的抓了去，判了刑，劳改。再后来，三三逃了出来。

我本想替中国女人说句话，可是，一想起三三让我不知道说什么好。

索菲娅继续控诉中国人的性骚扰：“中国男人同样会对外国女人，尤其是对白人女人进行性骚扰。不过他们做得比中国女人隐蔽，他们不去饭店，而在大学和公司骚扰，他们常常利用教汉语的机会，或者利用他们的教授身份干这种事。我在中国有过两次这样的经验——一个是博士，另一个是教授，都对我进行过性骚扰。”

“真的？”

索菲娅说：“当然是真的，那个博士想跟我同居，那个教授问我愿意不愿意跟他做爱，他们的理由都一样——西方女人在性上非常随便，很愿意跟男人上床。”

魏安妮说：“我在中国的时候也有这样的经验。他是一个公司的董事长。”

我马上想起自己——拍过系秘书安娜的肩膀，看过索菲娅的肚脐，在德国汉堡与妓女搭过话，在法国突K海滨盯着那些穿着比基尼的女人使劲看……

索菲娅问魏安妮："你怎么对付那个中国男人的？"

魏安妮说："他是个胆小鬼，我刚用中文说了一个字——'滚'，他就滚了。"

索菲娅说："怎么跟我遇到的一样！"

两个女人大笑，笑得我好不是滋味——真够窝囊的，怎么说滚就滚。

好不容易，两人止住了笑，转入正题。

索菲娅说："我想再看看这个电影的结尾。"

电视上出现了天空，鸽子在天上飞翔。背景音乐响起——"五星红旗迎风飘扬，胜利歌声多么响亮。我们歌唱伟大的祖国，从今走向繁荣富强。"

刚刚落成的南浦大桥，桥上各种各样的汽车排成长队，其中有一辆红色出租车。

画外音：今天是国庆节，也是南浦大桥胜利通车的日子。

嘉东和他的儿子从那辆红色出租车上下来，父子俩在桥栏处有一简短的对话——

儿子："爸爸，你现在开的是什么车？是日本的吗？"

爸爸："不是。这是中外合资生产的桑塔纳。"

儿子美滋滋地看着嘉东："爸爸，我梳的是中分头，你看好看吗？"

嘉东："像个汉奸。"说着，把儿子的头发弄乱。

儿子笑了。他无法知道嘉东的心情，也不懂得汉奸的含义。（定格）

我按了"stop"。

索菲娅说："我喜欢这个电影，但是不明白它的结尾。它是不是想说，第一，中国人不但爱国，而且爱好和平。第二，改革开放使中国强大了。第三，中国人喜欢美国，讨厌日本？"

"可能你说的对，中国人亲美的多，亲日的少。因为日本曾经侵略过中国，而且至今不认错。”

索菲娅接着发表评论：“可是，我不明白，嘉东到底是什么样的人。他简直让人无法理解！一个男人怎么能既爱自己的妻子，又要送妻子到外国去陪别的男人睡觉。不管他愿意不愿意，他就是阿四所说的那种男人——送老婆到外国卖淫，以便自己在国内享受高档消费。而且他还是一个不负责任的人。他对他所爱的两个女人——他的老婆和乃青都不负责任。乃青因为他而怀孕，可他连个面都不敢露。他知道妻子在国外受苦，却还要让她去。他打阿四，说明他还知道耻辱。可是这是虚伪的。我讨厌虚伪！”

我不得不替那位“的哥”说几句：“嘉东懦弱，但不虚伪。他是天下最窝囊最痛苦的男人。他爱阿秀，阿秀想出国，他拦不住。他并不想让阿秀到日本干那种事，挣钱供自己享乐。再说阿秀有她的自由，她去日本挣大钱是‘为了让家里人过上好日子’，嘉东管不了她，他又不忍心离婚，怕伤害了她和儿子。应该说，他是家庭责任的牺牲品。”

魏安妮接过话茬儿：“我觉得他不是牺牲品而是个矛盾品（大概她想说‘矛盾体’）——他代表中国，日本代表西方，他对日本的感情是矛盾的，他爱日本，因为他通过阿秀实现了自己的出国梦和发家梦；他又恨日本，因为日本诱惑了他的老婆，弄脏（大概她想说‘玷污’）了他的感情。使女人失去了名誉，使男人失去了尊严。”

对她们的宏论，我不置一词。

下课的时候，索菲娅从皮包里掏出一封信：“这是托马斯让我交给你的。”

信是用英文写的，译成中文如下：

尊敬的吴先生：

这部电影很真实地反映了八十年代后期中国人的心态。那时候我在上海，上海人打破脑袋想出国，尤其想去日本的情况让我十分震惊。他们把日本当成了黄金遍地的乐园，上海人似乎忘记了当年日本军人在中国犯下的罪行。

中国人有一个梦想：到发达国家去。据我所知，很多中国人出国，并不全是因为渴望发财。而是因为他们受不了冷漠的官僚、糟糕的治安、僵化的体制、恶化的生态、有毒的食品和对人的不尊重。编导为什么对这些问题看不见呢？

中国的出国潮，反映了它失去了原有的价值，又找不到新的价值。这与二战前的德国一样，过去人们十分珍视的东西，现在变得无足轻重。过去神圣不可侵犯的东西，现在遭到了亵渎。过去以为荒唐的事情，现在成了正常的、合理的。阿秀的儿子对琪琪的女儿说："你嫁给我吧。我妈妈在日本，我带你去日本。"琪琪的女儿回答："你这么黑，我不要你。我外婆在美国。"中国的下一代真的要继续他们父母的道路吗？

可是，让人不解的是，中国人在拼命移民的同时，却一定要把自己说得多么爱国。同时，更让人不明白的是，他们一方面羡慕西方，一方面又仇恨西方。一位美籍中国学者为此种现象起了一个专门的名词——羡恨情结。最近我的朋友从北京回来告诉我，中国女人想嫁老外，中国男人想"操老外"。嫁老外与操老外其实是一个硬币的两面。它们真能使中国富强吗？

想一想阿秀吧。

第四辑

隆德：钟为谁鸣

30 好莱坞精神

周末，隆德电影院放冯小刚的《不见不散》，我早早来到影院，挑了中间偏后的一排坐下。看着满眼的黑头发，我有些惊讶——小小的隆德城居然有这么多中国人，他们是怎么来瑞典的？是偷渡还是假结婚？是难民还是异见人士？反正肯定不是留学，也不是访学，他们的年纪、打扮、举止还有说话都是证明。你看，前排那个秃头先生刚刚跟我热情地打完招呼，就对他老婆——一个胖妇人说起粗话来："那个小鸡吊子上哪儿卖呆去了？"骂完了，气哼哼地坐下，还小声地放出一句："妈了个巴子！"

这位秃先生是东北辽东人无疑。听我爷爷说，当初日本占了东三省，张少帅移师北京，东北兵坐车不买票，一跟他们要票，他们就骂"他妈了个巴子"。"妈了巴子是免票，后脑勺儿是护照"是北京人为他们编的顺口溜。东北人从小睡硬枕头，后脑勺是平的。看看秃先生的后脑勺，果然平如磨盘。东北人管看热闹叫"卖呆"："到街上（'街'读为'该'）卖呆去"就是到街上看热闹去。辽东人称未成年男性为"小鸡吊子"，称成年男性为"老鸡吊子" ——秃先生可能在骂他的儿子。

这位秃先生（或曰"老鸡吊子"）恐怕不是到北欧来读学位的，访问学者也不太可能。最大的可能是到北欧"卖呆"的土款。

坐在我旁边的周宇否定了我的猜测："这个人可是个老瑞典了，他二十世纪八十年代初就到了北欧。先在斯德哥尔摩打工，后来到了马尔摩，跟当地政府申请了一笔贷款，开了个中餐馆，干了没一年就申请破产，那笔钱落进了他的腰包。于是改名换姓搬到隆德，修理自行车，倒卖旧汽车，还弄了一个蔬菜大棚，雇人种菜，后来倒腾国货，开餐馆。十年前就车房俱备，日子过得特滋润。在隆德的华人中可以算是个大款，每年夏天，开着房车到欧洲旅游。”

听了周宇的介绍，我对秃先生有点不屑：“原来是个人虫，一个聪明的混混。”

周宇轻轻地摇摇头：“你可别这么说，他这个人虽然坑蒙拐骗，但是也常做好事，对华人的事尤其热心。据说，他跟侨联的极熟，下回你来，他可能就成了隆德的侨领了。”我与周宇正小声地聊着，有人拍了一下我的肩膀，回头一看，是费米。他的身边站着索菲娅、魏安妮、珍妮和托马斯，还有几个我不认识的黄发碧眼的瑞典年轻人。

我向他们点头致意。

费米说：“我们有一个请求，请你看完电影留下。”

“留下？干吗？”我问。

珍妮说：“他的意思是你别回家去，我们想请你吃饭。”

索菲娅一边往嘴里扔薯条，一边说：“吃完了，请你谈谈这个电影。”

我跟他们开玩笑：“要是我吃完了，不想谈电影呢？”

费米反应挺快：“那我们就吃饭前谈电影。”

电影散场后，我跟周宇一家道了别，随这帮家伙来到市中心的一家意大利餐馆，那位秃先生带着他的家人跟在我们后面，也进了饭馆，并且在我们旁边的一张桌子边坐下。我没在意他，只顾着应付眼前的事——珍妮问我是否喜欢茄汁鳕鱼，索菲娅问我喝什么酒，托马斯叫了我一声，就掏出一个小本本乱翻，嘴里还嘀咕着我听不懂的德文，费米显然知道他在说什么，跟他“密谋”起来，我刚放下菜单，这两位就朝我开炮。

托马斯合上小本本：“这部电影是偷来的。”

“你这是什么意思？”我马上警觉起来。

费米解释道：“他的意思是，这部电影是跟美国学的，美国有一个电影叫《当哈利遇到莎莉》（*When Harry Met Sally*，1989），讲的是同样的故事——一个男人爱上了一个女人，而那个女人喜欢他又嫌他不可靠，那个男人就设计了 some tricks（一些诡计），终于把那个女人勾引到手。”

“如果这也算是偷，那么天下一半的爱情片都是偷来的！德国的爱情喜剧片有几部没有好莱坞的痕迹？”我把酒杯重重地往桌上一放——在这个事关国家荣誉的大是大非问题面前，我不能有半点客气。

空气一下子紧张起来。

突然有人抱住我的肩膀，紧接着，我的眼前出现一只跷起大拇指的手，手上几颗硕大的金戒指闪闪发光。转头一看，原来是那位秃先生，他伏在我的耳朵上，小声地说：“大兄弟，说的好！我代表此地的全体华人支持你的革命行动！”——他显然听见了我们的谈话。

我按下他的手，嘴上说着“谢谢”，心里骂着：妈了个巴子的，你这个老鸡吊子掺什么乱！

托马斯没料到我会发这么大的火，红头涨脸的，不知所措。

瑞典人最善于充当中立国的角色，费米站起来，像个外交家似的举起酒杯，一本正经地说：“我建议，全世界的无产者联合起来，为伟大的德中友谊干杯。”

一阵笑声消解了餐桌上的紧张空气，珍妮给秃先生倒上了酒，大家碰着酒杯，七嘴八舌地喊着“cheer”（干杯），纷纷仰起脖子，把酒倒进喉咙。我也只好收起为了保家卫国而拉长的面孔，跟托马斯碰了杯。而秃先生拿出了国内酒桌上的惯伎，念叨着“亲不亲，一口闷”：“好不好，全喝了”，跟每一个人又干了一杯。我发现，这个人是个天生的“自来熟”，而他的立场之灵活，真让我吃惊——刚才还跟我是一个战壕里的战友，一杯酒的工夫就马上成了这些洋鬼子的哥们儿。幸亏他的胖老婆怕他喝多了，把他拉了回去，要不然，他非成为我们桌上的一员不可。

酒精似乎把托马斯变成了另一个人，他放下杯子，用餐巾抹抹嘴，温和地笑着，带着歉意地说：“可能我用了一个不适当的词。如果把‘偷’换成‘模仿’，德中友谊就不会受到不良的影响。”

我借坡下驴：“你放心，德中两国的伟大友谊不会因为我们之间一次小小的口角受到损害。你对模仿的使用，深得我心。”

索菲娅和魏安妮有些发蒙，但是她们明白，我们在握手言和。

托马斯诚恳地发问:“在我看来,这部电影是模仿好莱坞最成功的一个。可是，它只学会了好莱坞的情节，却扔掉了好莱坞的精神。以前中国电影模仿苏联，学会了歌颂革命英雄，却扔掉了他们的人性和人道主义。我不知道，这种扔掉是什么原因造成的？”

什么原因？鬼知道什么原因！冯小刚是个鬼才，你们问他去吧。这是我心里的话,我嘴里说出来的是另一套:“中国是以马克思列宁主义立国的,用马克思的话讲,这叫扬弃,不叫扔掉。取其精华,去其糟粕,这是中国的路,是具有中国特色的社会主义。”

托马斯若有所思地点点头，抿了一口酒。

黑头发的意大利小姐端来了各人的大餐，我假装对茄汁鳟鱼感兴趣，想把话题引到吃饭上头去。可是，大餐却堵不住这帮家伙的嘴。

索菲娅一边用刀叉对付她的牛排，一边发问：“我们很想知道你的想法——对这部电影。”

我把嘴里的鱼块咽下去，喝了一口冰水：“首先，这个电影与我们以前讲的不同，它不是要教育你，而是要满足你。这里面没有英雄模范，只有一个善良幽默但有些缺点毛病的小人物，通过这个小人物的爱情故事，它告诉人们——主要是女人们——爱情第一，物质第二；享受人生第一，发财致富第二。

珍妮打断我的话：“还有，爱国第一，自由第二；孝顺第一，绿卡第二。”

还没等我反应过来，索菲娅搭了茬儿：“导演为什么一定要刘回国呢？中国的工作很难找，他要是为国家着想就应该留在美国，挣美国的钱，把美元寄回去，像铁托时代的南斯拉夫人一样。他妈妈一定会埋怨他放弃了在美国的工作。”

魏安妮擦擦嘴："所以，他这样做其实谈不上孝顺。顺，不就是顺从听话吗？"

我不想跟他们讨论这些，按照我的思路说下去："冯小刚是中国的新锐导演，专拍贺岁片。这个人很聪明，善于学习，中国导演都想学好莱坞，只有他学得最像。你们说，他只学会了好莱坞的情节，没学会好莱坞的精神。谁能告诉我，什么是好莱坞的精神？"

托马斯说话了："好莱坞精神就是赚钱，尤其是赚我们德国人的钱。"

费米挥了挥手，好像要把托马斯的观点从空气里赶出去："你说的不对！好莱坞精神就是你非看不可，尽管你一走出电影院就把它忘了。"

珍妮一激动就喜欢站起来，这不是，她又站了起来，而且像列宁一样，身体朝前倾着，一只手叉着腰，另一只在脸前挥舞："你们说的都对，又都不对，好莱坞精神就是全人类性，事实上，好莱坞也是各国电影人才的麦加。我是丹麦人，我热爱好莱坞，我并不觉得这有什么可耻。因为它的故事、它的思想同样适合我们。我每周至少要看两个好莱坞片子，要是没

有好莱坞，这个世界该会多么无聊呀！”

秃先生又过来了，他举着酒杯，满嘴喷着酒气，把我拉到一边，跟我推心置腹：“照我看，葛优演的那个刘元就应该把老太太接出去，接到美国不就结了。再把徐帆演的那个李清娶过来，在美国站住脚，挤进主流社会，那多解气！你还说冯小刚聪明呢，我看他小子脑袋里全是草。中国人那么多，世界这么大，干吗非挤在那疙瘩呀。你算算，隆德十万人口，咱中国人只有三百多，占万分之三。要是中国人来上五千人，那是什么成色？”

他指着窗外：“这条街就得改名，名字老哥早就想好了，就叫它东大街。什么莱梅西里特根，玩去！什么把喜马拉雅山开个大口子，改善内陆气候。狗屁！葛优的想象力是虚的，我的是实的，这条街我叫东大街，它就是东大街。”

他喝了一口酒，那酒经过他的喉咙时发出一声怪响，他用袖口抹抹嘴：“实话跟你说吧，我就是瑞典的葛优，我老婆就是瑞典的徐帆，当初葛优追徐帆的办法我全用过，只不过不是我想回国，是我老婆想回国——她吃不上中国菜，拉不出屎。这不是，我办起了蔬菜大棚，不但解决了她的拉屎问题，还传播了中国蔬菜文化。那钱，都是捎带脚挣的。”

珍妮在那边招呼我照相，秃先生拉着我说临别赠言：“大兄弟，我听了你们这一通，估计你是影视圈的人，回去帮老哥办件事——跟冯小刚说说，请他来瑞典拍电影，就拍我和我老婆在北欧创业的故事，让国内的老少爷们看看，咱们中国人就是行，个个都是‘死不了’，到哪儿都能开花结果，那片子拍出来，保证比这片子卖座。”

回家的时候，我和索菲娅搭费米的车。这两位原来都认识秃先生，因为他跟葛优扮演的刘元一样，也办过一个中文班。“吃了吗？没吃。没吃回家吃去。首长好，同志们辛苦了，为人民服务。”这一类的中文都是他们从秃先生和他太太那里学来的。

索菲娅发表感想：“电影里的刘元，跟那位秃头先生至少有一点是一样的，都是秃头。”费米的评价是：“刘元要是不回国，肯定会变成那位秃头先生。”

31 虐待狂与被虐待狂

尽管这些小老外们认为冯小刚学好莱坞还不到家，但是，中国能出这样的导演，还是引起了他们的兴趣。从意大利餐馆分手后，费米和珍妮都给我打来电话，要求讲一讲冯的电影。珍妮还说，她的意见不但代表了班上的女性，还代表了她的芳邻——一位跟她学中文的芬兰女士。

正好我带来了《甲方乙方》，于是请秘书把录像带交给他们。为了帮助理解，我给他们每人发了一个伊美儿，介绍了电影内容，列出了语言点，并且告诉他们，这个片子讲了七个故事，请他们每个人选一个，上课时讲讲各人的感想，课后用中文写一篇读片报告，作为期中考试。

上课那天正好下雨，瑞典经常下雨，中国人所说的倾盆、瓢泼式的大雨从来没有，永远是霏霏细雨和淅淅小雨。我打着雨伞，在雨中东转转西看看——据秘书说，一下雨，蘑菇就会从草地里、树根下冒出来。我算计，小老外们肯定迟到，于是优哉游哉地采蘑菇。当我提着半塑料袋蘑菇进教室的时候，已经九点半了。

出乎意料，费米、托马斯、索菲娅、魏安妮、珍妮都来了，不知道他们是热爱冯小刚，还是害怕考试。

我举起塑料袋，向他们抱歉："对不起，迟到了。不过这不怨我，而要归咎于你们的蘑菇。"

费米最会钻空子："对不起，我肯定考不好，不过这不怨我，而要归咎于你们的电影。"

索菲娅、魏安妮连起哄带鼓掌，托马斯从不欣赏这样的小机灵，他用哲学家的眼神斜了费米一眼，又回到他的玄思之中。珍妮是业余旁听，没有学分的压力，考不考由她，所以不起哄，只是蛮有兴趣地看着这帮家伙。

我顾不上回击费米，赶紧言归正传："这部电影是冯小刚 1997 年的贺岁片，在近年的票房中，它收入最高，在中国很受欢迎，得了不少奖。用这片子考试，有助于提高你们的成绩。怎么样，讲讲你们的感想吧。"

费米说话了："请问，我想用一篇谈民间电影的文章来参加考试，行不行？"

这家伙诚心跟师道尊严作对，得给他点颜色看看。我板起脸来："可以，不过你别想得好成绩。"

"为什么？"

"因为考试内容必须在我讲的范围内，这是学校的规定。"

"但是学校并没有规定民间电影不能讲。"

"讲不讲，不是你我说了算，要看大家的意见。"

费米耸耸肩。我不理他，转过脸问魏安妮："魏安妮，请你谈谈对《甲方乙方》的感想。"

魏安妮站起来，拉拉身上的薄毛衣："我喜欢那个虐待狂和被虐待狂的故事。"

我吃了一惊，这位是不是跑题了？《甲方乙方》里面有这么一个故事吗？

幸亏索菲娅提醒了我，她拉拉魏安妮的毛衣，小声地说："难道你也受男人的气了吗？"

我明白了，魏安妮所说的"虐待狂和被虐待狂"就是电影里面那位欺负完老婆自己又想被人欺负的主儿——他在家里唯我独尊，他的妻子逆来顺受。他不明白，为什么老婆对他如此百依百顺。他琢磨受气一定是特别过瘾的事。于是找到好梦公司。公司决定让他尝尝"一点好脸都不给，张嘴就挨刺，重活累活都让你干了，还不把你当人，给你个大嘴巴还算是轻的"的滋味。于是葛优装成地主，刘蓓装成地主婆，这主儿装成了一个叫张富贵的长工。先是替骡马拉磨，他觉得很好玩，踩着舞点推磨，然后给地主当马凳，葛优踩着他上马，他觉得很有趣。晚上，他给葛优端茶，葛优装出一副刘文彩的恶相，把水泼在张的脸上，张赔着笑脸忍着。地主婆命令张给她捶腿，张又困又累，捶着捶着睡着了。刘蓓跟葛优一商量，拿出黄世仁他妈的手段——从头上摘下饰针扎了他一下，这一回富贵忍无可忍，一蹦老高，大吵大闹，要到消协告好梦。葛优看时机成熟，对他进行教育："你知道受气的滋味不好受，回家就别欺负你老婆了，两口子要互相体谅。"富贵从此改恶从善，对妻子关心体贴。这是《甲方乙方》中的第三个故事。在所有的故事里，这个最矫情，最令人讨厌。

可是人家魏安妮喜欢："我认为，这个故事在思考人性，导演想做一个心理医生，消灭男人和女人之间的战争。我以前认为中国导演不会有这种富有普遍性的思想，冯纠正了我的看法。"

冯小刚要是听见这话，肯定后悔没把《甲方乙方》送到奥斯卡评委会去。

魏安妮话锋一转："可是，可是这个医生好像治错了对象——他应该把老鼠变成猫，而不是劝猫变成老鼠。所以，导演也是一只猫，他只能站在猫的立场上说话，他永远没法理解老鼠。"

这一番猫与老鼠的复杂比喻，把我搞晕了。索菲娅吃吃地笑起来，大

概只有她才明白这里面的玄妙。

我问魏安妮："请你说明什么是猫，什么是老鼠。"

魏安妮答道："我的意思是，在男女关系上，男人是猫，女人是老鼠。也就是说，男人总是强者，是统治者；女人总是弱者，是被统治者。就像猫与老鼠一样。"

"那你说说，为什么你认为导演治错了对象？"

魏安妮说："因为导演企图教育虐待狂——那个张。而虐待狂不是受了别人的虐待就能教育好的。现代心理学证明，治疗虐待狂只有一个办法——让被虐待者反抗他。也就是让他的妻子离开他。张是家庭的统治者，他从虐待别人那里获得了掌握权力的快感。他的妻子是一个被虐待狂，她看不起自己，认为自己没有用处，因此她完全依赖男人。其实，她在放弃，在逃避，放弃独立，逃避自由。如果说张是猫，那么他的妻子就是老鼠，猫总是要欺负老鼠的，这是猫的天性。导演以为他可以改变猫的天性，他错了。他能改变的只是老鼠，只有当老鼠对猫说'我不怕你，请你滚蛋吧'时，猫与老鼠才能平等。所以我认为，导演不是一个合格的心理医生，他编了一个谁也不相信的故事——没有一个虐待狂会主动自觉地要求被虐待的。"

我似乎明白了魏安妮的意思，并且暗自佩服起她来——这个相貌平平的小女生是个读书种子，她的小脑瓜里装了不少学问。问题是，电影不是学问，中国不是瑞典。有什么样的市民就有什么样的政府，有什么样的观众就有什么样的导演。中国人可不像瑞典人，整天净想着死的哲学，活的意义，弄出伯格曼一类的家伙，拍一些让人费尽脑汁的电影。苦斗几十年的中国人好不容易盼来了好日子，在奔向小康的路上，他们需要休息，需要娱乐，需要不动脑筋，开怀傻笑。金无足赤，人无完人。冯小刚的电影虽然有缺点，但是他赢得了市场。市场不需要思想，只需要欲望，冯小刚的任务是贯彻"白猫黑猫，抓到老鼠就是好猫"的务实思想，而不是去研究男人女人谁是猫谁是老鼠的玄妙哲学。要是照你魏安妮的想法拍电影，皆大欢喜的贺岁片就变成了人言人殊的心理片。幸亏冯小刚不是伯格曼！

我在上面胡思乱想，索菲娅和魏安妮在下面交头接耳。她们好像发现了什么开心事："嘻嘻嘻"笑个没完。说到高兴处，索菲娅居然把她的玉足蹬到了桌子上。

我收回神思，问魏安妮："说完了吗？"

魏安妮掩住笑，点点头。

"我对这个问题有看法。"索菲娅收起玉足，坐直身子："魏安妮说的很对，但是她说得不够明确。我认为，女人应该把自己看成猫，把男人看成老鼠，只有这样，男女关系才能平等。我有一个法国女友在这方面是最成功的，她在家里养了几只小白鼠，她告诉我，男人就像这些小白鼠，我高兴了，就拿出来玩一玩，不需要就放回去。"

相信所有的男人听了这番高论，都会被这位北欧美女吓出功能性阳痿。

看看教室里的男士——托马斯和费米——无动于衷地坐在那里，他们大概要保持政治正确，不想招惹这位女权主义者。

珍妮不在乎政治正确与否，她站了起来，一高一低的灰眼睛飞速地眨着，还是一手叉腰，一手在空中挥舞："索菲娅，你那位法国朋友难道不是更大的虐待狂吗？！按照她的理论，男人难道不应该起来反抗吗？你是否认为，男人与女人陷入没完没了的战争之中是很有趣的事？"

索菲娅并不生气，她朝她笑笑："亲爱的珍妮，请不要激动。我并不主张每个人都在家里养小白鼠。但是如果谁愿意当小白鼠我也不会反对。战争是客观存在，只要存在着男人和女人，战争就不会停止。世界大战来不了，但是局部战争没完没了。我指的是男女之战。"

珍妮似乎还想反驳，我出面当和事佬："女士们，你们是不是把话题扯得太远了？珍妮，关于这个电影你还有什么想说的？"

珍妮有点不好意思，说了一句丹麦话，又马上改成了英文："I must say there is a generation gap between us.（我必须承认，在我们之间存在着代沟）关于这个电影，我想说，导演没有一点点改革，他还在像过去的中国电影一样，把地主说成是没有同情心的恶棍。我知道，过去大陆把地主看成是吃人的魔鬼，在地富反坏右这个吓人的名单里，地主被排在第一名。可是，我的爷爷我的父亲我的哥哥都是地主，他们从来不是坏人。他们为当地人提供工作机会，为当地的建设出力出钱。丹麦和瑞典的地主跟中国的地主并没有什么区别，我在香港的时候，认识一些地主，有大陆的，有台湾的，他们并不比普通人更坏。中国有个作家写过一本小说——*The Plain of White Deer Appearing*。那里面的地主对待他的长工就像对待自己的亲兄弟一样。”

我猜，她说的是《白鹿原》。我应该为陕军的代表陈忠实邀邀功——他的小说不但译成了英文，而且还有这样忠实的读者。

32　真梦，假梦

课间休息的时候，我去找系秘书要期中考试的成绩单。费米乘机打开录放机看《甲方乙方》。一上课，费米就质问我："这个公司叫什么名字？"

"好梦一日游。"

费米似乎并不满意，瞪着两只灰蓝色的大眼睛看着我。

我给他解释："这个公司的宗旨是为了那些渴望完成梦想的消费者服务，只要付钱，公司就将在一天之内使他们的好梦成真。"

费米好像抓到了什么把柄："这个公司在欺骗，它答应一天之内使消费者的梦想变成现实。可是，那个大款在村子里住了很多天，公司才来接他。难道中国没有这样的法律吗？这个公司的名字——好梦一日游是一个虚假广告。它应该受到处罚。"

这个问题来得突然而且怪异，我不知道说什么好。

费米得意地向后翘起椅子，支起二郎腿，往嘴里扔了一块口香糖。

托马斯打开小本子，不屑地斜了费米一眼。我知道，他又要发瘾症了。这是他的规律——不管是谁，只要说出点儿荒唐荒谬荒诞无稽的看法，只要说话的人流露出洋洋自得的神情，这位哲学家就不自在，就一定要以更荒唐更荒谬更荒诞无稽的见解来压倒他们。

"我怀疑，这个公司受到了'大跃进'的影响，它在放新的'卫星'。四十年前中国的农民创造了小麦亩产五万斤，水稻亩产十三万斤的奇迹，这个公司显然在创造另一个更不可思议的奇迹——在一天之内实现中国人的所有梦想。这是否表明中国正在发生着一个巨大的历史性跃进——从数字奇迹的时代进入到梦想奇迹的时代？在我看来，只有那不勒斯的耶稣才有这样的能力，难道上帝派他的儿子移民中国了？”

托马斯看着我，好像在等着我告诉他，是否在北京见到了耶和华。

对付这种人的最好办法就是不理他，把话题岔开去。

“我提醒大家两件事：第一，这是电影，是虚构的故事；第二，有些消费者的梦想如果不能在一日之内完成，好梦公司会跟他在签订合同时注明……”

珍妮插话了：“我知道这是电影，知道它讲的是一个并不存在的故事。但是，即便如此，它也应该以真实做基础。我认识很多老板，大陆人、香港人、欧洲人，从来没有一个老板能够扔下自己的公司几个月之久——只是为了躲开天天陪人吃饭的任务。”

还没等我说话，费米又来了神：“是否有这样的公司，老板的工作就是整天陪人吃饭？据我所知，欧洲没有这样的公司，即使是公关经理也有自己回家吃饭的权利。可是，电影里却说他连自己想吃什么的权利都没有！”

怕我不信，费米打开录放机。

不用看我也知道，他和珍妮说的是《甲方乙方》中的第五个故事。这个故事讲的是一个大款，他怎么发起来的，电影里没说，干什么的，也没交代。冯小刚只告诉观众，此人是京城一大富豪，住豪宅，驾名车，还有一个高尔夫球场。为了生意，为了应酬，他不得不整天陪吃陪喝，日日龙虾，顿顿鱼肉，不吃还不行，怕得罪人。所以，他做梦都想过几天苦日子——吃野菜、喝棒子面粥。为此，他找到好梦公司，葛优跟这位款爷定了个协议：乙方（好梦）应不遗余力地、创造性地完成甲方（大款）的重托——把他吃苦受罪之梦想变成现实。另外，甲方保证不中途反悔，如若反悔，他的高尔夫球场和奔驰车就归乙方。

甲乙双方在协议书上签字画押之后，葛优把大款带到了他二舅家——一个刚刚受过灾的贫困山区。葛优嘱咐其舅，千万看好村中的鸡。临走前，

葛优还没收了大款身上的钱、信用卡、呼机、手机，切断了他与外界的联系。从此大款就在葛优他二舅家住下，而好梦公司早把他忘了。等葛优想起来去接他的时候，村里的鸡已经全被大款偷吃干净。大款苦苦盼望着回到过去的生活中去，夜里偷鸡吃鸡，白天就蹲在村口的废砖窑上，眼巴巴地看着路口，盼望着好梦公司的到来。

两个月之后的一天，在通往山外的崎岖山路上，终于出现了好梦公司的汽车。蓬头垢面的大款望着汽车双泪长流。车一进村，他就钻进车里，抱着葛优带来的扒鸡一通乱啃，拉也拉不出来。葛优叫他出来跟村民们道个别，他心有余悸不敢下车，唯恐葛优们再把他扔下。为了表示歉意，这个偷鸡贼保证，回去以后一定给村里投资办个养鸡场。

我提醒费米，这个片子就是要用夸张来制造笑料。说那个大款整天饭局，说他把村里的鸡全偷吃了，这些都是夸张。

费米按了一下遥控器，把录像带停了下来："夸张，我知道。我想说的是，这个大款的梦想是假的，是编导制造出来的，如果梦想都是假的，那么现实中还有真的吗？"

“啪”的一声，托马斯打了一个响指，朝费米点点头。

很显然，托马斯从费米的话中发现了与他不谋而合的思想。我不理他。继续做费米的思想工作：“你最好别管它真实不真实，这是说不清的事。换个思路怎么样？”

费米仍旧自顾自地说下去：“这个故事让我感到奇怪，它讲了两种人，富人和穷人。富人，以前中国管他们叫地主、资本家。穷人，以前中国管他们叫工人、贫下中农。这两种人在你们那里过去是仇敌，现在他们好像成了朋友。你看，富人非但不厌恶农村，反而渴望过穷人的生活。而穷人对富人也没有反感，即使他们的鸡被富人偷吃了，也没有什么不满。导演这样做是为了什么？他要消灭阶级差别吗？他要让富人与穷人成为亲兄弟吗？”

哪壶不开提哪壶——我最烦他们给我做今昔对比。近朱者赤，近墨者黑。跟托马斯这种人在一起，学不了好。我试着用国务院新闻发言人的语气说：“现在的中国以经济建设为中心，以社会稳定为宗旨。中国人民认识到，只有稳定才能发展，为了这个目的，富人与穷人成了好朋友。因为穷人相信，他们只不过是后富起来的穷人，换句话说，是未来的富人。而现在的富人相信，他们有责任帮助穷人摆脱穷困。那个大款不是答应给村民们建一个养鸡场吗？至于导演编这个故事的目的，我不清楚，你如果有兴趣可以给冯小刚打个电话，你们爱立信的手机不是在中国赚了很多钱吗？”

费米耸了耸肩，显然他对我的解释不以为然：“爱立信？我在爱立信的中国公司工作过，为公司调查中国北部的市场。调查结果表明，手机在农村没有什么市场，因为农民用不起手机。而用手机的人会遭到危险，有一个组织叫榔头帮，他们专打有手机的富人的脑袋。”

榔头帮的事，我在国内听说过，没想到费米的消息如此灵通。

索菲娅插话了：“我怀疑，那个大款投资给村里办养鸡场是为了洗钱。我的意思是说，他挣的钱并不是光明正大的。我在中国的经验告诉我，有些人很穷很穷，突然之间变得很阔很阔。可没人知道他们的钱是从哪儿来的。”

“橘生于南则为橘，生于北则为枳。”你看看，在中国逗人一笑的喜剧片，到了北欧竟引起了如此七不靠八不挨的话题。我有点后悔讲这个片子了。

没想到更不沾边的还在后头，这不是，托马斯出场了："这个电影讲了七个故事，七个梦。这七个梦中有三个实现了——想当将军的书商，想受气的男人，想与临终妻子团圆的工人。有四个破灭了——梦想吃苦的大款，梦想管住自己嘴巴的厨师，梦想过普通人生活的女明星，梦想获得爱情的失恋者……"

魏安妮打断了他："不，托马斯，那个失恋者实现了自己的梦想！他找到了他的爱——那个公主。"

托马斯冷冷一笑："不错，他是找到了爱。遗憾的是，这个爱是个肥皂泡。它仅仅存在了两个小时——从那个世界第十七名亿万富翁阿斯卡拉亲王的独生女儿阿依卡拉公主与失恋者见面，到她向他示爱。这不过是好梦公司设计的一个骗局，这个骗局十分拙劣并且愚蠢。对于绝望者来说，这个骗局是海洛因。对于正常人来说，它除了是骗局之外什么也不是！那个夜晚过后，冒充公主的女人再也不会想起这个可怜虫，等着他的将是永远的失落。这不是梦想破灭，还能是什么？！"

魏安妮耸了耸肩，对索菲娅嘀咕："他懂得爱吗？"

索菲娅笑起来："当然，他爱他自己！"

托马斯站起来继续讲演："在我看来，无论是现在还是将来，这些梦想都是假的。至少可以说，它们不是最大最多最普遍的梦想。"

"那你说说，什么是中国人最大最多最普遍的梦想？"珍妮说出了我的问题。

"最大的是发财！最多的是发财！最普遍的还是发财！"托马斯挥舞着手臂，好像在宣布绝对真理，"我在中国的时候，就发现中国人，无论是教授还是学生，无论是官员还是平民，无论是母亲还是女儿都梦想着发财。两年后，这种情况越来越严重。我的一个中国朋友做过一次小小的民意测验，他调查了一百个中国人，发现百分之八十八点三的人都在想办法在尽可能短的时间内，得到尽可能多的钱。"

“你的美国朋友要是在美国做同样的测验，得出的结论恐怕比这个还惊人。”珍妮说话了。

“如果我的丹麦朋友愿意这样做的话，也会得出同样的结论。”托马斯马上回敬丹麦女人。

“中国至少在这一点上与国际接轨了。”费米冷不丁地来了一句。

托马斯接着演讲：“是的，世界上所有的人都想发财，但是，中国人不一样……”

我站起来，指了指腕子上的手表：“该下课了，有话下次说吧。”

说老实话，我比学生还盼望早点下课，早点结束这漫无边际的讨论。

托马斯把小本本往桌上一拍：“二十二年前，苏联有个电影——《深夜救护车》，我建议你们看看它，再参加《甲方乙方》的考试！”

33 托马斯的悬念

托马斯留下一个悬念——那个苏联电影。一上课，索菲娅就问托马斯要录像带。托马斯一言不发，神情严肃地指了指录放机，原来他早就把录像带放进去了。“三大金刚”兴致勃勃地盯着电视屏幕。我可不愿意跟学生们对着干，立即宣布这堂课改为苏联影片欣赏，看完了自由活动。其实宣布不宣布都一样，他们从来没把纪律放在眼里。

托马斯朝录放机轻轻一按，《深夜救护车》开演了，好在有英文字幕，我还能凑合着看懂。影片讲的是某城市急救中心，救护车上的四位工作人员一夜的遭遇。这四个人分别是医生、年轻护士、中年护士和老司机。医生刚到不惑之年，工作认真，很有正义感；年轻护士身材高挑，脸蛋漂亮，打扮时髦，满脑袋想的是如何凭自己的姿色找个高薪郎君，搭个美满幸福的安乐窝，对工作不太上心；中年护士精明干练，动作敏捷，十分敬业，但是牢骚满腹；老司机久经风霜，圆滑世故，似乎参透了人生。他跟中年护士很谈得来，劝她别这也看不惯那也看不惯，给自己惹麻烦，徒增烦恼。其实他也有牢骚——开救护车没油水，不如开卡车有外快。他的人生理想很实际——弄些建筑材料，在那块林中空地上给他的老婆孩子盖一幢简易别墅。这四个人一夜间跑了四个地方，见了四个病人——

第一个病人是个老太太，半夜三更，她忽感不适，家人急忙从附近医院里请来一位医生，这医生是个二把刀，没查明病因就给老太太打针，针打完了，针头却留在老太太的静脉里，二把刀束手无策，只好求助急救中心。医生、护士等一行人赶到，很快查明病因——老太太心脏病严重。在众人忙乱着抢救老太太的时候，二把刀乘机偷走了他们带来的药品。老太太的儿子、媳妇、女儿一边七手八脚地把病人往车上抬，一边忙着给救护车上的医生、护士们送上一大篮子水果，上车时，他们也没忘了塞给司机一篮子苹果。没想到，老太太的心脏承受不了住院带来的兴奋，刚刚抬进医院的大门，就一命呜呼。病人家属化悲痛为愤怒，把怒火全撒在了救护人员身上，医生、护士在痛骂中不知所措，司机上去劝解，差点儿饱尝老拳。自然，那些水果又物归原主。

警察的电话把他们从围攻中解救出来，救护车来到了某高级餐馆，患者是一又高又壮的酒鬼，他倒在餐馆的大椅子上，面色红紫，满身酒气。餐馆经理指着被打破的玻璃镜跟警察诉苦。医生掏出听诊器伏下身去，听那酒鬼的心脏，听了一气，断定他没有心脏病。“他吃了什么？是不是食物中毒？”经理一听恼了，一口气数了一大串他刚才吃的山珍海味，外加两瓶伏特加，共花了五十六卢布。听了这数字司机吓了一跳，他转身悄悄问中年护士：“方才我们中午吃饭一人花了多少钱？”

“一卢布。”中年护士回答。

酒鬼的朋友把医生拉到一边，小声问他：“医生同志，请您给他开个心脏病证明。”说着，塞给医生几张卢布。

“他不是心脏病，为什么要这样的证明？”医生问那人。

那人压低声音解释：“有了这样的证明，我们就不用交餐费，也不用赔玻璃镜了。”

医师厌恶地推开那人的手，大声招呼护士和司机回医院。那酒鬼一听医生不给他开，不想装下去了，一翻身从椅子上爬起来，冲出餐馆大门，奔向隔壁的酒吧，还没等餐馆经理反应过来，他已经挽着一个打扮妖艳的女人扬长而去。经理抓住酒鬼的朋友，那人委屈地说，酒鬼是他的上司，某建筑部门的一个头头，他不过是酒鬼的秘书。

救护车回到医院，四人刚刚坐下，又来了电话，患者也是建筑部门的领导。救护车开到一豪华住宅的楼下，领导住在九楼，夜里电梯不开，年轻的护士提着急救箱往楼上爬。爬到二楼时，走廊里传来美妙的爵士音乐，年轻护士心动神摇，心想，什么时候我也能住到这种楼里。如果不是同事们跟着她，她早就逃之夭夭了。一行人终于到了九楼，那位尊贵的病人的家里富丽堂皇，令这些平民眼晕。病人的妻子——一个雍容华贵的女人，儿子——一个风度翩翩的青年迎接他们。医生给病人略作检查，发现病人有生命危险，命令赶紧送医院抢救。

当他们把病人往楼下抬的时候，病人挣扎着坐起来嘱咐家人："把别墅院内放的建筑材料收好。别让雨淋了。"司机一听马上问："你的别墅在什么地方？"当他知道病人的别墅离他的那块空地不远时，禁不住说出了自己的愿望："我正想弄些材料盖房。"病人的夫人马上说："你要什么建材？我们这里都有，告诉我们把建材送到什么地方。"司机问多少钱，病人的儿子拍拍他的肩膀，潇洒地告诉他，一分钱不要。司机大喜过望，抬起担架来更加卖力。

费了九牛二虎之力，总算把病人抬到了楼下，楼下的空场上不知什么时候集合了一群阿飞，他们穿着花花绿绿的奇装异服，叫嚷着，连跳带舞。病人的儿子跟他们打着招呼，并且不无得意地告诉医生们，这些人是他的朋友，他们的父母都是住在这座豪华住宅里的领导干部。

经过一番紧张的抢救，第三个病人脱险了。这四个人刚刚坐下来喘一口气，电话又响了，救护车呼啸着驶向汽车装配厂。他们的第四个病人是一个年轻工人。这个年轻人面色青灰，十分疲惫。医生诊断，严重的突发性心房缺血，马上送医院。中年护士打电话与医院联系，请住院处准备床位，病人冲上去阻拦护士。说自己没病，不用住院。正当两人争执不下时，工厂的头头探身进来，他告诉病人："住不住医院随你，但你不必工作了。”年轻工人大叫：“我反对，我反对……”话没说完，就昏倒了。经过医生、护士的紧急抢救，年轻工人终于醒转过来。但他已经丢了饭碗——不必工作就意味着被炒了鱿鱼。

电影放完了，费米和索菲娅不约而同地伸了个懒腰，魏安妮在本子上记着什么，托马斯坐在那里，两眼看着电视，一言不发。

“嘿，托马斯，你为什么要让我们看这个电影？”索菲娅转过头朝托马斯嚷嚷。

费米高举着双臂，两手握拳，仰头对着天花板，保持着伸懒腰的姿势：“为了证明他是苏联问题专家。”

托马斯仍旧一言不发，像石雕一样坐着，盯着前面的屏幕，一动不动。

索菲娅急了：“嘿，托马斯，你死了吗？”

托马斯还是无动于衷，魏安妮也奇怪地转过头。

费米身体后倾，双手抱着后脑勺，晃悠着椅子，又说起了风凉话：“当哲学家沉思的时候，千万不要打扰他，无论他在推算世界末日，还是在计算女人的胸围。”

魏安妮跟索菲娅耳语：“他可能想起了当年爱过的莫斯科女人。”

索菲娅拿起杯子起身，往后门走去，走出托马斯的视线之后，她悄悄转身，蹑手蹑脚来到托马斯身后，正当她举起杯子往托马斯的头顶上倒水的时候，托马斯的眼珠突然一转，随之一声响咳：“啊，请不要弄湿我的头发！”

索菲娅吓了一跳，手中的杯子一歪，半杯水洒在托马斯的右肩上。所有的人，除了托马斯，都大笑起来。托马斯抖了抖肩膀，看了一眼浅酱色的衬衫，严肃地说：“据我所知，瑞典人不这样洗衬衫。”

“你怎么知道我没出去？”索菲娅举着杯子问他。

“因为门没响。”

“你怎么知道我要往你头上倒水？”

“因为你拿着茶杯。”

索菲娅大叫起来：“好哇，你什么都知道，那你干吗装死？！”

“我想起了和我一块看电影的苏联官员，他说过一句很深刻的话，一个俄国谚语，我怎么也想不起来俄文原话。可是就在你站起的那一瞬间，我的记忆之门突然打开了。所以，我得感谢你。”

索菲娅急切地问：“那是一句什么话？”

托马斯清了清嗓子，郑重其事，一字一顿地说：“当——女——人——拿——着——杯——子——离——开——男——人——的——时——候，她——就——会——干——蠢——事。”

索菲娅知道上了当，尖叫着，把剩下的水全倒在托马斯的脑袋上。

托马斯抖抖头发：“当——女——人——在——男——人——身——边——大——叫——大——嚷——的——时——候，她——就——会——干——坏——事。”

一阵哄堂大笑。

索菲娅跑过去，一把夺下费米手里的杯子，朝托马斯泼过去，托马斯急忙抓起一张报纸挡住脸，没想到，杯子里滴水也无。托马斯在报纸后面露出半张脸，接着说他临时编出来的俄国谚语："当——杯——子——里——没——水——的——时——候，女——人——做——的——坏——事——就——会——变——成——好——事。"

又是一阵乱笑。

我看闹的差不多了，用笔帽敲了敲桌子："感谢托马斯和索菲娅表演的精彩小品。下面言归正传，请托马斯讲解《深夜救护车》，或许对你们分析《甲方乙方》有帮助。"

回到座位上的索菲娅还揪着托马斯不放："不行，他得先讲讲刚才为什么不理人。"

托马斯一边用纸巾擦头发，一边回答："我想起了一位当医生的苏联朋友，我们一起看的这部电影，出了电影院他发了一通议论，其中提到了几个数字，我在努力回忆这些数字。"

"他说了什么？"索菲娅追问。

托马斯说："最精彩的一句是，应该把这部电影的编导演统统请到古拉格去。"

"古拉格？哪个古拉格？"索菲娅问。

"全世界有几个古拉格？"托马斯瞪了索菲娅一眼。

"是请他们拍古拉格的电影吗？"魏安妮冒了一句傻话。

托马斯不屑于解释，照自己的思路继续说："我当时惊讶地说不出话来，他是主管文艺的官员，在东德留学的时候就跟我认识。他的父亲死在斯大林的集中营里，他的母亲带着他改嫁。小时候，他受过很多苦，这个受苦人为什么喜欢让别人也去受苦呢？我问他为什么会产生这样的想法。他说，在斯大林时代，《深夜救护车》这样的影片是不可能出现的，勃列日涅夫犯了很多无法挽回的错误，通过这样的影片就是其一。苏联的衰败从勃列日涅夫开始，他搞全民党，搞专家治国，国家宣传机器说当工人如何光荣，实际上工人阶级的地位很低，在所有的工作中，钢铁工人排第二十八位，车工排第三十九位，拖拉机手五十一位，木工六十八位。”说到这里，托马斯指指索菲娅：“很抱歉，正当我回忆建筑工人排第几位的时候，这位女士的杯子把那个数字赶跑了。”

索菲娅瞪圆眼睛：“我们不关心那些数字，重要的是结论。”

托马斯说：“对不起，在得出结论之前，我还得把他的意思说完。那位苏联官员发牢骚说，城里的年轻人都不愿意当工人，拼命挤进知识分子的队伍，挤进去之后，同样不想干活，整天想着挣外快，攒钱买日古利小汽车。勃列日涅夫不但瓦解了工人，还搞乱了农村。他主持的部长联席会议决定，从 1974 年 12 月 24 日起给农民发身份证。农民有了身份证就会涌进城市，集体农庄没人干活。苏维埃的经济基础就这样瓦解了。正是诸如此类的错误，催生了新思维。我问他，这个电影是否反映了苏联的真实情况。他说，对于苏维埃来说，真实是次要的。俄国革命需要托尔斯泰这样的镜子，不需要《深夜救护车》这样的镜子。如果不幸产生了这样的镜子，国家的任务就是在第一时间内把它打碎。”

“结论呢？”费米和索菲娅同时发问。

托马斯说：“结论是苏联应该回到斯大林时代。”

“这个结论跟《甲方乙方》有关系吗？”魏安妮问到了点子上。

“《深夜救护车》是一面镜子，《甲方乙方》是一块布。镜子的功能是照，布的功能是包，镜子可以照出全身，照出最隐蔽的地方；布却可以包住脑袋，包住肚脐眼下面的部分。”托马斯意味深长地扫视了一下四周——他很为自己的比喻得意。

托马斯的表演够精彩了，不能让他再表演下去。我问他：“你说的布，是什么做的？”

“面子。它是由面子做成的，花木兰从军为了她父亲的面子，周瑜被气死是为了自己的面子，项羽不回江东是丢不起面子。《甲方乙方》编出的七个梦也是为了面子。”托马斯不假思索，仿佛早有准备。

我不得不替冯小刚说句话："托马斯，你的观点很有启发性。但是恐怕你误解了冯小刚和他的电影。当然这可以原谅，因为你不了解中国，缺乏历史眼光。冯小刚的贡献在于，他恢复了电影的娱乐性，使它真正变成了白日梦。《甲方乙方》的意义就在这里。"

托马斯扬起脸："不，它的意义在电影之外的第八个梦。"

"对不起，托马斯，你看看几点了。"

我用下课打断了托马斯，可是他却给我留下了悬念——直到回国，我也不知道什么是第八个梦。

34 屁股的问题

费米的带头引发了讲民间电影的呼声。这呼声与日俱增，以至于成了“四大金刚”的兴奋点。

这可是个难题。

第一，什么是民间电影，我搞不清。没有一个权威定义。有人说，没有经过审批的电影就是民间电影；有人说，审批没通过就拿出去参加电影节的电影就是民间电影；还有人说，拿了香港或外国的钱，在国内拍的电影就是民间电影。总之，众说纷纭，莫衷一是。让我何去何从?

第二，这个领域是否可以进入，我也搞不清。民间电影似乎是个开放的“禁区”——尽管官家不理它，学界不谈它，好像它根本不存在。可是，一片甫出，业界趋之若鹜，导演名闻遐迩，盗版盘满天飞，甚至公然摆在音像商店里。教师在课堂上公开讲授，报刊堂而皇之的介绍，学生们心慕手追，风起云涌。对于研究者来讲，没有法律规定它不可以研究，也没有法律规定它可以研究。总之，这是一块既存在又虚无，既开放又禁止，既秘密又公开，既违法乱纪又合理合情，既津津乐道又噤若寒蝉的空中飞地。就像塔尔科夫斯基在《潜行者》中描述的那个被铁丝网包围，被装甲车、机关枪看守的自由区一样。

第三，站在什么立场上讲它们，我更不清楚。站在政治的立场上，还是站在艺术的立场上?政治要求电影春光灿烂，温馨祥和，悲伤适度，结尾光明，为政策为宣传为教化服务……以保证社会转型，防止和平演变，维护安定团结，社会稳定……艺术则要表现真实，要抒发性灵，要反思文化，要追问历史，要坚持现实主义……总之，官说官有理，民说民有理。站在知识分子的立场上，同样不得要领。中国知识界至少有两种立场——新左派和自由派。如果坐在"新左"的板凳上，我就应该正告这些老外们："中国的改革开放是在党和政府的领导下有序进行的，任何中国出产的电影都应该通过电影局的审查。这种审查是为了繁荣中国电影，民间电影未经审查，干扰了大局，破坏了社会稳定。我无权干涉你们看，你们也无权非让我讲。"如果坐在自由派的板凳上，我就得这样说："民间电影的出现标志着中国的改革开放进入了一个新的阶段，它冲破了旧体制的束缚，反映了中国的现实生活，缓解了社会矛盾。因此，它既繁荣了电影事业，也有利于安定团结。我愿意和与诸位互相帮助，共同提高。"

你看，各有各的理，我这屁股该往哪坐？

头脑决定屁股，头脑糊涂，屁股怎么办？

整整一个礼拜，我一直在思考屁股的问题。作为一个守法良民，给老

屁股决定脑袋

外讲这种身份不明的片子是否会违反外事纪律？是否有悖于中国的学术原则？进言之，是否会强化西方对中国的和平演变……思来想去，心里没谱。我想请示外交部，可就算人家有工夫理我，时间也来不及。请示电影局或电影艺术研究中心，更是远水解不了近渴。

事到如今，只有不怕牺牲，排除万难，去争取摆脱干系。第一步是正名——什么叫"民间"。我琢磨，所谓"民间"只是中国的说法，它只是近几年学界的发明——"民间话语"、"民间写作"、"民间文化形态"、"民间隐形结构"、"民间理想主义"……为什么要发明这些新名词呢？或许是为了说话方便——语言是思维的物质形态，没有新的概念就无法推进学术的更新。"民间"这个概念既新颖又古老，内涵模糊而外延广大，它给学人提供了无限的可能。原来不好说的事，现在都可以放在"民间"里说，就像"文化"一样。另外，光图方便不行，还得考虑大局。它的发明者一定也考虑到了使用这个词的后果。"民间"这个词很中性，很温和，很自律，自由派拿它做不出什么文章，新左派也不会对它感兴趣。因此，既不会引起思想混乱，也就不会造成社会动荡。当然，也不排除标新立异的可能——这是天下学人的通病。在大众媒介削尖脑袋寻找新、奇、酷的今天，坚守书斋的学人如果不弄出点新鲜玩意儿更没人理。话说回来："民间"这个新名词，与"后、新"一类的发明不同，它不是为了吸引眼球，而是为了吸引头脑。

我的头脑被它吸引，是因为它带有某种莫名其妙的危险性。这种危险性来自于"民间"这个词中的"独立"意味。在西方："独立"算不了什么，独立制作的东西只表明它出于个体，而不是出于集体——公司、企业，政府机构。如果哪个西方人被冠以"独立制片"、"独立导演"的名号，他会满心欢喜——这说明他有本事。可是在中国，大家都避之唯恐不及，因为一"独立"，就没好果子吃。嵇康独来独往，宁愿跟老朋友绝交也不当官，被司马昭砍了脑袋；李卓吾特立独行，为商贾说话，为妇人抱不平，最后落了个身首异处；彭德怀坚持独立见解，成了反党分子；遇罗克写《出身论》，成了枪下鬼；田壮壮《蓝风筝》里面濮存昕扮演的那个小干部，开会时闹了三分钟的“独立”——上了一趟厕所，回来就成了右派，病死北大荒……看来：“独立”是贾祸之源。

转念一想，贾祸之说并不全对，至少不适用于今日。今日之中国似乎早给“独立”平了反。学校、媒体，甚至政府都在鼓励个性，提倡多元。个性者，异于常性且个人独具者也。多元者，百花齐放而非独尊一家者也。“独立”既弘扬个性又属百花之一枝，它是不是跟爱恨一样，是人性的一部分？主旋律不是也在大张旗鼓地挖掘人性吗？……徘徊犹豫之中，突然想起了“独立寒秋”、“独立自主”，搞民间电影的是不是受到了伟大领袖的启发？

再想下去，我发现，我之所以害怕“民间”，是因为它不但连着“独立”，还透着“异端”。“异端”在西方也稀松平常，它只不过表明某人有点奇思怪想，不那么随大流罢了。所以，如果哪位学者被视为“异端”，充其量是没人理他。问题是，在中国这可不得了。在传统的眼睛里：“异端”与洪水猛兽无异，必欲斩草除根，灭之而后快。麻烦的是，正异之间常常变换位置——过去被视为异端的，常常是今天的正统。过去的正统，常常是今日之异端。当初孙中山是清政府的异端，李大钊是北洋军阀的异端，顾准是“文革”的异端，包产到户是人民公社的异端，奖勤罚懒是计划经济的异端，人性是文坛的异端，朦胧诗是诗坛的异端，邓丽君是歌坛的异端，《小城之春》是电影的异端，好莱坞是新中国的异端……现在呢？大逆不道的异端都成了万众追随的正统。那么，是谁视民间电影为异端呢？好像不是平民百姓，否则，盗版盘不会满天飞；好像也不是影视圈，否则它们就不会在专业人士中公开流行……

到了第四天晚上，我对民间的研究又有了突破性的进展——我发现，民间还有“地下”的含义。中国的民间似乎一向有钻入“地下”的传统。这个传统的形成相当复杂，它与战争有关，日本侵华时，抗日军民搞地下交通站、地道战进行反抗。内战时期，白区的中共人士就得转入地下。它还与经济有关，为了应对粮荒，党中央听从陈云的建议，实行粮食统购统销。购也统，销也统，农村的集市没了，城市的小摊小贩禁了。可是商品还得流通，于是民间贸易就成了地下贸易。它似乎还与政治有关："文革"时，写了东西没地方发表，也只能潜伏地下。于是就有了地下歌曲——《知青之歌》，地下小说——《波动》，地下散文——张中晓的《无梦楼随笔》，地下学术——顾准的著作。这么看来，第一，转入地下的事情，大半是弱者所为。第二，地下产品一定是生活或精神所必需，因此很有"野火烧不尽，春风吹又生"的生命力。第三，既然是必需品，生产者就具备了某种正义性和合理性。第四，最后，地下似乎总要回到地上来。回来之后，一定少不了鲜花、掌声和大块大块的纪念文章，而当年的地下工作者，即使生无名利，也会死有哀荣。《波动》、《知青之歌》如今堂而皇之地载入史册，顾准、张中晓、遇罗克则从右派、反革命、危害国家安全者，变成了先知、斗士、思想家……

研究的结果，连我都大吃一惊——这民间电影似乎不可不讲，我要是拒绝讲，就是一个压制弱势群体、阻碍社会进步、打压艺术探索、无视市场需求、抱残守缺、鼠目寸光、毫无主见的大傻瓜。

35 显圣与奇迹

第二天上午，托马斯打来电话，说他想借《北京杂种》的光盘。我让他晚上九点到教研室去取。不知道为什么，可能与去了一趟德国有关，我对这个整天跟我斗气的德国佬渐生好感。这家伙大约也属于西方学界的异端人士——既不同于亲华的左派，又不同于反华的右派。他解构一切，包括他自己，这大概就是人们所说的后现代。

托马斯给我带来一瓶葡萄酒，一盒巧克力，我们喝着酒，嚼着巧克力，大聊其天。我把话题引到我关心的事情上："你是苏联问题专家，能不能跟我说说苏联的民间活动？"

"你说的民间指的是什么？"

"非主流的文化产品，比如，电影、书刊一类的。"

托马斯眨巴眨巴眼睛："你的话让我想起了一个苏联的政治笑话——勃列日涅夫问教皇，什么叫显圣，什么叫奇迹。教皇回答他：'如果列宁出现在你面前，就是显圣。如果列宁不骂你把经济搞得一团糟，就是奇迹。'这个笑话说的并不完全对。苏联的经济到了叶利钦手里才是一团糟，勃列日涅夫时代糟糕的不是经济，而是文化。赫鲁晓夫反个人迷信，揭露斯大林，受益最大的是文化——以前不准出版的学术著作和文艺作品可以出版了，以前不准拍的电影可以拍了。苏联人高兴得发狂，就像你们打倒'四人帮'时一样。你们吃螃蟹，苏联人喝伏特加。啊，'解冻了，冰雪融化，暖风吹过山谷，春天来了！'"

托马斯的双手在空中比划着，模仿着苏联人高兴的样子：“解冻，你知道吗？一个被塞进冰箱的人，突然被放到了阳光下。那是什么感觉？用你们中国的话讲，那是‘第二次解放’。”

出国以来，我最讨厌外国人时不时跟我进行中苏比较，这种比较让人产生不愉快甚至很危险的联想。但是，这时，我不想扫红胡子的兴。

兴奋加上酒精，使红胡子的脸跟胡子溶为一色，话也来得更快更多：“苏联人高兴得太早了，勃列日涅夫一上台，苏联人又被塞进了冰箱。冰箱里的世界只有被禁映的电影，没有民间电影。塔尔科夫斯基，就是拍《伊万的童年》的那个导演。尽管受到了无数磨难，一年又一年地等待审查通过，拍出电影也禁止放映，但是他从来没有想过搞民间电影。或者说，只有到了意大利，他才想起来搞民间电影——用外国的钱，拍他的电影，获了奖属于外国。可惜，在新思维之前，他就死了。死了以后，苏联没有任何反应。好像这个人从来不存在。十年前，他的传记、回忆录才能公开出版。当初对他恨之入骨，说他反苏的官员，现在称他大师。好像要不是他们的迫害，他还成不了大师……”

我对塔尔科夫斯基略有所知，不想听托马斯多说。就转了话题：“你说勃列日涅夫时代最糟糕的是文化，除了电影被禁映，还有什么被禁？”

“首先是文学。帕斯捷尔纳克的《日瓦戈医生》、索尔仁尼琴的《古拉格群岛》、季诺维耶夫的《黑魃魃的高空》、西尼亚夫斯基的《什么是社会主义现实主义》、拉克申反驳索尔仁尼琴的长文、马克西莫夫的《创世七日》都不能在国内发表。于是，作家们就把作品弄到国外，外面给他们出书，为他们叫好。”

“勃列日涅夫采取了什么措施？”

“用你们中国的话就是‘严打’。不同的是，中国的严打只是一时的，而苏联是一贯的。中国懂得一张一弛，苏联不懂。所以越闹越大，直到不可收拾。你听说过西尼亚夫斯基吗？就是搞文学研究，又写小说的那个人？”

我摇头。

“你应该知道他，他将载入历史。我采访过他，一个很文静的知识分子。他说，他在监狱里度过了七年，这七年中，他除了写关于普希金的书，就是为自己的罪名辩护——他认为，他的作品并不是反苏，而是爱国，只有真正爱国的人才不粉饰。他并不想流亡国外，可是，如果他在苏联待下去，只有两条路可走，要么停笔不写，要么再被抓进监狱。他不想把生命耗费在劳改营里，所以一放出来就跑到了法国。”

“那是哪年的事？”

“我采访他的时候是 1987 年，他被抓是 1965 年。”

“你说他会载入历史，就凭他坐过大狱吗？”

“不，不，坐过大狱的苏联作家不止他一个。他成为历史人物是因为他引起了苏联文化界的分裂，引起了政治示威，造成了巨大的国际影响。”托马斯喝了一口酒，接着说：“苏联当局当时抓了两个人，一个是西尼亚夫斯基，一个是达尼埃尔。罪名是进行反苏宣传。西尼亚夫斯基是作者，达尼埃尔是译者。苏联作家为此分成了两派，一派拥护，一派反对。拥护派认为好得很，反对派认为糟得很。反对派二百多人在普希金广场举行集

会，要求政府尊重苏联宪法，公开审判。这是苏维埃政权建立以来的第一次自发的政治示威。欧美的文化界人士闻讯纷纷给苏联文化部和作家协会打电报，要求放人。勃列日涅夫下令公审，这两个人在公审时控诉当局践踏宪法，无视人权，剥夺了作家们的创作自由和发表自由。当然，法院不会听他们的，这两人一个判了七年，一个判了五年。”

“这个判决够轻的。”

托马斯耸了耸肩膀：“这是拥护派的想法，反对派可不这么想。1966年苏共召开二十三大，六十二名作家联名给大会主席团写公开信，指责法庭抓人没有证据。他们认为政府抓人开了一个特别危险的先例，会阻碍苏联文化的发展。”

“拥护派干什么呢？”

“他们能干什么，还不是在作协开会，在报上发表文章，支持法院的判决，谴责反对派。你知道肖洛霍夫吗？”

“写《静静的顿河》、《被开垦的处女地》的那位？”

托马斯点点头：“肖洛霍夫是个坚定的拥护派，他写了一篇文章，说这两个人必须判罪，因为他们诽谤了祖国，诋毁了苏联。他认为那两个被判刑的作家应该庆幸他们生活在一个严格执法的年代，如果放在二十世纪二十年代，苏维埃政权完全可以以革命的名义把他们枪毙。”

“肖洛霍夫后一句说得不错。”

“是的，他说出了一个可怕的事实，可是，他是在肯定，甚至是在颂扬这个事实。这是反对派无法容忍的，他们痛恨的正是那段随意杀人的历史和指挥杀人的斯大林。所以他们大骂肖洛霍夫丧尽天良，是当局的马屁精。老作家气得半死。后来，此二人刑满释放，都跑到了国外。六七十年代很多著名的苏联作家都跑出去了。有的是自己跑出去的，有的是政府趁他们出国，不让他们回国的。苏联的解体首先是人心的解体，这是从勃列日涅夫时代开始的。人们只知道埋怨戈尔巴乔夫，这是不公平的。”

“你对那些反对派什么看法？”

托马斯说："当然，他们是一批有勇气、有正义感的人。但是其中也有一些投机分子，他们有才能，这是毫无疑问的，但是他们中的一些人没有信仰，没有原则。这些人搞民间活动是为了出名出国，为了得到西方的赞赏。就像墙头草一样，他们昨天还在歌颂斯大林，今天就去投奔自由民主。在这一点上，肖洛霍夫倒是值得钦佩的。"

"你要是勃列日涅夫，你有什么高招？"

"哈哈哈，"托马斯大笑起来。笑完了，鼓着两只眼睛盯着我："这个问题我问过好几个苏联作家，包括那个西尼亚夫斯基。他们的回答出奇的一致。他们认为，六七十年代是苏联进行社会转型的最佳时期，可惜勃列日涅夫是个平庸无能、没有远见的官僚，他只知道巩固个人权力，给自己颁发各种各样的奖章，却从来没有想到改变现状。结果矛盾越积越多，到了戈尔巴乔夫，火药桶爆炸了。勃列日涅夫既没有戈尔巴乔夫的勇气，也没有邓小平的聪明，而当时苏联的唯一出路，就是把这两个人的想法合在一起——一方面通过揭露斯大林，清算历史，放弃专制，改良政治；另一方面逐步地从计划经济转向市场经济，让中产阶级取代特权阶层，用社会民主党的办法尽可能地将福利推广到社会下层。"

"你没回答我的问题。"

托马斯苦笑了一下："这是个虚假问题，我没法回答。不过，你一定要我说，我就只好再一次冒犯你。"他从衣袋里掏出一枚硬币，平放在手掌上。

我拿起硬币，端详着。这是一枚一马克的德国硬币，上面刻着一个戴假发的人头。

"你的意思是——？"

托马斯故作神秘地说："在某些方面，苏联实在算不上老大哥。"

回家的路上，我想，不管谁是老大哥，不管搞投机与否，民间既然有这么长远深厚的历史，这么变化莫测的跨国经历，民间电影保不准那一天也会翻到"地上"来，成为研究生的论文题目，成为中国电影史里的一个重要章节。保不准今天把它打入冷宫的人，哪一天会跳出来为自己辩解，为它说话。保不准某部民间电影会成为世界经典，它的导演也就荣升为大师，像塔尔科夫斯基、基耶斯洛夫斯基一样，被大众传媒追捧成杰出的爱国者。我下定决心，答应“四大金刚”的要求。但是，在保不准的情况下，我最好不表态，一切交给学生，由他们自由发言。问题是，民间电影多多，在两周的时间里，讲什么？贾樟柯的《小武》？娄烨的《苏州河》？管虎的《头发乱了》？张元的《北京杂种》、《东宫西宫》？

36　后新国骂

我之所以选中了张元的《北京杂种》是因为它是这类电影的开山之作，为了省事，我不再提供故事梗概和语言点。事实上，我想提供也没资格——虽然努力了好几次，我还是半途而废，始终不明白它的意思。上课时，我对影片的介绍只有一句话：这个片子里有中国摇滚先驱崔健，它在 1993 年获得瑞士洛迦诺电影节特别奖，1994 年获新加坡国防电影节评委会奖。

“可是，它讲的是什么？我一点也不懂。”快人快语的索菲娅总是第一个发言。

魏安妮说：“这是我看过的最糟糕的电影。我不明白它为什么会获奖。”

托马斯冷冷地插话：“当一个艺术品没人看懂的时候，就会获奖。”

费米移动着鼠标，向大家公布他在电脑上发现的消息：“评委会主席在《纽约时报》上发表文章承认，此片获奖主要是意识形态的考虑。她说，当时的评委中有一个中国女导演，这位女导演动员诸评委给这部混乱的电影评奖，理由是，作为中国第一部独立电影，这个片子在拍摄过程中，受到了来自政府的巨大压力。在她的游说之下，评委们认为应该给它以道义上的支持，就给它评了奖。”

索菲娅不屑地撇撇嘴。

费米说：“奖是人评的，如果你是评委，听同行们说，给他奖吧，给他奖吧，要不导演就被扔到集中营里，那你也会投它一票。”

“那是同情奖、怜悯奖，或者叫人情奖、后门奖，与艺术无关。”索菲娅反驳说。

“所以，瑞士洛迦诺电影节给他了一个特别奖。”费米特别强调了“特别”两个字。

“教授先生，请你告诉我，这部电影讲的是什么？”索菲娅不想跟费米废话，找到了我头上。

“托马斯先生对这部电影有特别的研究，还是请他讲讲吧。”我把球传给了托马斯。

托马斯不大情愿，但还是讲了起来：“这个电影的叙事确实很混乱，我也是看了三遍才弄明白了它的结构。它讲了两个故事，第一个故事讲了北京的两个青年男女，男的叫卡子，女的叫毛毛，两个人发生了性关系，女的怀孕了。男的叫女的打掉，女的不听，躲了起来。男的到处找她找不到，感觉很无聊，又去找别的女人。有一个女人跟他上了床，另一个拒绝了他。他十分无聊地坐在地铁站上，对镜头说了一番女人多么没劲，但是没有女人似乎也能活下去的话。影片结尾时，卡子终于找到了毛毛，而毛毛已经把孩子生了下来。这大概就是电影名字《北京杂种》的来历。

真话假话废话都得他妈地唱着

另一个故事是关于摇滚乐队的，这是一群愤怒的、狂躁的、没有出路因此百无聊赖的青年人，喝酒、打架、追债、演唱、骂街构成了他们基本的生活方式。在这个圈子的边缘，有一个奇怪的女人，她似乎是唯一一个能把两个故事串联在一起的媒介——卡子认识她，向她打听毛毛的消息。她认识那些搞摇滚的，但是对摇滚似乎毫无兴趣。片中的大多数人物都和这个有点忧郁的女人一样，来去匆匆，莫名其妙。总之，人物含糊、逻辑混乱、情节断裂是这部电影叙事上的主要特点。而画面组接是随意的、生拼硬凑的，甚至可以说是杂乱无章的。我估计，编导在写在拍这部电影的时候，并没有明确的想法，他们只知道发泄不满，并且坚信，只有把一切都弄乱才能表现出他们的才能，而弄乱的首先应该是外国评委的判断力，以便以乱取胜，乘乱得奖。他们成功了，我不知道，这是电影界的光荣还是耻辱？”

我对托马斯油然而起敬佩之心，德国佬干什么都很认真，大众汽车占领中国市场理所当然。《北京杂种》我看了两遍，第一遍是好奇，第二遍是愤怒——听朋友说，这个电影讲的是一个女人要自杀，所有的人都来帮助她的故事。或许，那个不想活的女人就是托马斯所说的那个奇怪而忧郁的女人。可是，电影里根本找不到她要自杀以及得到救助的内容。所闻与所见差得如此之遥，岂有不怒之理?

索菲娅转向托马斯：“那么，这个电影想说明什么？”

托马斯说：“我只能告诉你，这个电影想表达一种不满而且不安的情绪，至于它想说明什么，只能问导演。”

“我估计，它想说明的东西隐藏在摇滚歌手的歌词里，这是我记下来的歌词。”魏安妮举起了她的本本。

索菲娅说：“给我们念念。”

魏安妮说：“这个电影里的歌一共三首，第一首的名字大概是《我不爱你》。”

她清了清嗓子，念了起来——

我不再爱你，
我也没有恨你。
只是看你，你还是你。
我没有力气，
也没有必要伴着你，
一定伴着你。
我去你妈的，
我去你妈的，
我背后骂着你，
我背后骂着你。

魏安妮停了下来，加了一句评语：“我不喜欢唱着歌骂人。”

索菲娅拿过本本，递给我：“可以把它抄在黑板上吗？”

我接过本子，把刚才念过的歌词抄到黑板上。我在上面抄，索菲娅、费米在下面抄。托马斯在他的黑本本上记着什么，这位哲学家可能又有了重大发现。

我一边抄一边想：崔健要是看到这情景，一定会感动，一定会吼出更粗野更绝望的声音。好久听不见他的消息了。风流总被雨打风吹去……

费米放下笔，懒洋洋地说话了：“这首歌我在北京时就听过，它似乎在告诉人们，现代青年生活得很麻木很无聊，他们既没有爱也没有恨。不过这只是表面的意思，据北京的一个研究摇滚的人讲，这首歌针对的并不是具体的人——男人或女人，而是掌控人心的机构。这个机构像空气一样，无处不在，又像FBI（美国中央情报局）一样，杀人不见血，所以你不能当面骂它，只能背后骂。而最好的办法就是不陪它玩，所以要‘去你妈的’。”

我对摇滚毫无研究，崔健走红的时候，我还在啃线装书，费米的评论让我有点丈二和尚——摸不着头脑。

索菲娅不想听费米的高论，催着我抄歌词。我一口气把后两首歌全抄在了黑板上。第二首的名字叫《最后的抱怨》——

记得那一天，
我的心中有说不出的感觉。
我迎着风向前，
胸中充满了抱怨。
我不知何时被伤害，
可这伤害给我了感觉。
我想要寻找这愤怒的根源，
我只有迎着风向前。
我要发泄我所有的感觉，
我只有迎着风向前。
我要忘记我曾经被伤害，
我只有迎着风向前。
我要结束这最后的抱怨，
我只有迎着风向前。

第三首魏安妮没写名字，歌词如下——

没有唱了半天，
真是不干净。
这城市的痛苦，
可痛苦越多，
越愿意想象那明天的幸福。
我面带微笑，
和人们一样，
仍在这世上活着。
我做好了准备，

真话假话废话都得他妈的说着，
突然一场运动来到我眼前，
像是一场革命把我的生活改变。
一个姑娘带着爱情来到我身边，
就像一场风雨吹着我的脸。

抄完了，我把本子还给了魏安妮。

托马斯发话了："我对我的观点得做一点修正。确实如魏安妮所说，这部电影的思想隐藏在它的歌词里。导演选择这三首歌不是没有用意的。他显然想用这些歌词来表达他对体制的反抗。为了掩饰，他故意叙事弄得乱七八糟，把歌词藏在嘈杂的摇滚音乐之中。然而正是这些歌词，为它赢得了特别奖——迎合了西方人对中国的看法。"

魏安妮说："还有，这个电影里有这样一个细节，在那个忧郁的女人家里，一群男人在喝酒，收音机里正在播送国际新闻，播音员说了这样一段话：'俄罗斯副总统发表讲话，要求对政府里的腐败行为进行调查，他同时表示绝不辞职。他说，他也是人民选出的，只有人民才可以决定他的命运。'这段话显然也是导演精心选择的，他似乎想用这个画面，来启发人们进行两个国家的比较，比较腐败的程度和选举的性质。通过这样的细节，导演把自己打扮成了一个为民主而战斗的勇士，瑞士洛迦诺电影节给他特别奖，恐怕与导演的这种巧妙的暗示有关。"

此时此刻，我不能沉默了："我想澄清几个问题。第一，没有证据可以证明中国比俄罗斯更腐败。第二，中国领导人多次强调反腐败，其态度比那个俄国副总统更坚决。第三，导演不是政客，再说，人总是在变化的，我们不宜给他定性。"

"四大金刚"睁大眼睛看着我，他们从来没有见过我如此严肃。

我的话还没完："最后，我提一个建议，在我的课上，希望大家讨论电影，不要讨论别的。"

魏安妮脸红了，这是我第一次看见她脸红。

大家沉默了，不安笼罩着教室。我知道，我的话破坏了他们的自由讨论，为了缓解这个尴尬局面，我转身去擦黑板。

终于，索菲娅打破了沉默："我有一个问题，与政治无关。"

"请说。"

"这个电影里的人，不断地说'傻B'，'傻B'是什么意思？"

这可把我问住了。

不管哪国人，似乎都喜欢用生殖器来骂人。中国人也不例外，可是国人什么时候发明傻B的，这实在是个谜。我只知道很多人把它挂在嘴边，从小市民到司局长，从小学生到大教授。影视圈里更是乐此不疲，不但男人说，女人也说。年轻漂亮的女演员，张嘴闭嘴就是傻B。不但拿它称呼别人——"嘿，傻B，上哪儿发财去了？"还慷慨地用在自己身上——"我真他妈的傻B。"作家写手还把它写进小说散文剧本里去，王小波的文集里就有它。突然间，这个词好像成了人见人爱、老少咸宜的保健品。正如王兴东说的，物质文明上去了，精神文明下来了。可这个"傻B"，无论如何也算不到西方腐朽思想的账上。它只能算是国粹——比"他妈的"更普及更广泛更有力更招人喜爱的国骂。

"傻B的意思就是傻瓜。"我希望这样解释能蒙混过关。

"那电影的字幕上为什么写成傻B，而不写成傻瓜？这个B是什么意思？"

我怀疑索菲娅是明知故问。可是看着她那坦荡而期待的眼神，我不得不收起我的怀疑。我看了看魏安妮，她用同样的眼神看着我，托马斯看着窗外，费米两只手放在后脑勺上，仰头看着天花板。这两个小子在看我笑话。

我灵机一动："B代替了一个中文字，它的发音是——"

我在黑板上迅速写下了它的拼音——bi。

然后把球踢给了费米："很抱歉，这个字不常用，我忘了怎么写。费米，帮帮忙，请你把它译成瑞典文。"

费米似乎早就有了准备，他把眼睛从天花板上放下来，伸手拿过书包，从里面抓出一本汉英词典，递给我，脸上带着坏笑。

这小子，真可恨，把球又踢回来了。

我接过词典，马上递给了索菲娅："字典会告诉你一切。"

索菲娅傻乎乎地查字典的时候，魏安妮显然已经从拼音上猜出了这个字，她凑近索菲娅，在她耳边嘀咕了几句瑞典语，索菲娅的手马上停住了，随即，她"啪"的一声合上字典，顺着桌子一推，推给了费米。

我以为她不会再问下去，没想到，她还穷追不舍："这个电影里还不断地出现牛B，牛B是什么意思？"

"牛B的意思就是'了不起'。"

"为什么同是一个B，却能表示完全相反的意思。在牛B里，它的意思是'了不起'，而在傻B里，它就成了……'大傻瓜'？"索菲娅一副认真的样子。

我只好这样解释："B是个没有实际意义的语气助词。只有声音没有意义。用索绪尔的语言学理论来解释，它只有能指而没有所指，只是'牛'和'傻'的助词。没有它，原词的意思也一样能表达出来。牛还是了不起的意思，傻还是愚笨的意思。"

索菲娅不依不饶："既然没有意思，为什么中国人一定要用它？"

完了，我又给问住了。我又搔头皮，又眨眼睛，终于找到了答案："可能……可能……这与改革开放有关。"

"哈哈哈"，"四大金刚"哄堂大笑。

"……我的意思是，由于改革开放，中国重开股市，股票成了人民生活中的重要内容。人们都盼着'牛'市。这是股市的术语……"

索菲娅喊了起来："你没回答我的问题！"

托马斯站起来给我解围："这个问题不好回答，我相信，世界上还没有人能拿出令人信服的答案。不过，我们可以用经验和理论来推测，社会语言学告诉我们，语言是社会的产物，中国社会从封闭走向开放，自然会通过语言反映出来。禁欲主义时代，城里人，尤其是知识分子的话语中很少涉及性，骂一句‘他妈的’就足够了。现在禁欲的时代结束了，纵欲的时代开始了，既要纵欲，就一定离不开性。在明娼暗妓、三陪女、洗脚房、艾滋病、婚外恋、三角恋泛滥的社会里，性器官就会堂而皇之地进入了大众语言之中。成为语气助词。”

索菲娅不满了:“那么,中国人为什么不用男性的性器官作为语气助词,而偏要用女性的呢？”

托马斯说：“这其中的原因可能与人类的性文化有关，比起来女性的性器官，男性的性器官缺乏神秘性、诱惑性和挑战性。在中国这样的有着悠久的封建传统的国家里，尤其如此。因此，是否敢于把女性的性器官挂在嘴边，就具有了冲破传统的意味。这就是搞摇滚的人为什么要用各种方式不断地重复这个字的原因。我相信，在那些所谓的艺术家的心里，存在着这样一种心理——谁敢说 B，谁就是挑战旧观念的勇士，谁就是艺术界的先锋，谁就最牛 B。”

“照你这么说,说脏话还成了文明礼貌、‘五讲四美’的模范？”费米说。

“不，不，脏话还是脏话，并不因为某些艺术界人士的自以为是而改变性质。至少，把生殖器挂在嘴边是不文明、不礼貌的，甚至可以说是无耻的。尤其是女性生殖器，这是对女性的污辱。在德国，如果一个男人这样对女人说话，那个女人会以人身污辱罪起诉他，而法院是不会建议当事人私了的。在中国时，我常常感到奇怪，为什么很多女性听男人这样说话时没有抗议，没有不满,反而兴高采烈,甚至有的女人也这样说话。我想,原因可能在这里,第一，改革提高了男权，把本来很片面的女权变得更加脆弱，妇女的社会地位、经济地位都在降低。男人把 B 挂在嘴上，表明了他们对女性的支配权和占有欲。弱者总要接受强者的话语，男人掌握了话语权，女人除了屈从别无出路。第二，女性对自己的权益没有认识，用过去的官方语言讲，就是她们思想觉悟太低，还不知道什么叫性别尊严。因此，她们把附和男权话语当做时尚。所以，当我听到那些年轻漂亮的女人一口一个牛 B、傻 B 的时候，我的心里总是充满了怜悯和愤怒——这些把自我污辱当做自我标榜的迷途羔羊，的的确确像她们自我称谓的那样，是真正的傻……”

托马斯打住不说了。

费米故意起哄：“博士先生，你怎么不把话说完？”

“如果不说完你也明白，何必说呢？”托马斯换了一个姿势，接着发表宏论：“我们还可以从权力语言学的角度来分析。男人关心政治，政治就是权力，权力欲与性欲是成正比的，国民党元老吴稚辉说过，政治就像女人的那个东西，你知道它脏，可是却总想摸它。当人们无法正常地参与政治的时候，就会把欲望转移到异性身上，转移到日常语言之中。这个字的泛滥说明中国人政治才能的扭曲和变态。当然，这种扭曲和变态集中在男性身上。”

索菲娅问：“你觉得这个字的泛滥与改革开放有关吗？”

托马斯说：“这正是我最后要说的，我认为，当然有关。改革，建立了多样化的思维模式，开放，使人们有了宽松自信的心态。在这种模式和心态面前，旧国骂——‘他妈的’就显得狭隘而单一。‘他妈的’只能骂别人，而光骂别人显然不够宽松，不够自信。这个新国骂没有这个缺陷，它是一个全能、全方位、全称谓性的口头语，既可以骂别人，也可以骂自己，既可以为褒义词做语助，也可以为贬义词做语助。不过，尽管它有这么多好处，我劝你们还是别用它。因为，因为这方面……我有惨痛的教训。”

包括我在内，大家都好奇地盯着托马斯。

托马斯又打住了。

“快说呀。”两个女士催他。费米赶紧给他递过来一杯咖啡。

托马斯喝了一口：“唉，那时候，我刚到北京。听人们彼此称呼傻 B 傻 B 的，我以为它是一种很亲切的称呼，相当于‘哥们儿’的意思。我上了一辆出租，对司机说：‘嘿，傻 B，故宫。’那个司机转过脸，对我大吼：‘你丫才是傻 B 呢！’我被他从车里赶了出来，还差点挨一顿打。警察来了，问清了怎么回事，跟我说：‘你丫真牛 B，汉语说的真他妈地道，居然还会用傻 B。’临走了，他还朝我竖起大拇指：‘牛 B，真牛 B！’”

37 斯德哥尔摩症状

《北京杂种》坏了大家的胃口，欧洲虽然没有五讲四美三热爱，但人家也知道把生殖器挂在嘴上不是什么文明高雅的事。我成了肇事者，心里不免窝了一股火——就这片子也好意思往外拿，那些评奖的老外也够傻B，居然让它得奖！这股火从心里窜到牙上，弄得牙床红肿，疼不可当。找周宇要牛黄上清丸时，他给我出主意，讲讲张艺谋的电影。我想也是，张艺谋是第五代的领军，国片走出国门的主将。可讲什么呢？《大红灯笼高高挂》？《菊豆》？《秋菊打官司》？这些片子人家都看过，我也讲不出什么新花活。周宇拿出一盘录像带，我眼前一亮，《活着》！好，这片子影响不大，老外未必知道，不妨一讲。

用了半天工夫，我把《活着》的材料弄齐，电影叙事挺清楚，没有什么费解的地方，故事梗概就简单点儿吧——

福贵是一个北方小镇徐财主的独生子，年轻时嗜赌如命，钱输光了，就押房子，最后房子也输给了龙二。他爹被气死，他和娘相依为命。无以为生，福贵学会了演唱皮影戏。娘给他娶了媳妇，叫家珍，媳妇给他生了两个孩子，大的是女儿，叫凤霞，小的是儿子，叫有庆。娘病了，福贵出去抓药，被国民党军队抓了丁，一去不返。那是二十世纪四十年代末，国共两党争夺天下，解放军打败了福贵所在的国军，福贵和战友春生当了俘虏。春生跟着解放军走了，他则回到家里，女儿不认识他，而且不会说话，家珍告诉他，他走后，孩子生病发烧，成了哑巴。

解放后，划成分，龙二被划成地主，福贵因祸得福，成了贫民。政府没收龙二的房子，龙二放火烧房，成了反革命，毙了。大跃进来了，镇上大炼钢铁，福贵为炼铁的工人们唱皮影戏。为了表现积极，还把有庆背到了现场，有庆困得靠墙睡着了，县委书记开车来视察，车撞倒墙，压死有庆。福贵想不到，压死儿子的县委书记就是他当年的战友春生。

凤霞长大了，托人找了个对象，一个腿上有残疾的年轻工人，叫二喜。小两口过得挺和睦，时常来看福贵和家珍。“文革”爆发，女婿二喜成了造反派，福贵一家得到了工人阶级的保护。女儿凤霞临产，送到医院，医院被卫生学校的红卫兵小将夺了权，最好的妇科大夫王斌成了反动学术权威，被关进了牛棚。为了保证凤霞顺利生产，二喜带领造反派以批判反动学术权威的名义，把王斌押回医院。这个王大夫几天没吃饭，饿得有气无力，福贵买了七个馒头，王大夫一口气全吃了。凤霞生下孩子大出血，红卫兵小将束手无策，求助王大夫，而此时的王大夫却动弹不得——他被那七个馒头撑坏了。凤霞死了，福贵和家珍只剩下苦根这个外孙。皮影戏的箱子养了小鸡，二喜还常来看他们，一家人在贫寒之中平静地活着。

还没进教室，就听见里面人声鼎沸，我心里高兴——这片子选对了，他们喜欢这部电影。可我的牙却越发疼。入乡随俗，人家瑞典反对带病坚持工作，我也用不着硬充好汉。一进教室，我就坦白交代：“各位，对不起，我这几天牙疼。”我指指左边的腮帮子，把左眼和嘴往一起歪了歪，做了一个很痛苦的表情：“中国有句俗话，牙疼不算病，疼起真要命。所以你们最好少让我说话。”

费米和索菲娅几乎同时喊起来：“你为什么不去看医生？”

“因为我不会说瑞典话。”

“我带你去！”

“我开车送你！”

“嚼一块口香糖试试！”

在一片热情的喊叫声中，托马斯“噌”地站起，声色俱厉地斥责费米：“留着你的口香糖吧，它只会使牙更疼！”话音未落，他就冲出了教室。所有的人都吓了一跳。费米跳起来追，他早消失得无影无踪。这边的魏安妮拿出了手机，要给她的牙医打电话。

我赶紧阻止：“不，不，我已经吃了中药，现在不那么疼了。”

魏安妮坚持要打，我不得不夺过她的手机。

她不甘心地质问我：“为什么中国人认为牙疼不算病？”

“这个问题下课之后我来解答，好不好？咱们现在说《活着》行不？”我急忙转移话题：“魏安妮，你恐怕不喜欢这个电影吧？”

她中了我的激将法，不再琢磨我的牙和她的医生：“不，完全相反，我非常喜欢它，它是张艺谋最好的作品。我简直看得入迷了，我看到了真实的中国，看到了张艺谋真实的感情。他为什么不多拍几部这样的电影，为什么要把自己藏在红灯笼和高粱地后面？”

索菲娅热烈呼应：“这个电影让我非常非常非常感动，我简直控制不住自己的眼泪。比起福贵一家来，我觉得自己太幸福了。费米找了电视台的负责人，建议由我们把它译成瑞典语，圣诞节前在电视上播，这样瑞典的自杀率一定会大大降低。”

“如果事实证明我们是对的，那么我要给安南写信，建议联合国给张艺谋和中国电影局颁发人道主义大奖。”费米补充。

我忍着牙疼，看看费米，看看索菲娅，他们满脸真诚，一本正经，不像是开玩笑。

“希望你们的计划成功，张艺谋得的奖多了，但是还没得过人道主义奖，如果他真能得这个奖，我一定让他给你们两人一笔回扣。”

“什么是回扣？”

“回扣就是给中间人的报酬。”

“我们不要报酬！”

“那好办，可以改成奖金，推荐之功不可没，你们是伯乐嘛。”

“什么是伯乐？”

“伯乐就是发现人才的人。”

“人才为什么需要发现？张艺谋是小孩吗？”

得得，跟这些人说不明白，说明白了也没意思，本来随便说说，他们却当真。我赶紧转向魏安妮：“你有什么问题？”

魏安妮照本发言：“材料里说，这个电影是小说改的。小说中一共死了十个人，可电影中只死了六个人，其中有四个人是福贵的亲人——爸爸和妈妈、女儿和儿子。小说中福贵的妻子、女儿的丈夫、女儿的儿子，还有他的战友春生都死了，只有福贵没有死，而电影里他们都活着。我的问题是，张艺谋为什么让这四个人活着？”

坏了，小女生又钻到数字里去了，为什么这四个人活着，只能问张艺谋。

看我发愣，小女生解释道：“是不是福贵的妻子代表阴，女儿的丈夫代表第二代，女儿的儿子代表第三代，有了妻子就可以表现阴阳和谐，夫妻团圆，有了第二代和第三代就可以说明家庭完整，生活幸福，只有这样，才能表现社会主义的优越性？”

“你说的不无道理，但是，我估计，张艺谋主要考虑的并不是制度、主义这类东西，而是观众心理，如果让福贵的亲人都死光了，那么观众就会感到很压抑。”

“其实让这些人活着也一样压抑，而且让人更压抑。我想，这正是张艺谋的高明之处，他让所有的人都死于偶然性，可这偶然性后面又都藏着必然性。中国的一个成语——苟且偷生，是不是可以说，张艺谋在批判、在反思这种生活态度？” 费米说完了，跷起了二郎腿，把一块口香糖扔进嘴里。

这个问题看起来简单，要想说明白还真不容易。牙神经一抽一抽地捣蛋，我捂着半边脸不知道如何回答。

正在这时，门开了，托马斯端着一杯水走了进来。他走到我跟前，放下水杯，从上衣口袋里掏出一个塑料小瓶，对我说：“德国的止痛药，里面含有很少量的鸦片，对一切疼痛都很有效。请马上服一片，即使林则徐知道了，也不会反对。”

索菲娅和魏安妮不约而同鼓起掌来，费米朝托马斯竖起了大拇指，我感动得鼻子一酸一酸的，拍拍他的肩膀，什么也说不出来。

我服了药，对托马斯说：“我们正在讨论《活着》，你有什么高见？”

托马斯回到座位上，翻开黑本本，但那只是习惯，他说起话来，并不看本本，只是往后一仰：“它告诉我，马克思是正确的，人是环境的产物，文化造就人生。萨特的理论听起来很动人——存在是自由的，人可以选择生活。而在大多数情况下却是偏激片面难以实行。二十世纪四十年代的福贵可以选择赌与不赌，五十年代的福贵却不能选择吃不吃大食堂，更不能选择炼不炼钢，六十年代所有的中国人都不能拒绝‘文化大革命’。从理论上，他们可以选择，事实上，他们的选择只有一个——结束生命。这是一种宿命，宿命之中包含着历史的必然。我们可以设想，即使福贵当初不赌博，他也不能改变自己的命运，地主出身、黑五类的身份将如影随形。他的女儿凤霞可能不会成为哑巴，他的儿子有庆可能不会被压死，但是，狗崽子的命运是无法逃脱的。有人说，这个电影宣传了老子福祸相倚、互相转化的思想，这是误解。张艺谋无意中袒露了自己的人生观和美学观——人生就是一种忍耐，忍耐是美的，忍耐至麻木是最美的。不客气地说，这是中国文化的一个缺陷，张艺谋把缺陷当成了美德，他所赞美的忍耐，说到底就是奴性。中国导演的通病就是缺乏健全独立的人格，第五代也不例外。奴性，用心理学的术语讲就是受虐——既不反抗，也不逃亡，而是逆来顺受，苟且偷生，好死不如赖活着。”

托马斯看了我一眼：“对不起，我用了奴性这个词。我知道，这是对所有的热爱中国文化的人的冒犯。但是，你既然问我的高见，我就得照实说。你需要假话吗？”

这就是托马斯，一个不允许你心存感激的朋友，一个将尖刻狂傲和古道热肠完美结合的主儿，一个无所不知却不懂得人情世故的呆子。

我指指腮帮子："人需要假话，生病的时候尤其如此。你说的可能是真话，鲁迅早就说过同类的话，可是它把止痛药的效力减了一半。"

"哈哈哈"，托马斯大笑起来，突然，他止住笑，很诚恳地说："对不起，我忘了你的牙。其实，中国文化中的一切恶德，也存在于西方文化之中，只不过程度不同。作为人类，我们每个人都有不同程度的受虐倾向，比如，牙疼的人明明知道碰触那颗给他带来痛苦的牙会引起新的疼痛，但他还总是不断地用舌头去舔那颗牙，或者用手指来摇晃它。这样做的结果除了给他带来新的痛苦之外，并没任何用处。可是，人们还会情不自禁地这样做。"

托马斯看着费米和两位女士："不信，你们问问我们的中国朋友。"

在他说这话的时候，我的舌头正在舔那颗疼牙，想看看它对德国止痛药的反应。要不是顾及礼貌，我还想用手摇晃摇晃它，甚至想把它连根拔掉。

费米等人转过头看我，我尴尬地点了点头："是这样。"

托马斯得意地拍了一下桌子："用小疼来防备大疼。这就是受虐遵循的原则。张艺谋遵循的正是这样的原则。所以，这部电影与其说是表现中国人苟且的人生，不如说表现了导演苟且的艺术。"

费米敲敲桌子："你的意思《活着》就是小疼？"

索菲娅问："你说的用小疼防备大疼的根据是什么？"

托马斯拿起小黑本，来到黑板前，操起碳素笔，瞟了小本本一眼，迅速地画了一个树枝，又在那树枝两侧画了两个水滴状的东西。然后指着树枝："这是人的中枢神经，当人感到疼痛时，中枢神经就会分泌出这两种东西。"他指着那两个水滴："当人感到快乐时，中枢神经同样会分泌出这两种东西。所以，痛感与快感的生理基础是同样的。"他像乐队指挥一样，用碳素笔在空中划了一个半圆，然后往下一劈："这是最新研究成果，这就是科学根据。"

托马斯回到了座位，双手抱头，身体往后一仰："如果把张艺谋的中枢神经做一个实验的话，我相信，他的分泌物一定与法斯宾德的不同，而法斯宾德的又会与伯格曼的不同。”

魏安妮发问了：“你的意思是说，瑞典文化中的奴性，或者说受虐性比德国更强更多吗？”

“是的，贵国在二十多年前就提供了一个全世界都知道的范例。”

费米和索菲娅面面相觑。

托马斯拿出前辈的口吻：“那个事件发生的时候，你们还在妈妈的怀里，听骑鹅周游世界的童话。”

索菲娅急了：“快说，到底是什么事？”

费米把长腿往桌下一伸：“他的意思是，你想听吗？给我磕一个头吧。”

“你说的是发生在斯德哥尔摩的抢劫案。”魏安妮说话了。

托马斯有些惊异地点点头：“不错。”

魏安妮理了一下额前的头发，像背书一样讲起来：“他说的是发生1973年8月23日的银行抢劫案，那天下午，两名劫匪带着武器冲进了斯德哥尔摩的一家银行，胁迫银行的四名职员交出全部现金，否则就杀了他

们。职员们照他们的话做了……”

费米恍然大悟，一拍桌子：“噢，我想起来了，你说的是‘斯德哥尔摩症状’。”

魏安妮点点头，不再说话。

索菲娅催促道：“接着讲呀！”

魏安妮的目光指向费米：“还是请他讲吧。”

费米敲打着键盘：“不，不，你讲你讲。”

魏安妮接着说：“斯德哥尔摩警察局赶到现场，劫匪无法逃走，就把这四名职员——三个女人和一个男人当成了人质。警察与劫匪相持了六天，在这六天里，那四名人质不断地请求警察撤走，要求政府满足劫匪的要求。在生命受到威胁的情况下，他们只能这样做。可是，奇怪的事情发生了——当警察救出人质，抓住劫匪之后，这些人质却仍旧向政府为劫匪求情，当媒体采访他们时，他们竟然不约而同地称赞劫匪的美德，感谢他们没有夺去他们的性命，甚至在法庭上，他们还为劫匪辩护，认为劫匪是无辜的。一位女人质还和其中的一名劫匪订了婚。”

索菲娅惊叫一声：“太有趣了！你从哪里知道的？”

魏安妮说：“社会心理学课上讲过。”

费米故作不解地问：“人质中有三个女人，为什么只有一个女人跟劫匪订婚？”

索菲娅催促魏安妮：“别理他，接着说！”

魏安妮接着说：“这个案例引起了各国心理学界的极大关注，心理学家可以解释‘暴力洗脑’——在暴力的威胁下，为了活下去，人质的心理会发生异乎寻常的变化，他们会成为暴力的助手，配合暴力的要求，也就是说，暴力引起的恐惧可以使人质成为暴力的赞美者甚至拥护者。但是，心理学家却无法解释在暴力威胁消失，生命获得保障的情况下，人质为什么仍旧保持着当时的心理状态。有一位心理学家，对不起，我忘了他的名字，把这种现象叫做‘斯德哥尔摩症状’。”

费米把电脑转向魏安妮，指着屏幕：“我找到了，他的名字是尼尔斯·白洛特。”

索菲娅发出了一声长长的叹息，突然，她想起什么，转向托马斯：“嘿，托马斯，你把这种事也归结为受虐吗？”

“你不觉得劫匪与政治、人质与福贵之间有某些相似之处吗？”托马斯冷冷地反问。

索菲娅热烈地说：“当然，他们都在爱——人质爱上了劫匪，导演爱上了审查制度。”

托马斯笑了笑：“啊，聪明的索菲娅！你说得太对了。可是，这是一种很奇怪的爱，不是吗？他们之间的关系是统治与服从，为什么奴隶会爱上主人？因为主人掌握着权力。二十年前，我曾经问过一位苏联心理学家：为什么斯大林时代之后，知识分子仍旧热爱苏维埃？他的回答是：不，他们热爱的不是苏维埃，而是权力。我又向一位社会学学者请教同样的问题，他反问我：苏联的旗子上是什么？我说：镰刀和斧头。他说：它们代表什么？我说：农业和工业。他说：不，古时候它们代表刑具。这两位苏联学者的回答合在一起，就是我的答案——奴隶爱上主人是因为后者拥有权力，并且可以向他们施加暴力。”

托马斯停了下来，揉揉发红的鼻子，接着说：“那么，为什么暴力消失之后，奴隶仍旧甘当奴隶，仍旧忠于他的主人。两年前，我回到莫斯科，又去拜访那位社会学家，我问他，为什么有人怀念斯大林。他的回答是，那是出于习惯——他们习惯了暴力。他还翻出英国史书来证明——1838 年，英国贵族哥兰尼格解放了他的 200 多名奴隶，可是奴隶们并不需要这种自由，他们强烈要求继续为主人服务。哥兰尼格拒绝了他们，伤心和失望使奴隶们陷入疯狂，他们冲进哥兰尼格的房间，杀死了他。几天后，我去拜访那位心理学家，他又老又病又没钱，住在一个几乎没有暖气的公寓里。我问了他同样的问题。他说，那是因为这些人在那个时代得到了好处。这两个人的回答合在一起就是上述问题的答案——习惯加好处。因为习惯了奴隶的处境，所以他们仍旧甘当奴隶；因为这种处境给了他们好处，比如吃、穿，所以他们仍旧忠于主人。‘斯德哥尔摩症状’的产生也是同样的道理，人质习惯了当人质，在当人质的过程中，他们尝到了好处——活着。在这方面，瑞典的朋友们为全世界做出了杰出的榜样。”

托马斯说完了，双手交叉抱在胸前，审视着他的听众。三位“金刚”沉默不语，费米玩弄着鼠标，索菲娅端详自己的指甲，魏安妮在一张纸片上乱画。看得出来，他们认同了托马斯的结论，但对他的态度不愿恭维。

38 将畅想进行到底

这最后的一课是我最发愁的一课，所愁并不在课上，而在上课之前。

肇事者是罗伯特——他到中国开会，带回来一盘录像带，旷世珍宝似地给布教授看，布看完了，安娜拿回系里，逢人便讲。“四大金刚”闻知，借去传阅，阅罢有了共识——最后一课就讲它。我一听片名就傻了——《十三陵水库畅想曲》，坏了，这片子我压根儿没看过。我扫了他们一眼，稳了稳神，板起脸：“大跃进时拍的片子，尽是粗制滥造的东西，有什么好讲的！”

“四大金刚”一听就炸了窝，苏菲亚大声嚷嚷：“我想知道，为什么思想会影响女人的相貌？为什么你们要否定大跃进？”

魏安妮理了理额前的刘海，细声细气地问：“我有几个问题，需要请教，大约需要十五分钟。”

托马斯拍打着小黑本：“我关心的是，中国的宇宙飞船在一个月内往返地球是否可能。”

费米什么也不说，只是伸出长长的食指在空中划了一个大大的问号。

既然在劫难逃，我只能沉着应对：“如果你们非要我讲这部片子，那么，请你们答应我一个条件——把你们要讲的片子拿来，我要鉴定一下它的真伪。”

当天晚上，我拿着录像带，一个人跑到教室补课。下面是它讲的故事——

科学院郭院长带领参观团到十三陵水库参观，指挥部里，赵政委向他们介绍情况：党中央决定在十三陵东南的汉包山和马山之间筑起一道拦洪坝，把两千两百万立方公尺的山洪控制在人工大湖之中，为二十五万农田服务，修成后粮食增产五千万斤，养鱼年产二百五十万斤，还能发电。思想保守的黄教授怀疑水库是否能按期完工，政委告诉他，在党的领导下，没有战胜不了的困难！

政委带领参观团来到工地上，十万劳动大军推土、挑土、锹土，到处是歌声、口号声、锣鼓声，他们走访了几个英模人物——运土的单臂英雄、送水的特级劳模周大姐、为避免事故而负伤的火车司机、拖拉机手孙桂芳……

参观团中的老红军陈培源向政委请缨，坚决要求参加“老红军突击队”，身患癌症的冯教授也当仁不让，歌唱家为劳动者献歌，画家为劳模画像。十一个社会主义国家的作家、记者们来参观，苏联记者安德烈夫称赞这是个大战场，胜利必将属于伟大的中国人民。曾撰文批评十三陵水库工地是“集中营”的西方记者杰克逊也在场，他认为，除非上帝保佑，水库才能在6月10日前完工。郭院长义正词严地告诉他，大跃进能够创造人间奇迹，中国人民就是上帝。黄教授请假找儿子，自私而好色的青年作家胡锦堂在人们的斥责声中溜走。

晚上，暴风雨来了，政委向党团员发出庄严的号召，冲锋号声中，十万大军冲上大坝，冒雨抢修，郭院长诗兴大发，站在暴风雨中，高声朗诵：

同志们，冲啊！
一齐争取光荣的五万方！
我们正要抓老龙王，
怕什么雨点的阻挡！
小雨我们大干，
大雨我们特干。

雨里干活分外凉爽！
十万人汗水直淌。
正好是一个不花钱的淋浴澡堂！

同志们，冲啊！
万雷轰鸣，赶不上夯歌的响亮！
狂风怒起，怎敌得我们斗志昂扬！
满满的是车皮，尖尖的是土筐。
湿淋淋的是衣裳，热烘烘的是胸膛。
冲锋的是小伙子，陷阵的是姑娘。
让伟大的拦洪坝，在暴风雨中飞速上涨！

同志们，冲啊！
我们要跟大雨比一比力量，
你们有淫威千尺，
我们有豪情万丈！
只要我们不怕困难，
困难就会向我们投降！
瞧啊，我们已经战胜了风雨，
恢复了星光，赶走了黑夜，留住了太阳。
马山与汉包山之间已经是灯火辉煌，
凭借人间的银河，
来创造地上的天堂。

同志们，冲啊！
我们就是开天地的盘古，
我们就是疏江河的禹王。

为了让朋友们高兴，
让敌人们发抖和失望！

同志们，冲啊！
从风雨苦干到晴朗，
从黑夜苦干到天亮。
直到将胜利的红旗招展在拦洪坝上，拦洪坝上。

二十年后，人类进入共产主义，中国成了人间天堂。十三陵库区风景如画："百龄仙树"上结满了各式各样的果子——香蕉、苹果、梨、枇杷、荔枝……当年特级劳模周大姐如今当上了十三陵共产主义公社的社长，少先队员们在树下听"周奶奶"讲述当年修水库的故事。当他们知道，毛主席曾在这里挑土时，不禁肃然起敬……

科学院郭院长领着当年的参观团光临，与青春永驻的周大姐一样，参观团的成员个个容颜未改，郭团长仍旧面皮光鲜，儒雅雍容，歌唱家和画家还是黑发如漆，身壮如牛，身患癌症的冯教授早已恢复了健康。"百龄仙树"引起了他们的兴趣，周大姐告诉他们，公社利用太阳能研制出一种新的培育法，这种培育法使植物的新陈代谢非常快，可以使百果同堂，四季常香。烟台梨、吐鲁番的葡萄可以同出一枝，冯教授一边大啖葡萄，一边告诉人们，党培养出来的红色医学家有个重大发现——大量地食用葡萄，可以治癌。谈笑间，一自动飞行器从天而降，当年的老红军，现在的航空学院院长陈培源款款而下，他向人们宣布一个好消息——毛主席和周总理批准了火星旅行计划，今晚赵政委就要乘飞船直抵火星，不到一个月即可返回地球。早已习惯了去月球旅行的人们，闻讯大喜。

参观团来到了人间仙境玫瑰谷，那个思想保守的黄教授姗姗迟来，此公白发婆娑，皱纹满脸，弯腰驼背，老迈不堪。人们问他何以

如此，黄叹息道：这二十年来，不出大门一步，思想矛盾纠缠不去，昨日之我与今日之我战个不休，昨日之思想压不下去，所以愈加颓唐。突然，空中飘来霏霏细雨，陈院长马上通知十三陵气象控制台，停止玫瑰谷的人工降雨。周大姐打开电视机，向大家介绍十三陵共产主义公社的新鲜事——水库控制室里，一女性正在检查仪表；纺织厂门口、参观学习的各族男女川流不息；养猪场内，饲养员正在给一头头硕大的肥猪喂食。周大姐解释说，公社每个社员每年可分到三百六十五只一千五百斤以上的肥猪，每人每天平均一只。黄教授惊呼：如此大的肥猪，怎么吃得了呀！周大姐笑答：公社早已实行了各尽所能、按需分配，社员们创造的财富都上交国家……

十三陵最年轻的科学家，十九岁的总工程师王秀文跑来，她就是当年的拖拉机手孙桂芳的女儿。十几年前，台湾解放之后，她的父母响应党的号召，到台湾搞农业建设。王秀文拿出一个小巧的“有声传真书信器”，屏幕上出现了她的父母——他们告诉她，他们在台湾工作生活都很好，还给她生了一个小弟弟，这时，屏幕上出现了一个光屁股的小男孩。陈院长想起来了，远征火星的飞船就要起飞了，赶紧打开电子本，屏幕上出现了赵政委，他正向人们挥手告别……歌舞晚会开始，鼓乐声中，男女老少载歌载舞，陶醉在无比幸福之中。

电影看完了，我对着屏幕始而发愁继而动怒：这种片子，怎么讲？从写到拍三十七天，快倒是快了，可除了政治口号就是胡思乱想，破绽比比皆是。根据田汉的话剧改编，青年话剧院院长金山导演。两位资深艺术家拿出这样的活儿来，岂不丢人！

田汉呀，田汉，原来我就知道你老是中国的戏剧大师、剧协主席，没想到，你老还是天下第一大忽悠！谁都知道，那年头比着吹牛——水稻亩产十万，县办大学开张，少先队员炼出了矽钢，家庭妇女一周扫盲，老农民半日作诗千首，庄稼施肥用狗肉汤，粮食多得吃不完，三顿改成五餐，公社大办食堂……官吹民吹报吹广播吹上下一齐吹，把你老这位大艺术家吹昏了头，也跟着起哄。是啊，吹牛不上税，可吹牛得入史呀，你老整天写历史剧，培根说，读史使人明智。你老倒好，越读越糊涂。我知道，那年头文人不好当，不写点歌功颂德的东西，说不过去。可你老写的时候搂着点呀。再说，写个话剧，在舞台上吹吹也就算了。何苦还要百尺竿头，更进一步，让那些好事者把它搬上银幕呢？哇噻，二十年后共产主义就实现了！你老真敢造！这片子是1958年9月拍的，二十年后是1978年，当此时也，苦难深重的中国人民在英明领袖华主席的领导下，刚刚从“十年浩劫”中走出来。

你老认为，只要思想进步，就能永葆青春。你老一直争取进步，反右时，为了开脱自己，把人家说真话的吴祖光发到北大荒。结果呢，没过十年，更进步的主儿就把你老请到大狱里，你老临死前哭着喊着求着，想见一面九十岁的老娘，人家进步人士都不让你见。内蒙古有句粗话——嘴比B大。话虽粗，用在大跃进上正合适。人们吹，你老也跟着吹，什么“百龄仙树”，按需分配，城乡没有差别，每人每天一只大肥猪，十九岁的女科学家，你老真是敢想敢说敢干的楷模！七十年代你老就把台湾收回来了，还把那位女科学家她老爸老妈派去开发祖国宝岛，结果呢，台湾不但回归无期，人家还充大个儿想闹独立。你老整天想着让国人上火星旅行，可事实上，要不是邓大人，中国的球籍都差点儿保不住。

您老人家金山先生也真勤谨，人家吹牛，您就拍马。当个青年艺术剧院的院长还不知足，还要当导演。我知道，谁都想当导演。人家不是说，从北影里头往外扔块石头，砸着的肯定是演员，从外头往里扔块石头，砸着的肯定是导演。您非要当导演，也罢，可您导什么不行，非导这个本子干吗？把牛皮吹到胶片上，您心里就那么舒坦？我知道，拍了这片子，您美了两年，可两年以后，您就不想想？您老人家也号称是艺术家，也算得上是司局级，艺术家是高知，司局级是高干，高知有文化，高干看内参，按理说，文化程度越高，信息越灵通的人越站得高看得远，可在您老人家身上怎么看不着一点儿历史感呢？碰到那种"一天等于二十年"的盛世，您就不能装装孙子，下个软蛋，歇歇脚，别那么紧跟快赶的？找点您喜欢干的，行不？

我知道，您爱过王莹、张瑞芳、孙维世，追过"四大名旦"，人生在世，要想活得滋润，就得避短扬长，明知道谈情说爱巧取芳心结婚离婚是您的长项，干吗非要当那个鸟导演呢？要是您老人家在这片子里演个什么角色，我也不会怨您——演员是您的老本行嘛，《夜半歌声》您的表演挺不错嘛。就算这回您演了个祸国殃民的片子，法官给当事人判刑，编导制片是主谋，您充其量也只能算个胁从。人家是避短扬长，您可好，专门避长扬短。千金买不来愿意，您糟蹋自己无怨无悔，可别殃及无辜呀。瞧瞧，您老人家这《畅想曲》害得我在学生面前装傻充愣，害得我到现在茶饭不思，神志迷糊，明天这最后一课："四大金刚"正憋着看我笑话呢，我下不了台，您在九泉之下也难辞其咎！

愁也好，怒也好，总得上这最后一课。

当天晚上，我横下一条心：宁愿得罪洋学生，也得站好最后一班岗。你“四大金刚”有千变万化，我中国人民有一定之规。你刁钻古怪，刨根问底，我戒急用忍，躲闪腾挪。你人多势众，轮番上场，我分化瓦解，挑拨离间。言而总之，总而言之，坚持爱国主义，维护中国特色。宁愿玉碎，决不瓦全。宁可站着死，绝不跪着活。宁愿被打死，决不被吓死。

情况并不像我想象得那样可怕：“四大金刚”一如往常，还是松松垮垮的样子，一点儿也看不出来跟我玩命的气概，刚开始提的问题倒也稀松平常。

魏安妮问：“这个电影一开始就告诉人们，这是一部用三十七天拍成的艺术片。我想知道，艺术片与故事片有什么区别？”

“艺术片就是故事片。”我说。

“可是，它的前半截是纪录片，后半截是科幻片，一点故事也没有。”

索菲娅接茬儿：“我认为，它应该叫科幻片。因为它提出了很多有趣的只有将来才能解答的问题。”

“费米，你是研究传媒的，请你回答她们的问题。”我赶紧转移矛盾。

费米的目光离开了手提电脑，懒洋洋地往椅背上一靠：“我不认为它是什么科幻片。虽然电影里头有科学幻想，但是，这些幻想是以政治假设——共产主义的实现为前提的。所以，应该叫它政幻片，或者说，政治幻想电影。”

挑拨离间的机会来了！我及时地转向索菲娅和魏安妮：“你们同意费米的意见吗？”

索菲娅上当了：“我不同意！”

她转向费米：“你们男人整天就是政治、政治、政治，什么都往政治上扯，我讨厌政治！”

费米翻翻白眼：“我也讨厌政治，但绝不讨厌人家的意见，像你这样讨厌政治的女人的意见，我尤其欢迎。不过，我更欢迎的是——”说到这里，他停住了，看着索菲娅，用字正腔圆的四川普通话一字一顿地说：“摆——

事——实，讲——道——理。”

索菲娅满脸飞红（连鼻子尖都红了），怒目圆睁，一把抓过魏安妮的本子：“这是我和魏安妮统计的事实——电影里告诉我们，二十年后，人类发明了‘有声传真书信’，相当于今天的可视电话，发明了‘电子本’，相当于今天的电脑。那时候，人类不但可以自由往返于月球，还开辟了火星旅行。这些幻想不管实现与否，都属于科学技术。我问你，电脑跟政治有什么关系？火星旅行算得上政治幻想吗？！”

“科学幻想的根据是科学，这部电影根据的是革命浪漫主义，比如，火星旅行……”费米急了，话没说完，就扑向电脑，查找证据。

我正在窃喜，托马斯说话了：“费米说的对，科学幻想根据的是科学，可这部电影的幻想却违背了基本的科学常识。火星是太阳系的九大行星之一，它围绕太阳转，轨道是椭圆形的，距离地球在5600万公里到1.01亿公里之间。众所周知，要想克服地球的引力，环绕地球运动，物体的飞行速度必须达到每秒7.9公里，这叫第一宇宙速度。要想飞离地球，在太阳系中运动，物体飞行速度的最小值必须达到第二宇宙速度——每秒11.18公里，如果飞行速度达到第三宇宙速度——每秒16.7公里以上，物体就会挣脱太阳系的引力，飞出太阳系。也就是说，要到达火星，航天器的速度就必须保持在第二宇宙速度和第三宇宙速度之间。这是一个很简单的算术——用这种速度飞行，航天器要飞到火星至少需要二百天，其往返需要四百天。可这个影片却说，中国的宇宙飞船在不到一个月的时间里就可以返回地球。如此高的速度，意味着中国航天器的飞行速度已经远远超过了第三宇宙速度，用这种速度飞行，航天器会飞出太阳系，进入银河系。如果它非要到火星上着陆，结果只能是粉身碎骨。”

“古代的巴比伦人把火星叫作‘死亡之星’，看来不是没有道理。”费米不失时机地插了一嘴。

这是明显的挑衅！但是想到“戒急用忍”，我没说话。

看大家都竖着耳朵听他的，托马斯不免有些得意，他揉了揉鼻子，翻开小黑本，接着说："另外，还有一个燃料问题。俄国科学家齐奥科夫斯基早在一百多年前就提出，放弃固体燃料，改用液态燃料才能提高飞行速度。到目前为止，所有上天的飞船都是用液态燃料推进的。如果要想以一个月的速度往返于地球与火星之间，中国人必须发明更高级也更安全的燃料。我无法想象，这种燃料来自于何处，由什么物质组成。"

费米又来劲了："托马斯，让我告诉你吧，这种原料来自于这里。"他指指自己的脑袋。

托马斯一脸严肃地看了费米一眼："当然，中国人相信思想可以战胜物质，精神可以变成原子弹。但那只是口号，不是科学，不能成为科幻电影的根据。"

人家堵到门口叫阵，想躲闪腾挪都没地方了。我不得不挺身而出："传媒史上有个著名的事件，你们一定知道。1938 年，美国全国广播公司做了一个广播剧，请著名影星奥逊·威尔斯配音。广播剧告诉人们：一群火星人入侵地球，降落在美国东部的新泽西州。当地居民信以为真，吓得仓皇出逃。我想请教你们二位，这种科幻剧的根据是从哪来的？运载那些火星人的飞行器用的是什么燃料？"

我扫了一眼托马斯，接着说："答案很清楚，美国艺术家使用的燃料，也来自这个地方。"我指了指自己的脑袋。

托马斯"啪"地一声，合上小黑本，像只好斗的公鸡一样，涨红了脸，挺着胸脯："你说得不错，艺术创作都来源于想象。但是，对于思想的想象，中西大不相同，中国的艺术家把思想当成了万物的本源，他们甚至认为，只要思想进步，就会变得越来越年轻，白发能够变回黑发，老年能够变成青年，女人会永远美丽。相反，如果谁的思想保守，不能把过去的旧思想扔掉，他就会像那位黄教授一样，过早地衰老。按照这个逻辑，思想进步的人们会活得很长，思想保守的人们会过早地衰老，甚至死掉。我想请教两个问题，第一，思想进步与保守的标准是什么？谁来制订这个标准，制订这个标准的人一定活得最长，也就是说，他是一个永远健康、万寿无疆的上帝。而思想进步的人是不应该相信上帝的。这个矛盾怎么解决？第二，既然思想决定人的健康和寿命，那么，国家就应该设立思想医院，专门医治那些落后的思想。我想知道，什么人才能当这种思想医生？他们上的是什么学校？学的是什么课程？什么人才配做他们的教师？”

这两个问题刁钻狠毒，噎得我哑口无言，浑身一阵燥热，脑海一片空白。就在我走投无路的时候，一直趴在大本子上写字的魏安妮说话了："我认为，那个科学院的院长，既可以当思想医生，又可以当思想教师。”

我打心眼里感激这位救我于水火之中的小女生，赶紧借坡下驴："你的理由呢？”

“因为他的诗。”

魏安妮捧起大本子，挺直身子念起来——

小雨我们大干，
大雨我们特干。
雨里干活分外凉爽！
十万人汗水直淌。
正好是一个不花钱的淋浴澡堂！

念到这儿，她停下来解释："我发现，这个郭院长的思维方式很奇特，他认为，下雨对修水库是好事。似乎事情越困难，他越高兴。所以，我认为，这种人一定适合去当医生和教师。”

费米冷不丁地插了一句："我看，他最适合去疯人院！他是大跃进中生产的无数疯子中最出色的一个。”

半天没说话的索菲娅突然生起气来，她转过身，冲着费米："你说的不对！大跃进是有问题，但是对它也要一分为二。大跃进是产生了一些疯子，但也出现了很多英雄。它办了很多错事，但也办了不少好事。我问你，十三陵水库难道不是大跃进修起来的吗？”

费米嘿嘿一笑："这个水库确实是大跃进的产物。我挺想对它一分为二，可是，自从它修起之后，就一直没有蓄水，这种状况一直持续到 1984 年。"

索菲娅傻了："为什么？"

费米指着自己的鼻子："水库管理员亲自告诉我，第一，因为连年大旱，没水可蓄。第二……"费米神秘地挤挤眼睛："我不能说。"

"为什么？"索菲娅和魏安妮几乎同时发问。

"因为水库管理员嘱咐我不要告诉别人。"

魏安妮说："他所说的别人，一定是他的同胞，而不是瑞典人。他能够告诉你，就证明了这一点。"

我不禁暗暗赞叹这个小女生的聪明。

费米被说服了："第二个原因是，水库选址有问题，有的地方库底漏水。"

"这跟大跃进没关系！再说，这也不妨碍人们畅想未来——让人类永远年轻美丽，是人类的梦想，也是人类的权利！"

不知道碰了托马斯那条筋，他把小黑本往桌子上一扔，站了起来："人类当然有权利畅想包括未来的一切，但是，把思想畅想成一切的一切，把思想的进步与落后畅想成关乎生死的唯一标准，是骗局，是愚昧，是对自由的践踏，是对思想的强奸，是对人性的杀戮。它畅想的是中世纪的复活，是那些无耻而又肮脏的猪们在'动物农场'里的统治，是'老大哥'对'大洋国'的臣民实行的奴化教育！"

说到这里，托马斯转向索菲娅："是啊，凡是活着的人都希望自己永远年轻健康，凡是女人都希望自己永远青春貌美。正是利用这一点，老大哥向你们宣布：亲爱的女士们先生们，想活一百岁吗？想做个不老的美人吗？来吧，听我的，拔掉你们思想上的白旗，插上红旗，你们就有福了。畅想，畅想，畅想，这是胡思乱想！"

索菲娅哪能受得了这个，她腾地站起来，靠着桌子上，朝托马斯开火："我说过，我讨厌政治，但是，我并不反对你去谈论它。可是，亲爱的托马斯博士，你为什么要嘲弄那些跟你的思想不同的人呢？你痛恨'老大哥'，可你的所作所为，跟他又有什么区别？当然，我要感谢你，你告诉我一个真理——‘老大哥’是一种病毒，他可以传染每一个人。包括反对‘老大哥’的哲学家，包括那些自以为的人……”

托马斯把一丝冷笑挂在嘴角，静静地听着索菲娅的反驳。

费米沉不住气了，冲着索菲娅嚷嚷：“一分为二，一分为二！我们应该对真理、对病毒、对‘老大哥’、对托马斯还有对整天盼望美丽的女人都实行一分为二……”

眼前的混战，使我感到无比的轻松和欣慰。我对自己说，夜长梦多，见好就收吧。我站起来，走到黑板前，写下了八个大字：“百花齐放，百家争鸣。”我敲敲黑板：“各位，各位，各位女士们先生们，你们对中国电影的热情，让我深为感动。你们的见解，给我很大的启发。中国在四十多年前，就提出了‘双百’方针。”我指着黑板，用越来越瑞典味的英语解释道：“Hundred flowers blossom and a hundred schools of thought contend. It means development of different forms and styles in the arts. 中国一向主张，文化多元，思想多元，维护和平，共同发展。中国人没有必要对汉堡的红灯区说三道四，欧洲人也没有理由否定这种‘畅想’文化。各国都有权利坚持自己的特色嘛。至于这部电影所说的思想，其实就是精神。精神会影响身体，这也是常识。中国有句俗话：笑一笑十年少，愁一愁白了头。如果‘畅想’能使人们忘掉一切，无忧无虑地活着，为什么要反对它呢？”

下课了，带着不辱使命的自豪感，我谢绝了与“四大金刚”合影，急急如漏网之鱼，以第三宇宙速度，逃离了这是非之地。

附　录

与隆德大学师生来往信件

KIN 252 18/11 820710-3507
Charlotte Johns

T

VG moderna delen

您好!

我们是在隆德大学东亚系读三年级的学生。这个学期我们读您写的书《中西风马牛》。因为我们的老师米卡儿让我们写一下关于这本书的意见我们觉,定了向托马斯和另外"四大金刚"学习用"四大金刚"精神"让皇帝下马"!我们先要赞扬您。大家都琢磨后觉得这本书写得很有意思。还有提到和分析关于中文化、分歧和误会很重要的问题。您提到的分歧是我们也在中国遇到和想过的问题。比如说关于西藏和台湾问题,还有比它们平常的问题。您的写法很幽默的。那位不会法"村"的丹麦女性和那位玩儿着拿政治开心做党的电影审查员都让我们大家大笑个不停。其实说,如果没有您那样令人兴奋的"讲故事"放试的话我们就无法两个月在内把340页全部看完。而且《中西风马牛》是一"勇感"的经常用老外提评论当代中国现状的意见。在古代中国人是说"用过去讥讽当代"。我们常觉的您是"用欧洲讥讽中国"!我们觉得您这个写法很成功。还有很多关于中国历史和中国电影我们以前不知道的您教训我们。

据说"为了进步,多批评"。在好几章中我们觉得书里面的"吴迪"(真正的吴迪我们不认识所以只能说书里面的吴迪)有的时候有一个不好的习惯让有的问题(设问答),突然下课嘀咕什么批评学生们或者后悔被瞒说那问题。我们中有的人说"吴迪"有时好象对教书不太感兴趣只是要表现自己!问这是世上教授中正常现象还是一个中国教授的特点(即"臭老九"遭遇外国学生!)承认其实有些事情他们也不知道?不过这些问题可小着呢、我们除这个一外发现了书里有几个实事是错误的。比如Hitler不是把两千五百万犹太人大规模屠杀"只"是六百万,还有米卡儿说托马斯说周恩来1964年去星台下对。应该是1966年不过我们没办法查好

* 瑞典隆德大学东方语言系学生给作者的信

瑞典隆德大学东方语言系学生给作者的信

您好：

我们是在隆德大学东亚系读三年级的学生。这个学期我们读您写的书《中西风马牛》。因为我们的老师米卡儿让我们写一下这本书的意见，我们觉（决）定了向托马斯和另外“四大金刚”学习用“四大金刚”精神“让皇帝下马”！我们先要赞扬您。大家都琢磨后觉得这本书很有意思。还有提到和分析关于中（国）文化、分歧和误会很重要的问题。您提到的分歧是我们也在中国遇到和想过的问题，比如说关于西藏和台湾问题，还有比它们平常的问题。您的写法很幽默的。那位不会法（发）“村”的丹麦女性和那位玩儿着那政治开心做党的电影审查员都让我们大笑个不停。其实说，如果没有您那样令人兴奋的“讲故事”放试（方式）的话我们就无法两个月在内把340页全部看完。而且《中西风马牛》是一“勇感（敢）”的经常用老外提评论当代中国现状的意见。在古代中国人是说“用过去讥讽当代”。我们常常觉的（得）您是“用欧洲讥讽中国”！我们觉得您这个写法很成功，还有很多关于中国历史和中国电影我们以前不知道的您教训我们。

据说“为了进步，多批评”。在好几章中我们觉得书里面的“吴迪”（真正的吴迪我们不认识所以只能说书里面的吴迪）有的时候有一个不好的习惯让有的问题（没回答），突然下课嘀咕什么批评学生们或者后悔被瞒说那问题。我们中有的人说“吴迪”有时好家（像）对教书不太感兴趣只是要表现自己！问，这是世上教授中正常现象还是一个中国教授的特点（即“臭老九”遭遇外国学生！）不诚（承）认其实有些事情他们也不知道？不过这些问题可小着呢。我们除这个一（以）外发现书里有几个实事（事实）是错误的。比如 Hitter（希特勒）不是把两千五百万犹太人大规模屠杀“只”是六百万，还有米卡儿说托马斯说周恩来 1964 年去星（邢）台下对应该是 1966 年不过我们没办法查好。

致　瑞典隆德大学东语系诸生

各位女士们、先生们，你们好：

我以极大的兴趣读了你们的来信，尽管“让皇帝下马”的说法令人费解，但是，我仍要向你们表示祝贺——你们在汉语学习上取得了优异的成绩。

众所周知，汉语是世界上最难的语言，而汉语写作更是难上加难。你们能用汉语表达出基本的意思，这很不简单。希望你们在欧洲最杰出的中国学学者 Michael Schoenhals 教授的教导下，取得更大成绩。道路是曲折的，前途是光明的。

你们喜欢读《中西风马牛》，令我深感荣幸。但我并不为此感到惊讶，因为凡是读过此书的中国人，也都认为这本书很有趣，并且还有不少人建议我把它交给中国的影视公司，让他们拍成电视剧。这些热心的人们还对演员的选择提出建议：“四大金刚”由四位外国人（两男两女）来扮演，教师由中国著名的主持人——总是歪着嘴笑的、善于搞冷幽默的、长得并不好看的崔永元来扮演。

我当然不会反对这个主意。但是，我知道，这是痴心妄想！除非我把这本书重写，让“四大金刚”按照影视公司的要求说话。问题是，即使在金钱美女的引诱之下，我愿意这样做：“四大金刚”也不会答应，他们会说我歪曲事实，跟我拜拜。没有了“四大金刚”，怎么可能有《风马牛》？

好，暂时写到这里。

圣诞快乐！

北京 中国电影艺术研究中心

吴迪谨字

2006.12.1

吴迪，亲爱的兄弟！

秋天来到了隆德你在瑞典的单位，一天比一天冷一天比一天黑，公园里的小鸟以经开始想要飞往南方去。说不定再过一两个礼拜我可能得穿上厚厚的中国式的外套。棉袄
我非常想去一趟北京，要不是因为工作我早就坐上了北欧航空公司飞往那和谐的社会在一个礼拜内大量吃饺子大口喝二锅头就等于好好地充一下电。

又有了一班同学读了你那本书又来认识书里的的"吴迪"和那每天给他生活添很多麻烦的"四大金刚"
并 了
就跟去年一样我叫同学们提一些关于你的书和书的内容的问题给你看。其中有一个同学问了一些跟《中西风马牛》内容完全无关的问题，我虽然跟他说了不过他还是不明白。

有一个同学因为被我们所看的收到灵感便提了以下的问题你的书正明电影是一个有助于了解来自于不同文化背景的人的工具。由于电影常常给人一个深刻的印象，我想这样问你，你认为我们该如何让到好来坞影响的瑞典电影界播放更多的非美国的电影，还有，该如何让中国播放更多的瑞电影？你有什么看法？

另外一个同学问道：看来一个外国人离中国越远越有资格提一些批评中国的问题。对这个问题我猜你也应该有很多想法，是不是？我知道网络上有人在讨论象这的问题，一个中国人怎样能够运用外国人的一种"反对性的说法来批评中国社会上的各种问题 反动言论

另外一个同学也题到了同样的问题：我认为书里[边儿]的吴迪常常会用中国官方的说来回答问是而不把他自记的给说出来。反而为了在某一些问题泄露出个人的想法他会让四大金刚把他心里的话给说出来

下一个问题有关印象和感觉：从书的内容我们可以了解到瑞典隆德教室里的气氛于中国截然不同你认为有了这些经验拿回到中国会有用处吗？

这个学期到此到期了。有关语法和你的用词的问题就不提了。你第二版《中西风马牛》的进度如何？希望它会成为2009年的畅销书

xxx 问候

Michael

* 沈迈克（Michel Schoenhals）来信，谈瑞典学生读《中西风马牛》的感想

沈迈克来信，谈瑞典学生读《中西风马牛》的感想

吴迪，亲爱的兄弟：

秋天来到了隆德你在瑞典的单位，一天比一天冷，一天比一天黑，公园里的小鸟以（已）经开始想要往南方去。说不定再过一两个礼拜我可能得穿上厚厚的中国式的外套（棉袄）。我非常想去一趟北京，要不是因为工作我早就坐上了北欧航空公司飞往那和谐社会在一个礼拜内大量吃饺子，大口喝二锅头，就等于好好地充一下电。

又有(了)一班同学读了你那本书又来(并)认识了书里(边儿)的“吴迪”和那每天给他生活添很多麻烦的“四大金刚”。就跟去年一样我叫同学们提一些关于你的书和书的内容的问题给你看，其中一个同学问了一些跟《中西风马牛》内容完全无关的问题，我虽然跟他说了，不过他还是不明白。

有一个同学因为被我们所看时收到了灵感便提了以下的问题。你的书正（证）明电影是一个有助于了解来自于不同文化背景的人的好工具。由于电影常常给人一个深刻的印象，我想这样问你，你认为我们该如何让叫（受）到好来（莱）坞影响的瑞典电影节播放更多的非美国的电影，还有该如何让中国播放更多的瑞典电影，你有什么看法？

另外一个同学问道：看来一个外国人离着中国越远越有资格提一些批评中国的问题。对这个问题我猜你也应该有很多想法，是不是？我知道网络上有人在讨论像这（样）的问题，一个中国人怎样能够运用外国人的一种“反对性”（反动言论）的说法来批评中国社会上的格（各）种问题。

另外一个同学也题（提）到了同样的问题：我认为书里（边儿）的吴迪常常会用中国官方的说（法）来回答问是（题）而不把他自记（己）的给说出来。反而为了在某一些问题泄露他个人的想法他会让四大金刚把他

心里的话给说出来。

下一个问题有关印象和感觉：从书的内容我们可以了解到瑞典隆德教室里的气氛于（与）中国截然不同。你认为有了这些经验拿回到中国会有用处马（吗）？

这个学期到此到期（为止）了。有关语法和你的用词的问题就不提了。你第二版《中西风马牛》的进度如何？希望它会成为 2009 年的畅销书。

XXX 问候

Michael

致北京的大学教科书中心部：

我们是一组就读于隆德大学的中文系学生。在过去这一学期里我们依照课程安排阅读了名为"中西风马牛"的一本书。我们的老师要求我们提出对此书的一些看法与意见，尤其是对本书的作者的一些看法。

我们对于这样写信给"机构组织"不是很熟练，但是经过了长时间充分的考虑后我们觉得您们应当知道"中西风马牛"是一本非常复杂的描写与分析各样重要的人性问题的出版物。那些种种书中所描述的文化反差我们在瑞典也曾遇见并且思考过，比如说一些有关性解放与社会道德观的敏感问题。但是，在我们看来吴迪运用了一种非常令人迷惑的写作手法，这使得他所想表达的都可以被理解为一种以上（非唯一正确的）意思。我们发现了例如我们不由自主地因为书中所描写的一位为党尽心尽力做电影检查与修剪的教授而大笑不止。按理说我们不应这样，但是因为吴迪使用了这样一种吸引人的"说故事"手法使得我们不仅仅真的在两个月内阅读完了整本书的340页，更糟糕的是，在阅读的过程中得到了极大的乐趣！简单来说，"中西风马牛"是一本充满着"勇气"的作品。作者在书中让外国人提出对当代中国各种现象的各样批评。在老中国人们说："以古讽今"，我们倒经常觉得吴迪是在"以欧讽中"！我们给您们写这封信的原因之一是我们想知道这样是否真的能帮助中国成长为一个和谐的社会？

人们常说"没有批评就没有进步。"在几章里我们觉得书中的"吴迪"（在读过毛主席的"矛盾论"后，我们猜测他（书中的吴迪）与真正的吴迪在原则上来说应当被看做是同一人）有一个不好的习惯就是他让一些问题"悬在空中"，并且没有一个明确、清楚的、赞成或反对的政治力场，也没有用适当的方法去向我们这样一群正在上大学的年青读者做一个或黑或白的合理解释！我们觉得"吴迪"有时候对担负做一个"灵魂的工程师"（列宁名言）来说更倾向于放大自己！我们对此很不习惯，但可能中国的"知识分子"很往承认竟然有自己不知道与了解的事物？不管怎样，我们都请您们能尽量回复这封我们的信，让我们能够解开这一疑惑："中西风马牛"真的是一本健康的好读物吗？又或者我们应当请求我们的老师在下一秋季另择一本书？

* 瑞典学生致北京的大学教科书中心部的信

瑞典学生致北京的大学教科书中心部的信

位于北京的大学教科书中心部：

我们是一组就读于隆德大学的中文系学生。在过去的一学期里我们依照课程安排阅读了名为《中西风马牛》的一本书。我们的老师要求我们提出对此书的一些看法和意见，尤其是对本书的作者的一些看法。

我们对于这样写信给“机构组织”不是很熟练，但是经过了长时间充分的考虑后我们觉得您们应当知道《中西风马牛》是一本非常复杂的描写分析各样重要的人性问题的出版物。那些种种书中所描述的文化反差我们在瑞典也曾遇见并且思考过，比如说一些有关性解放与社会道德观的敏感问题。但是，在我们看来吴迪运用了一种非常令人迷惑的写作手法，这使得他所想表达的都可以被理解为一种以上（非唯一正确的）意思。我们发现了例如我们不由自主地因为书中所描写的一位为党尽心尽力做电影检查与修剪的教授而大笑不止。按理说我们不应这样，但是因为吴迪使用了这样一种吸引人的“说故事”手法使得我们不仅仅真的在两个月内阅读完了整本书的340页，更糟糕的是，在阅读的过程中得到了极大的乐趣！简单来说，《中西风马牛》是一本充满着“勇气”的作品。作者在书中让外国人提出对当代中国各种现象的各样批评。在老中国人们说：“以古讽今”，我们倒（到）经常觉得吴迪是在“以欧讽中”！我们给您们写这封信的原因之一是我们想知道这样是否真的能帮助中国成长为一个和谐的社会？

人们常说“没有批评就没有进步”。在几章里我们觉得书中的“吴迪”（在读过毛主席的“验数”后，我们猜测他《书中的吴迪》与真正的吴迪在原则上来说应当被看做（作）是同一个人）有一个不好的习惯就是他让一些问题“悬在空中”，并且没有一个明确的、清楚的、赞成或反对的政治力（立）

场。也没有用适当的方法去向我们这样一群正在上大学的年青（轻）读者做一个或黑或白的合理解释！我们觉得“吴迪”有时候对于负责做一个“灵魂的工程师”（列宁名言）来说更顷（倾）向于放大自己！我们对此很不习惯，但可能中国的“知识分子”很难承认竟然有自己不知道与了解的事物？不管怎样，我们都请您们能尽量回复这封我们的信，让我们能够解开这一疑惑：《中西风马牛》真的是一本健康的好读物吗？又或者我们应当请求我们的老师在下一秋季另择一本书？

再版后记

这本小书自2004年问世以后，就被沈迈克教授选为瑞典隆德大学的汉语教材。他每年都要跑到中国来买书，买不到，就找我。两年下来，我的存货被搜刮干净。新朋旧友跟我要，我一本也无，人家不信，说我阿巴公。

无独有偶，此书在国内也编进了教材——湖南商学院艺术设计系李湘树教授将“四大金刚”的文艺见解收进了他编写的《艺术概论》（北京工艺美术出版社，2009年）之中。还赠书给我，其笺云：“书中议论，极对口味，以至课堂宣讲，又大受欢迎。弄得学校图书馆仅有两本《风马牛》被翻烂。”

这种事，我听得多了，什么图书馆里的《风马牛》被看得卷了边，什么被借走了N月后才还，还时已经没了皮，等等。按理说，听了这些消息应该高兴。尤其是它要再版时。可是，我的感情很识抬举，而我的理性却不配合，它只让那愉悦心情持续了三十秒，就把它变成了满腔悲凉。

或嗔曰：你悲哪门子凉？

此书初版时，我就说过，我写的书老出不来，出版社说它们不合时宜，要我改改文风。这本书换了笔法，改了文风，侥幸问世了。别的书呢？并不是所有的书都可以这样写的呀！那些出不来的书，比这本小书花费的心血要多得多，九年过去了，仍旧无法面世。你说，悲凉不悲凉！

悲凉之外还有点烦——瑞典的学生们不断把他们用汉语写的读后感（这是沈教授给他们布置的期末作业，详见附录）发来。这些读后感用鬼神莫测的句子、随心所欲的标点、稀奇古怪的错别字对此书评头论足，对作者说三道四。而我在连蒙带猜地拜读之后，还得装出笑脸回信表扬之，鼓励之。你说，烦不烦！

2013年9月4日北京樱花园

出版后记

中西方文化从诞生之初就存在着本质上的差别，这与人种的差异、地域的区分不无关系。但随着时代的向前发展，人种、地域似乎已不再成为造成文化差异的主导因素，反而是意识形态、宗教、经济等因素逐渐在扩展自身对文化的影响力。不同的时期，这些差别也在某些方面愈发明显。

《中西风马牛》并没有直接对中西文化展开论述，而是借着一个中国教师和四个国外学生之口，以中国电影为切入点，将中西方看待事物的不同眼光，面对社会现象的不同思考方式形象的演绎了出来。本应严肃枯燥的学术讨论被披上一层糖衣，变成了一出出生动活泼的“话剧表演”，发人深思又回味无穷。

作者启之先生可以说是中国电影评论界的一个“异人”。一来是他的评论文章颇有特点，既非理论至上的学术报告型影评，又非八卦花边杂陈的广告性软文，言语在调侃之间，又颇有深意，看似故作糊涂，然则明白至极；二来是启之先生在做评论文章时，总是敢为人先，别人不敢说的我自敢讲，别人不便于评的我都拿来作为已用。本书在首次出版之后，常年留连于各大高校图书馆中，以致于市面上难得一睹其真容。此次新版重现于世，真可谓万众期待。

本书在编辑过程中，多次与作者进行沟通，以便对文中用词判断拿捏不准的地方加以确认，并邀请专业漫画家为每一章的文字配上幽默漫画，为本书增添了趣味。

自初版以来，《中西风马牛》一直都作为瑞典隆德大学东语系的专业学生读物，并且作者也时常会与学校师生有信件往来交流，故此在书后附有几封来往信件的扫描原件和文字摘录，读者更可从中细细体会中西方人之风马牛不相及之处。

服务热线：133-6631-2326 188-1142-1266

服务信箱：reader@hinabook.com

“后浪电影学院”编辑部

后浪出版咨询（北京）有限责任公司

2014 年 1 月

图书在版编目（CIP）数据

中西风马牛 / 启之著 . -- 北京：世界图书出版公司北京公司，2013.11
ISBN 978-7-5100-7126-3
Ⅰ . ①中…　Ⅱ . ①启…　Ⅲ . ①比较文化－中国、西方国家　Ⅳ . ① G04
中国版本图书馆 CIP 数据核字（2013）第 262246 号

中西风马牛（修订版）

著　　者：启之（吴迪）　**筹划出版：**银杏树下　**出版统筹：**吴兴元
编辑统筹：陈草心　**责任编辑：**张淼劼　**营销推广：**ONEBOOK　**装帧制造：**墨白空间

出　　版：世界图书出版公司北京公司
出 版 人：张跃明
发　　行：世界图书出版公司北京公司（北京朝内大街 137 号　邮编 100010）
销　　售：各地新华书店
印　　刷：北京联兴华印刷厂（北京通州区张家湾皇木厂　邮编 101113）
（如存在文字不清、漏印、缺页、倒页、脱页等印装质量问题，请与承印厂联系调换。联系电话：010-61501799）

开　　本：690 × 960 毫米　1/16
印　　张：22　插页 4
字　　数：292 千
版　　次：2014 年 3 月第 1 版
印　　次：2014 年 3 月第 1 次印刷

读者服务： reader@hinabook.com　188-1142-1266
投稿服务： onebook@hinabook.com　133-6631-2326
购书服务： buy@hinabook.com　133-6657-3072
网上订购： www.hinabook.com　（后浪官网）

ISBN 978-7-5100-7126-3　　定　　价：39.80 元

后浪出版咨询（北京）有限公司常年法律顾问：北京大成律师事务所　周天晖 copyright@hinabook.com